新しい地政学

北岡伸一・細谷雄一［編］

NEW GEOPOLITICS

Kitaoka Shinichi, Hosoya Yuichi, Tadokoro Masayuki,
Shinoda Hideaki, Kumagai Naoko, Takuma Kayo,
Hirose Yoko, Endo Mitsugi, Ikeuchi Satoshi

東洋経済新報社

［目次］

序章 古い地政学と新しい地政学

北岡伸一

第2章 武器としての経済力とその限界——経済と地政学

田所 昌幸

第Ⅱ部 規範・制度で考える

第4章 人権の普遍性とその濫用の危険性
——人権概念の発展と地政学

熊谷 奈緒子

第Ⅲ部　地域で考える

第6章

プーチンのグランド・ストラテジーと「狭間の政治学」——ロシアと地政学

廣瀬　陽子

第7章

「アフリカの角」と地政学

遠藤　貢

序章

古い地政学と新しい地政学

北岡 伸一

本書は、「地政学の再台頭」あるいは「新しい地政学」と言われる現象について、２０１５年から18年にかけてサントリー文化財団の支援によって行われた共同研究「新しい地政学の時代における国際秩序を考える」から生まれたものである。

私たちが「新しい地政学の時代」と考えるものについての私のエセー風の概論に続き、第Ⅰ部はいわば理論的考察であって、まず地政学の概念がなぜ・いかに台頭したかについて細谷論文が論じている。ついで現在における対外政策の手段としての経済政策を論じた田所論文が続き、現在の国際紛争の分布状況に関する篠田論文が包括的に世界情勢を概観、分析する。

第Ⅱ部は規範・制度分析であって、地政学の中の人権概念の発展について、熊谷論文が分析している。そして、地政学的対立を緩和する可能性を持つものとして、国際保健協力の歴史について、詫摩論文が論じている。

第Ⅲ部は地域分析であって、地政学的思考が最も顕著に現れているロシアの行動について、廣瀬論文が分析している。ついで、民族、部族、宗教、元宗主国など、最も多くのファクターが入り乱れる「アフリカの角」地域に関する遠藤論文が来る。そして地政学を論じる場合に避けることのできない中東について、何が根源的な問題なのかを、池内論文が論じている。最後に、現代と過去を比較するために、1950年の日本における地政学的思考を、中曽根康弘に則して論じた北岡論文が置かれている。

事柄の広範かつ複雑な性格上、十分ではありえないが、様々な角度から、現代の地政学の再台頭と言われるものの諸側面を浮かび上がらせているのではないかと自負している。

1　地政学の復興への道

私自身、国際政治の大きな変化を身近に感じたことが何度かある。

一度は1991年9月にハンガリー、チェコスロバキア、ポーランドを訪れたときである。冷戦が終わり、旧体制が崩壊して、1年余りのことだった。どこでも、ドルとCNNがあふれていた。経済的価値はアメリカによって定められ、世界はアメリカによって解釈される世界が現出していた。これがグローバリゼーションだと思った。

それは、社会のあり方に大きな変化を及ぼしていた。ハンガリーで雇ったハイヤーの運転手は少し前まで大学の物理学の教授だった。また、東欧のオペラには素晴らしい伝統があるので楽しみにしていたのに、スター歌手はみな西側に流出してレベルは著しく低下しており、一部は観光客目当てのショーになってしまっていた。

90年代の半ばにロシアに行くと、地下鉄の駅の入り口あたりで、コーラなどを持ってただ黙って立って売っている人が大勢いた。コーラは店で買えるのだが、そのために並ばなければならない。彼らから買えば時間の節約になる。彼らはそうしてささやかな金を稼いでいた。それまで一応の社会保障制度によって守られていた人たちにとって、さぞ屈辱的だろうと思った。この悔しさをバネにロシアは復活するかもしれない、その場合は軍事大国としての復活だろう、それが彼らのアイデンティティの中核だからと、直感的に思った。

世界はアメリカ一極に進むのかと思われた。２００１年の同時多発テロのときには、アメリカは世界の同情と共感を得た。しかし、２００３年、国連安保理の決議を得ないままにイラクを攻撃したときには、そうではなかった。それは西側諸国の間に大きな亀裂を生んだ。イラクではフセイン政権打倒には成功したが、その後の新秩序建設には失敗した。アメリカは破壊においては万能であっても、自国の意思を他に押し付けることには、大きな限界があったのである。

もう一つ個人的な経験を付け加えたい。私は２００４年４月から国連大使としてニューヨークに勤務していたのだが、２００５年頃から、ロシアは急に力の外交に転じた。ジョージア（当時はグルジア）とウクライナに対する天然ガスの供給を止めるなど、強い圧力をかけ始めた。冬にガスを止められてはたまらない。ジョージアの大使が関係国の支持を得ようと、悲鳴をあげてかけまわっていた。ロシアによれば、これまで安すぎる価格で提供していたので、値上げしようとして折り合わなかっただけだということだった。２００６年４月には、やや小柄で穏健なデニソフ大使にかわって、大柄で見るからに高圧的なチュルキン大使が着任し、その方向をさらに押し進めた。

それはウクライナでオレンジ革命が起こってまもなくのことだった。２００４年11月21日に行われたウクライナの大統領選挙で、親露派のヤヌコーヴィチ候補の当選がいったん発表されたが、これに対し西部を中心とする親西欧派のユシチェンコ候補支持者の間から選挙の不正を批判する声があがり、デモ、ゼネスト、大規模な政治集会を含む運動に発展した。西側は野党候補を支持し、ロシアもついに大統領再選挙を受け入れ、その結果、ユシチェンコ大統領が当選した。それを西側ではオレンジ革命と呼んだのだが、２００５年以来の国連でのロシアの行動を見て、私は、ああ、とうとうロシアの反撃が始まったと感じたものである。

同時に、私はＮＡＴＯの東方拡大を批判したジョージ・ケナンの晩年の警告を思い出していた。ケナンは１９９７年、ニューヨーク・タイムズに寄稿して、ＮＡＴＯの東方拡大はロシアにおけるナショナリズムを刺激し、反西洋感情と軍事主義的傾向に火を付けることになる、ＮＡＴＯの東方拡大は冷戦終焉以後最大の過ちとなると論じた。要するにロシアはロシアである、非友好的な国々に取り囲まれ、圧迫されているという意識を持っている、そういうことを理解して、ロシアには慎重に対処しなければならないという彼の持論の帰結であった。たしかに、ロシアにとってベラルーシとウクライナは、ソ連とともに国連の原加盟国であって、手放せないパートナーだったのである。

2 軍事力、経済力、規範

国際社会は軍事力と経済力とルール（規範）から成り立っている。現代の軍事力は強大すぎて、簡単には使えない。また、自衛以外の戦争は禁止されている。しかし、ロシアのハイブリッド戦争が示すように、非正規部隊を装って行動することはできる。アメリカがシリアに行ったようにミサイルを打ち込むこともできる。自衛であると言い張ることは、大国にはそれほど難しいことではない。

なお、シリアなどにおける軍事行動は、ロシアにとって負担だと思われるが、それほどではないかもしれない。軍隊は実戦経験を経て、はじめて評価される。時々実戦を経験しないと、力は落ちる。そのための実戦という面もあるのである。しかも国民の支持は高い。つまり総合的なコストは安いのである。

一方、国際経済活動は一般的には相互に利益をもたらすものである。そしてルールに基づいて行うものである。しかし、他国に圧力をかけるために、経済力を使うことは、上記のロシアのガスのように、可能である。日本の場合、２０１０年の尖閣問題で、中国がレアアースの輸出を止めて圧力をかけたことは、まだ記憶に新しい。

２０１８年12月には、アメリカの要請により、カナダが中国のファーウェイの創業者の娘でありＮｏ．２である孟晩舟を逮捕し、アメリカへの引き渡しを求めた。ただちに、中国は複数のカナダ人を逮捕したが、これはその報復ないし対抗措置と見られる。これでは、経済政策の政治的利用どころではなく、一種の人質外交である。かつて北朝鮮がこういうことをしたことがあったが、中国やアメリカもこういうことをするようになった。日本におけるカルロス・ゴーン氏の逮捕、勾留なども、世界は同様に見ているかもしれない。

他方で、国際規範の方にも問題があった。国際刑事裁判所（ICC：International Criminal Court）が２００３年に設立され、国際人道法に関する個人の刑事責任を追及することとなった。正義の追求は当然のことだ。ただ、正義というものは、その国の国民にも納得できるものであることが望ましい。また、平和に資するものであるべきだ。たとえば、ルワンダの虐殺事件について、徹底した調査と追及を行うことは、ルワンダの安定と両立しないだろう。

その後、ＩＣＣ検察局は、２００８年、スーダンのバシール大統領に対する逮捕状を請求し、裁判所は２００９年これを許可した。しかしそれが実行されるはずがない。かえって西洋のメディアやＮＧＯがスーダンから追放され、事態は一層悪化した（ただし、バシール政権はその後、２０１９年４月のクーデターで倒れた）。その後、ケニアのケニヤッタ大統領もＩＣＣに逮捕状を出され、いったん出廷したが、その後ケニア政府は協力を拒み、ＩＣＣは逮捕状を取り下げている。

要するに90年代にグローバリゼーションでルールに基づく国際関係が成立したかのように思われたのは幻想だった。ルールを守らせるのには力が必要である。かつて米ソはそれぞれの陣営について、そうした力を持っていた。

とくにアメリカはリベラルな国際秩序の守護神であった。アメリカも自己利益を振り回すことは少なくなかったが、西側諸国は、ソ連の脅威に対する団結の中で、アメリカの立場をおおむね受け入れた。また、アメリカの立場は自由主義経済であり民主主義だったから、たとえば日本の対米自動車輸出が急伸したとき、アメリカが追加関税などの措置をとらなかったのは、それによって打撃を受ける消費者の政治的な声を恐れたからでもあって、アメリカの国内政治原理が一定の歯止めとなっていたのである。

ただ、アメリカも１９８０年代から90年代前半の対日貿易摩擦においては、日本がアメリカの技術的な覇権を脅かしていると考えて、根拠の乏しい激しい日本非難を繰り返し、極端な要求を突きつけた。安全保障をアメリカに依存していた日本は、屈服せざるを得なかった。現在、中国のアメリカに対する挑戦は、より全面的になっているが、過去のアメリカの対日政策を知る日本人から見ると、それほど不思議なこととは思えない。

3 地政学と地理

では地政学的思考はどのようなところで表面化するのだろうか。その国の国益が最もおびやかされると国民が感じるところではないだろうか。

すべての国の外交の基礎は国益である。国益を、最も抽象的に言えば、国民の安全、自由、繁栄、そして文化・伝統ないしアイデンティティを守ることである。

北朝鮮はある意味でわかりやすい。

冷戦が終わって、ロシアと中国からの支援が減る中で、独立と金《キム》一族による支配を維持しようとすれば、核開発は合理的選択だったのだろう。小さな嘘を繰り返して時間をかせぎ、いまやアメリカと対抗できるほど強力になった中国の支援を得て、金王朝を維持しようとしている。そして２０１８年にはアメリカ大統領との対話にまでこぎつけ、核の放棄を取引材料として、国際社会の承認を得ようとしている。

国益に対する脅威は、国によって、また時代によって異なる。日本にとっては、東にアメリカ合衆国、西に中国、北にロシア、そしてより近くに朝鮮半島があるという環境が、決定的に重要である。戦前の日本はこの中で一つの極となろうとして大陸に膨張して失敗した。そして戦後は東の超大国のジュニア・パートナーとして、安全と繁栄を確保してきた。やや衰えたと言っても、アメリカの力は群を抜いている。それゆえ、日本人には世界の構造的変化についての感覚が鈍い。

それでも、北朝鮮の脅威と中国の膨張に直面して、日本は安全保障政策の強化（２０１３年の国家安全保障会議の設置、同年の国家安全保障戦略の策定、２０１４年の防衛装備品移転三原則の策定、２０１４年の集団的自衛権に関する部分的解釈の変更、２０１５年の安保法制）を進めた。

アメリカとの関係を強化するとともに、中東への関与を進め（２００１年のインド洋給油作戦、２００４年のイラク復興支援のための自衛隊の派遣、２００９年のジブチの基地獲得とアデン湾海賊対処活動の開始）、インド、オーストラリアとの関係の強化を進め、２０１６年以来、自由で開かれたインド太平洋構想（かつては戦略と言った）を提唱している。またＴＰＰを主導して、アメリカが抜けた後も、さらにこれをリードし、２０１８年末にはその発効にこぎつけた。また日本－ＥＵ間のＦＴＡを成立させている。

ロシアにとっては、先に述べたとおり、周囲に包囲されているという感覚である。ポーランドがミサイル防衛を導入しようとしたとき、ロシアは強く反対した。これは奇妙な話で、ミサイル防衛は防衛用の兵器である。ロシアがポーランドを攻撃する意図がなければ、嫌がる性格のものではないのである。しかし、そういう理屈はロシアには通じないのである。

地理的条件の重要性はアメリカについても言える。アメリカは巨大で豊かな国土をかかえ、東西を大西洋と太平洋で囲まれ、世界一安全な国である。本当の脅威というものに直面したことがない。アメリカ本土が攻撃されたのは、１８１２年、米英戦争のときまでさかのぼる。それゆえ２００１年の同時多発テロにおいては、激しく反応した。言いにくい話だが、日本でも西洋でも、第二次世界大戦中の空爆では、広島、長崎をはじめとして、東京大空襲でも１日10万人の犠牲者がでている。３０００人程度の犠牲者は、日本やドイツでは、何度もあった。９・11は、悲惨な事件ではあるが、法的には国際犯罪行為であって、戦争とは言えないのではないかと思う。しかし、アメリカは戦争だとして、全面勝利を目指した。こうした過剰反応は、やはり地理（および次に述べる歴史）の産物である。

4　地政学と歴史

地政学の第一の条件が地理だとすれば、第二の条件は歴史である。歴史の中には、ある国家、国民、ないし民族の国際認識のパターンが見出される。ロシアの場合についてはすでに述べた。

中国の場合にも、古代以来中国が文明の中心であったという歴史的事実が、誇張され、利用されている。習近平は２０１２年、「中国の夢」すなわち「中華民族の偉大なる復興」という考えを明らかにした。中国はすでに大国だと世界が認めているのに、なぜそのようなことを言うのか、不思議に思った人も少なくなかった。

たしかに、長く、中国は華夷秩序の中心にあり、少なくとも東アジア文明の中心にあって、他国は中国に対して従属すべきものであるとしてきた。中国の復興というスローガンは、われわれはそういう時代に戻る権利があるという意味である。

もちろん、それは神話である。前近代において、周辺国が必ずしも中国に心から従っていたわけではない。大部分は、中国の力を利用していただけである。それにこれまでの中国の最大の版図は元や清によるもので、それらはそれぞれモンゴル民族や満州民族によるものである。中華民族という言葉は中国共産党とともに登場したものであって、それ以前にはそのような概念はなかった。中国という言葉すら、20世紀までは存在しなかった。

しかし、かつて中国は（東アジア）世界を支配しており、他国は中国に従属すべきだという神話は、中国国民に心地よいものであり、中国共産党支配の正当性を強化するのに役立つ。現在、中国は大国間関係と周辺国との関係の二つの外交関係を区別している。アメリカ、ロシア、ＥＵ、せいぜいインドまでは、対等であってもよい。しかし、他は中国に敬意を払い従属すべきだと考えている。

韓国の場合も歴史の被害者であったことを強調するナショナリズムと言ってよいだろう。安全と繁栄のためには米日との協力が不可欠だった頃と違い、韓国は発展し、ＯＥＣＤの一員となり、Ｇ20の一員となっている。慰安婦問題や徴用工問題を強く主張することは、彼らの自己主張である。犠牲を売り物にするのは少し変だが、さほど誇るものがないなら、やむをえない。

激しい対日批判とは対照的に、事実上朝鮮半島を２０００年も支配下に置いていた中国に対しては、こうした批判はしない。日本に対しては日本海を東海と呼べと主張するが、中国に対しては黄海を西海と呼べとは主張しない。経済的な中国依存が強く、また中国が恐ろしいからであろう。ロシアは、かつて韓国皇帝と皇太子をロシア公使館に置いた国であり、また北朝鮮の南下を背後で支えた国であるが、特段のロシア批判はしない。やはりロシアが恐ろしいからであろう。かつて侵略をしたはずの北朝鮮に対しても強い批判は控えている。これは、南北統一への期待が強いからであろう。

これらに比べれば、韓国の日本に対する依存はかつてほどではなく、また、日本を批判しても、日本からの反撃は事実上皆無である。こうした国益上計算されたナショナリズムの発露が、韓国の反日言説である。

5 国内格差とアイデンティティ

現代の地政学を考える上でもう一つ重要なのは、国内格差そしてこれと密接な関係にあるアイデンティティの問題である。

グローバリゼーションは富めるものをさらに急速に豊かにし、そうでないものには停滞をもたらした。ビル・ゲイツの年収は、たとえば2013年には1兆6600億円、資産は6兆7000億円に上ったという。人間の生命は基本的に平等だとすれば、これほどの経済格差を正当化する理屈があるだろうか。ビル・ゲイツはもちろん財団運営によって社会正義のための活動を活発に行っている。それは立派だが、世界中が彼の好意を得ようと奔走しているのも事実である。また、社会正義に貢献していないビリオネアも多数いる。

このように、一部のエリートが富み、のみならず高邁な理想を語り、国際社会での役割を説いているが、われわれの生活はどうしてくれる、という人たちがラストベルトにいる。彼らのアイデンティティ希求が、トランプ政権を作ったのである。もちろんトランプ大統領の政策が実際に取り残された人々の救済に成功するかどうかは、まったく別問題であるが。

旧東欧の人々は、希望に燃えてＥＵに入り、ＮＡＴＯの支援を求めたが、彼らの先進ヨーロッパ諸国への移住は必ずしも歓迎されず、かつ、外からの移民受け入れの義務は大きい。要するに原加盟国と比べて二流国の扱いしか受けられない。われわれの生活や誇りはどうしてくれる、というのが、旧東欧諸国の右派の主張である。われわれはわれわれだという主張が、噴出している。

トルコは長年忠実なＮＡＴＯの一員だったが、冷戦が終わってみると、ＥＵに入れないことがはっきりしてきた。そのことに対する反動が、長年の世俗主義を払拭しようという動きとなり、また西側と一線を画する動きとなっている。さらに、クルド人への懸念から、シリア問題に介入し、さらには旧オスマン帝国地域には経済援助などで影響力を伸ばそうとしている。

アイデンティティの問題は、さらに、国家としての基盤がそもそもあるかどうかという問題に行きつく。

中東では、元来宗教的対立の厳しいところにアメリカが戦争を仕掛け、新しい秩序を作ろうとしたことが大きな混乱をもたらした。また、アラブの春と言われた政治変革の試みが多くのところで挫折し、いまだに混乱は収束していない。

アフリカのサヘル地域やアフリカの角《つの》の地域では、宗教、部族、元宗主国などが入り乱れ、国家統一への道は見えていない。

6 暫定的な処方箋

以上見てきたとおり、国際関係には常に地政学的要素がある。冷戦期の西側におけるリベラル・インターナショナル・オーダーすら、ソ連という敵があり、またアメリカが圧倒的な力を持って余裕があったから、可能だった。

しかし21世紀の新しい地政学は、グローバリゼーション以後の地政学である。国境を楽々と突き破る技術革新ののちに生まれた地政学である。この変化は不可逆的である。科学技術が後退することはない。それゆえ、21世紀の新しい地政学現実には、過去に回帰するのではなく、既成観念から脱却して、新しい秩序を作るために真剣かつ全力で取り組むことが必要だろう。

その具体策として、ごく暫定的な案を考えてみた。

第一に、紛争を拡大しないことである。現代においては軍事的衝突はコストが高すぎる。多くの問題において、とりあえず現状維持、現状凍結が必要ではないか。

ジョージアはそういう方向を目指している。ジョージアは２００７年、アブハジアをめぐってロシアとの紛争に敗れて、アブハジアを失い、２００８年、ロシアとの南オセチア紛争で南オセチアをロシアに奪われ、あわせて国土の17％、国民の８％を失った。しかも、ロシアから貿易で制裁を受け（たとえばジョージア名産のワインの対露輸出を止められた）、観光客も途絶して、苦境にあった。そこで表面上はアブハジアと南オセチアには手をつけず、貿易と観光は再開して経済を復興させ、やがてＥＵそしてＮＡＴＯに加盟することを目指している。一つのやり方であろう。

第二に、米ソ中国などの超大国以外の国々、とくに大国には自立と相互協調が求められる。アジアではハブ・アンド・スポークと言って、アメリカをハブとして各国が間接的に結びついていた。日本や韓国が典型的であるが、より自国の安全には自国が責任を持つ体制が必要である。他国のために行動を起こす力は減っている。他国依存は地域を不安定化させやすい。

そして適切な形の国境管理である。かつての重商主義が復活するとは思えないが、グローバリゼーションを利用して行動する非国家主体をある程度制限する必要がある。最近のＧＡＦＡに対する批判の高まりも、そうした問題意識を反映しているのであろう。また、国内においては税制改革やその他の経済社会政策によって、格差の是正に取り組むことが必要だろう。最終的にこうしたことのできるのは国家だけであり、その責任を果たす義務がある。

第三に、紛争国については、ＰＫＯに過剰な期待をかけるべきではない。先進国にはＰＫＯ疲れ、ＰＫＯ離れが見られる。他国に対して巨大な資金を投入し、自国の兵士を危険にさらす余裕がなくなっている。紛争国の側でも、大国の干渉は求めない。

したがって、何よりも、当事国の内部での和解、紛争解決のための努力が必要である。また、周辺国の役割が重要であって、アフリカで言えばＡＵ（アフリカ連合）、ソマリアで言えばエチオピアやケニアという周辺国の役割が重要である。

他方で、第四に、非軍事的なアプローチが重要である。かつて２００５年の国連改革においては、「保護する責任」（Responsibility to Protect）か「人間の安全保障」（Human Security）か、という論争があった。前者は、治安の維持は当該国の責任であるが、当該国政府がその責任を果たす能力ないし意思のない場合には、国際社会には介入の責任があるという考えであり、後者は、ともかく困難を抱えた人々の自立に手を差し伸べようという考えだった。両者が相互に矛盾するわけではない。しかし、保護する責任という概念は、２０１１年のリビア空爆、そしてシリア内戦以後、その効果がはなはだ疑問とされ、あまり語られなくなってしまった。

第五に、他国に対する過剰な価値の押し付けを控えることである。死刑や拷問を含む極端にハードな圧政に対しては、沈黙すべきではないが、他国が望ましい方向に向かって努力している限りは、強い批判を抑制することが望ましい。かつて地球温暖化について用いられた、「共通のしかし差異のある責任」という言葉が妥当するかもしれない。

なお、ネオナチや極右という言い方にも注意が必要だ。ナチスへの共感や、それに近い極端な人権弾圧や人種差別を唱えている集団は、皆無ではないが、大部分の政党はそれほどひどくはない。極右と言うよりは、右派くらいの方が妥当である。極右という言い方にはメディアのリベラル偏向がある。こういう極端なレッテル貼りは、対話を困難にしてしまう。

そのことに日本人はもっと敏感であるべきだ。安倍首相をタカ派と呼び、日本が右傾化しているという言い方は、西洋のメディアによく見られたものだが、安倍首相も他の日本の首相も、厳格な法制度にしばられて軍事力行使へのハードルはおそらく世界一高い。日本の右傾化も、ないとは言えないが、他の国々の◯◯ファーストに比べれば深刻ではない。

第六に、機能的協力の強化である。

２０１５年12月のパリ協定において地球温暖化に関して重要な合意が成立した。遺憾ながらトランプ大統領はこれを無視しているが、アメリカの州政府や企業の中には、パリ合意の方向を支持する動きが少なくない。いつかアメリカもこの合意に戻る可能性は十分ある。いずれにせよ、地球温暖化という重要な問題は、国際協力なしには実現不可能である。そのことを多くの国が理解して行動することが、国際協調体制の復活の鍵であろう。

第七に、世界の多様性を理解し、尊重することである。普遍的な原則はもちろんあるし、世界各国の文化の中には、到底認めることのできないものもある。しかし、なるべく寛大に辛抱強く、変化を見守ることだろう。

そのためには、まず多様な世界を知ることであり、相互理解と相互尊重の文化を育てることである。そのために学問と教育が果たす役割は極めて大きい。かつて日韓、日中の間で試みられた共同歴史研究なども、その一助たりうるものである。

以上は、まったく暫定的な試案にすぎない。しかし、これらの多くは、不十分な場合もあったが、日本がかつて試みたものである。2005年の安保理改革も、より力のある民主主義国が国連安保理の中に常時いて、アメリカをあるときは支援し、あるときは諫めるべく、日本、ドイツ、および将来の民主主義大国たるべきインドとブラジルを加えたG4が試みたものであった。それゆえ、常任理事国として通常は特権国の拡大に反対するフランスが共同提案国となり、イギリスも公然と支持を表明したのであった。安保理改革の再開は容易ではないが、決して断念すべきではない。国際協調維持強化のために日本が果たすべき役割は大きいのである。

第Ⅰ部

理論的に考える

第**1**章

新しい地政学の時代へ

――冷戦後における国際秩序の転換

細谷 雄一

1 蘇る地政学

◉「鉄のカーテン」なき後

冷戦が終結して、30年ほどが経過しようとしている。この30年ほどで国際秩序は大きな変化を経験した。しかしながら、その変化がどのような性質で、そしてその変化によってどのような国際秩序が現れるのかを適切に認識するのは容易ではない。それが、われわれが国際秩序の将来について感じている不安の一つの理由であろう。

30年ほど前の冷戦が終わりつつある時代に多くの人々が感じていたのは、米ソ対立の構造が終わりを迎えることによって、より平和な時代が到来するだろうという漠然とした楽観主義であった。共産主義体制が崩壊したことで、溶解した「鉄のカーテン」を越えて、自由主義や民主主義が世界中に広がっていくはずであった。そして、それまでイデオロギー対立によって「二つの世界」に分断していた状態が、東西対立が終結することで「一つの世界」へと統合されるはずであった。東欧革命により、それまで桎梏《しっこく》の中に閉じ込められていた人々が自由を謳歌するようになった。人々は、冷戦後の世界に明るい未来を重ね合わせていた。

それまでパワー・ポリティクスが支配していた国際社会が、冷戦後の世界ではリベラルな国際秩序、すなわち、国際社会における「ルールに基づいた国際秩序」を確立することで、より平和的な秩序へと生まれかわるはずであった。[1] そのような、より確かな国際協調に基づいた「新世界秩序」においては、軍事力の役割は後退し、地政学的な思考は時代錯誤となって、むしろ国際法や外交によって国家間の紛争が平和的に解決すると想定されていた。そして、国連のような国際組織がよりいっそう大きな役割を担い、国家間関係はよりいっそう協調的なものとなるはずであった。１９９３年11月に成立したヨーロッパ連合（ＥＵ）は、そのような調和的な国際政治を象徴するものと見なされた。[2]

そして、冷戦が終結して「鉄のカーテン」がなくなり、グローバル化が進んで人々がより容易に空間を移動できるようになった。さらには科学技術の進歩によって国境を越えたコミュニケーションが日常的に行われるようになったことで、われわれの地理空間をめぐる認識に大きな変化が生じた。そのような変化を感じて、国際政治学者の猪口孝東京大学名誉教授は、20世紀末の世界政治の変動を、「冷戦の終焉、地理の終焉、そして歴史の終焉」というメタファーで説明している。[3] 冷戦の終焉とグローバル化の進展は、「地理の終焉」をもたらし、新しい世界政治の構造が出現するであろう、という期待が寄せられたのだ。

ところが、そのような明るい未来は到来しなかった。われわれの夢は破れたのである。今、われわれの目の前にあるのは、そのような希望とは大きく異なった、より危険で、より不透明な世界である。今や、リベラルな国際秩序の崩壊の危機が語られるようになったのだ。[4] シリアでの内戦によって美しい都市は破壊され、ウクライナでのハイブリッド戦争がヨーロッパの人々を不安にさせている。アジアでは中国が急速に軍事力を増強し、南シナ海におけるアメリカと中国との間での偶発的な軍事衝突の可能性を多くの人が危惧する。そして朝鮮半島情勢は、冷戦終結のときよりもはるかに悪化して、戦争勃発の可能性さえもしばしば論じられる。世界の多くの地域が、30年前の冷戦終結の時代よりも、より不安定でより不確実となっているのだ。なぜそうなってしまったのか。

◉古典的地政学から新しい地政学へ

そのような国際情勢の変化は、地政学（geopolitics）の復活、あるいは新しい地政学の時代の到来として位置づけられるようになった。地理が再び、国際政治において大きな意味を持つと認識されるようになったのだ。将来が不透明な時代において、多くの人々は時間とともに変わらない地理的な環境の重要性を語るようになった。

アメリカを代表する地政学者であったニコラス・スパイクマンは、第二次世界大戦中の１９４４年に、

「政策を条件づけている最も重要な要因の一つは、地理である」と論じていた[5]。他の条件が変わっても、国家を取り巻く地理的な条件や空間的な環境は永続的だ。不透明な時代にこそ、永続的で不変な前提条件に依拠して、戦略を立案するほかない。国際政治学者のコリン・グレイは、冷戦終結後もそのような地政学の重要性が色あせることはないと断言し、次のように論じていた。すなわち、「トランスナショナルな現象という現実の動きや、それについての誇張された議論が存在するにも拘わらず、世界政治は依然として、領域に依拠した明確な国境線を持つ国家によって、動かされているのだ[6]」。

　グレイは、冷戦終結後の楽観主義に警鐘を鳴らし、依然として軍事力や、国家間対立、そして地理的環境が国際政治においては重要な意味を持っていることを強調した。楽観主義的な外交論が蔓延していた冷戦後の世界において、地理や地政学の重要性を強調していたのはグレイだけではなかった。たとえば戦略研究者のマッキュービン・オーウェンスは、１９９９年に「古典的地政学の擁護」と題する論文の中で、地理の永続性を根拠として、冷戦後の世界でも古典的地政学の理論が有効であると論じていた[7]。また、外交評論家のロバート・カプランはその著書の中で、混迷する冷戦後の世界では地理が持つ意味が再び重要になっていると論じた。すなわち、「唯一永続的なのは、地図上に占める位置だけだ。だからこそ激動の時代には、地図が重要な意味をもってくる。政治的基盤が足元から大きくゆらいでいる今の時代、地図は次に起こりそうなことを予測する歴史的論理を見抜く手がかりになる[8]」。

　このようにして現在、地政学が蘇りつつある。冷戦終結直後には、色あせた時代錯誤な理論として人々から忘れられかけていた地政学の思考枠組みが、21世紀の現在となって頻繁に用いられるようになり、さらには実際の政策で応用されるようになっている。たとえば、アメリカの外交評論家のウォルター・ラッセル・ミードは、２０１４年に『フォーリン・アフェアーズ』誌において、「地政学の復活」と題する論文を掲載して、ロシアによるクリミア併合や、中国による南シナ海や東シナ海での領土的膨張を受けて、地政学の時代の再来を説いた[9]。ミードに続き、多くの論者が地政学の重要性が復活していることに注目して、再び地政学的な思考で世界を観る重要性を論じるようになった。このようにして、今や地政学を語ることが外交専門家の間では一般的なものとなっている。

とはいえ、現代における地政学は、古典的地政学とはいくつかの点で異なっている。たとえば、地理的な空間が20世紀末に至るまでは陸、海、そして空の三空間に限定されていたのに対して、21世紀の現在になるとそれに宇宙空間とサイバー空間が加えられるようになった[10]。またそれらの五つの空間を横断するような、いわゆる領域横断（クロス・ドメイン）的な視点が、現在の戦略立案において重要視されている。各国ともに、自国の安全を確保する際に、より複雑な思考が必要となり、戦略的な空間を考慮する際にはより総合的な視座が求められているのである。

グローバル化、情報革命、科学技術の発達などによって、地政学が前提にする条件が一世紀前とは大きく変わっている。海軍力を中心にシーパワーを論じたアルフレッド・マハンや、ユーラシア大陸におけるハートランドの支配の重要性を論じたハルフォード・マッキンダーが活躍した古典的地政学の時代とは、地政学を考慮する際の空間認識や科学技術的な前提が異なっている。

ここでは、そのような新しい時代における地政学的な思考の台頭という視座から、「新しい地政学」

という言葉を用いることにする。そして、現代の国際秩序がどのように変容しているかを見ていくことにしたい。それは、古典的な地政学的思考を基礎にしながら、同時に現代的な国際環境を前提にした、古くて新しい思考と言える。

本章では、まずそのような問題意識から、古典的地政学から新しい地政学へと発展する経緯に触れて、現在われわれを取り囲んでいる国際環境が地政学的にどのような特質があるのか、そしてそれをどのように理解するべきかを検討したい。

2 古典的な地政学の時代——大陸と海洋

◉地政学とは何か

地政学とは、異なる時代で異なる意味を持つとらえどころのない概念である。たとえばロンドン大学ユニバーシティ・カレッジで地理学を教えるジェイソン・ディットマーと、グラスゴー大学の地理学教授のジョアンヌ・シャープは、地政学の定義として次のように述べている。すなわち、「地政学とは、それによってかたちづくられまた帰結をするような地理に焦点を当てた、グローバルな規模での政治の理論と実践である[11]」。

ここでは、「地理」という言葉と「グローバルな規模」という二つの要素が重要となる。すなわち、国家間関係を考慮する際に「地政学」という用語を使用するときには、それは広域的な視野から論じられるべきものであって、局地的で限定的な空間における政治の展開を示すものではないということと、さらにはそのような政治が地理的環境によって規定されるということの、二つをわれわれが視野に入れる必要がある。すなわち地政学とは、国際関係を考える際、海洋や、大陸、半島、島嶼《とうしょ》というような地理的な条件に注目して、それをグローバルな広域的視野から行う思考であり戦略であるといえるだろう。

地理的、あるいは空間的な思考が国際政治を大きく規定するということは、とりわけ戦争を語る際、あるいは戦略を語る際に重要な前提となる。いわば、海洋に囲まれた国家と、内陸に位置して複数の隣国と国境を挟んで接する国家とでは、自国の安全を守るために必要な防衛力や安全保障戦略が異なるのだ。それと同時に、これから起こり得る戦争も、そのような地理的な条件によって大きく変わっていくであろう。

たとえば、ダニエル・モラン米海軍大学校教授は、「実際問題として、戦争遂行のあり方はもっぱら地理的環境によって規定される」と論じ、「これこそが軍隊のあり方を最も本質的な部分で特徴づける基礎となる」と述べている。[12] すなわち、地理的環境として、陸上においては陸戦が行われ、海上においては海戦が戦われてきた。その地理的空間がさらには、空、宇宙、サイバーへと拡大してきたのである。だとすれば、大陸国家と、海洋国家で、それぞれ必要な戦略が異なるであろう。

◉大陸国家と海洋国家

それでは、そのような地理と政治を結びつけた「地政学」という用語は、いつ頃から使われ始めたのであろうか。それはそれほど古い概念ではなく、近代国家において発想されて、実践されてきた概念である。

一般的には、19世紀末にスウェーデンの政治学者であるルドルフ・チェレンが最初に「地政学」という名称を用いたとされる。[13] スウェーデンのヨーテボリ大学で政治学を教えていたチェレンは、１８９９年にドイツ語の「ゲオポリティーク（*Geopolitik*）」という言葉をはじめて用いて、地理と政治の結びつきを表現した。[14] チェレンは、ドイツの著名な地理学者であったフリードリヒ・ラッツェルの教えを受けて、政治学的な観点から地理を考察するようになっていた。

このチェレンやラッツェルの思想は、社会ダーウィニズムの影響を強く受けていた。すなわち、適者生存と弱肉強食の論理から、軍事的にも経済的にもより強大な国家がより大きな地位を得ることになる。それはまた、帝国主義が支配する時代精神でもあった。それゆえに、そのような地政学という認識が、次第にこの時代のヨーロッパ諸国、さらには世界全体へと浸透していった。

スウェーデンやドイツなどのヨーロッパの大陸諸国を想定して論じられていた地政学が、同じ頃にイギリスやアメリカのようなアングロサクソン諸国へも広がっていた。[15] それはまた、英米両国が国際政治で優越的な地位を得る、20世紀の幕開けの時期と重なっている。アメリカでは、後に海軍大学校の校長となるアルフレッド・マハンが１８９０年に『海上権力史論』を刊行し、シーパワーが世界史を動かす原動力となってきたことを鮮やかに論じていた。[16]

また、イギリスの地理学者ハルフォード・マッキンダーは、１９１９年に著書『デモクラシーの理想と現実』を刊行して、シーパワーとともにランドパワーの重要性を論じた。そこでマッキンダーは、大陸の内陸部のハートランドを支配するランドパワーに対して、シーパワーが勢力均衡に基づく政策をとってきた歴史を論じて、両者の対立を描いていた。[17] ラッツェルやチェレンが社会ダーウィニズムの強い影響から適者生存の闘争を中心的に論じていたのに対して、マハンやマッキンダーはむしろ歴史的な事例を基礎として地政学を論じる傾向が見られた。これらの二つの系譜を、一般的に「古典的地政学」と位置づけることができる。[18] いわば、古典的地政学の時代には、大陸国家と海洋国家へと二元論的に区分をして、それぞれの地理的環境に即して戦略が語られていたのである。

古典的地政学、とりわけ大陸国家の系譜の地政学はその後にカール・ハウスホーファーを通じて、ナチズムの思想を培養していく。ハウスホーファーは、第一次世界大戦前のドイツ帝国で陸軍大学校教授として戦史を教え、駐日ドイツ大使館付武官として東京にも駐在している。その後はミュンヘン大学教授として地政学を教え、そこでルドルフ・ヘスと知りあい、後にはアドルフ・ヒトラーとも接触する。

国際政治学者であり、東京理科大学教授であった曽村保信はその著書『地政学入門』の中で、「第二次世界大戦が始まる前後の頃は、日本人のあいだで地政学といえば、おおよそカール・ハウスホーファーの名前と結びついていた」と論じる。[19] そして、「少なくとも一部の日本人にとって、アジア大陸や南方への進出をさそう麻酔的な響きをともなっていたようにおもわれる」とも述べている。[20]

ハウスホーファーの地政学は、「生存圏（レーベンスラウム）」という概念とも結びつき、ナチスの政策と高い親和性を持つに至った。そのために、戦後の日本では、「地政学」という用語がナチスを想起させ、忌避される傾向が生まれた。第二次世界大戦の終結とナチス・ドイツの敗北は、地政学という学問が停滞期に入る契機となった。他方で、第二次世界大戦後の国際社会では大西洋憲章や国連憲章に示されるように、航行自由原則から海洋が国際公共財として語られるようになり、また国際法や国際組織を基礎として平和と安全を確保することが目指されるようになった。リベラルな国際秩序が、新しい時代の国際関係の基調となっていったのだ。

◉戦後アメリカにおける地政学的思考

とはいえ冷戦時代のアメリカにおいても、その戦略を練る上で地政学的思考がしばしば用いられている。アメリカ政府は、一方でリベラルな国際秩序の擁護者としての役割を担いながら、他方では地政学的な思考から自国の安全を考慮するようになっていった[21]。

それはたとえば、ユーラシア大陸を支配するソ連を中核とした共産主義圏に対して、海洋国家としてのアメリカがそれに対抗する戦略を形成する必要を説いたニコラス・スパイクマンの著作に最も色鮮やかに示されている[22]。イエール大学で国際関係学を教えていたスパイクマンは、「『アメリカ＝太平洋』ゾーン」という言葉を用いて、勢力均衡の観点からアメリカが太平洋、さらにはユーラシア大陸外縁部に一定の影響力を保持する必要を説いた。それは実際のアメリカの政策や、冷戦期アメリカの戦略思想にも多大な影響を及ぼしていた。その根底には、海洋国家と大陸国家の対立というマッキンダー流の地政学的な構図が見られ、アングロサクソン流のリベラルな地政学の系譜がそこに見られる。

スパイクマンは、それまでの「シーパワー」と「ランドパワー」に加えて、「リムランド」という概念を普及させた。それは地政学の学問を発展させる大きな貢献であると同時に、アメリカの対外政策にも巨大な影響を及ぼした。それではリムランドとは何か。スパイクマンは、次のように論じる。

「ユーラシア大陸のリムランドは、ハートランドとその周辺の海の間にある中間地帯として考えられるべきだ。リムランドはシーパワーとランドパワーとの間の広大な緩衝地帯（バッファーゾーン）なのだ。この地域の国々は、海と陸の両方を見つつ、両生類的に機能するのであり、この両方向の脅威から自分の身を守ろうとする。歴史を振り返って見ても、リムランドの国々は、ハートランドにあるランドパワーやイギリスや日本のような沖合の島国などと戦わざるを得なかった。リムランドに特有のこの両生類的な性格は、その安全保障問題の根底にまで染みついている[23]」。

実際に、冷戦時代の対立の構図は、このリムランドをめぐるランドパワーとシーパワーの対峙によって特徴づけられていた。たとえば、朝鮮戦争やベトナム戦争、中東戦争などは、いずれもリムランドにおけるパワーバランスの変化に連動した戦争であったと言える。それは、ソ連というランドパワー、そしてアメリカというシーパワーとの間の対立構造と深く結びついていた。スパイクマンによれば、「リムランドを支配するものがユーラシアを制し、ユーラシアを支配するものが世界の運命を制す」るのである[24]。

そして、そのようなユーラシア大陸全体を視野に入れた大陸国家と海洋国家の対立という図式は、冷戦時代のアメリカの戦略の基本認識となった。スパイクマンの地政学的な視座が、アメリカの外交官で「封じ込め」政策の立案者であるジョージ・F・ケナンの冷戦戦略に継承されていったのである。[25]冷戦時代のアメリカ外交の基礎となるこの戦略は、ユーラシア大陸外縁部のリムランドにおいて、ソ連の膨張を封じ込めることを戦略の中核とするものであった。

このようにして、20世紀を通じて世界政治は地政学の思考に大きな影響を受けてきた。二度の世界大戦と冷戦の時代には、海洋国家と大陸国家の対立というような古典的な地政学的な思考が実際の戦略を立案する際には色濃く見られ、マハンやマッキンダーの古典的な著作がしばしば参照されていた。軍事力や地理的な環境が、国際政治を語る際には重要な基礎と見なされていた。第二次世界大戦後には、すでに見たようにリベラルな国際秩序を確立していくことが期待されていたが、米ソの協調が崩壊し、冷戦対立の構造が固定化されていくと、再び地政学的な思考が活用されるようになっていった。

冷戦終結とともに海洋国家であるアメリカと大陸国家であるソ連とのグローバルな対立の構図が消失して、それによって地政学の有用性が低減するようになった。冷戦後の国際政治では、グローバル化が進み、国境線の持つ意味が相対化されて、新しい世界秩序が到来することが期待されていた。もはや、「地理の終焉」によって、世界政治を考える上での地政学的思考の重要性が低下したと見なされるようになったのだ。人々は「新世界秩序」の夢を見て、平和を確信するようになっていった。

3　冷戦後のリベラルな国際秩序――「ジャングルの掟」から「法の支配」へ

◉「新世界秩序」の夢

冷戦後の世界で人々は、それまでの地政学的な対立とは大きく異なる新しい世界秩序を希求するようになった。それゆえ、政治指導者たちの言葉の中にも新しい世界秩序を生み出そうという高揚感が見られた。次の言葉は、そのような時代精神を端的に示したものといえるだろう。

「今日では、新しい世界が生まれ出ようともがいており、それはわれわれが知っている過去の世界とは大きく異なるものなのです。その新しい世界では、法の支配がジャングルの掟に取って代わるのです。またそこでは、自由や正義へ向けた責任を分かち合うことを理解しているのです。そしてそこでは、強者が弱者の権利を尊重するのです[26]」。

１９９０年９月11日、湾岸危機のさなかにアメリカのジョージ・H・W・ブッシュ大統領は、イラクによって軍事占領されたクウェートを解放する意義を、このようなスケールの大きな歴史の流れの中に位置づけた。すなわち、ブッシュ大統領が想定しているそのような「新世界秩序」では、「法の支配（ルール・オブ・ロー）」が「ジャングルの掟（ルール・オブ・ジャングル）」に取って代わることになるのだ。「ジャングルの掟」、すなわち弱肉強食のパワー・ポリティクスが支配する世界から脱却して、冷戦後にはルールに基づいた国際秩序を確立していかなければならない。そのための試金石が、イラク危機への国際社会の対応であった。

クウェートの解放を目標としたイラクに対する軍事攻撃、すなわち湾岸戦争が勃発して間もない1991年1月29日に、ブッシュ大統領は次のように説いていた。

「今ここで争点となっているのは、一つの小さな世界についてではありません。それは、大きなアイデアについてです。それは、新世界秩序です。そこではさまざまな国々が、人類の普遍的な大志を実現するために、共通の目標に向かって立ち上がるのです。それは、平和であり、自由であり、法の支配です[27]」。

ブッシュ大統領は、湾岸戦争のさなかに「新世界秩序」の夢を語った。そして世界中で多くの人が、国際社会が結束して湾岸危機に対応して、そしてはじめて本格的に国連による集団安全保障が機能して多国籍軍が展開する姿に、新しい希望を感じていた。冷戦後の世界において、「法の支配」に基づいた、リベラルな国際秩序を創らなければならないのだ。湾岸戦争はそのように、冷戦後の世界でリベラルな国際秩序を創るための試金石と見なされるようになった。そして実際に、それまで米ソ対立によって機能麻痺に陥っていた国連安保理において、常任理事国の5カ国が協力姿勢を示したことで、幅広い国際協力が実現し、集団安全保障の論理に基づいて平和を回復する機会を提供することが可能になった。いくつかの問題点が含まれていながらも、国連安保理決議に基づいた集団安全保障が機能したことで、国際社会で「法の支配」が実現したと受け止められたのである。

◉リベラリズムの限界

「法の支配」に基づいたリベラルな国際秩序こそが、新しい時代に相応しい国際関係のあり方と見なされていった。それとともに冷戦後の世界においては、地政学的な思考は相応しくないものであると同時に、不要なものと考えられるようになっていった。たとえば、アメリカのフランシス・フクヤマは『歴史の終わり』と題する著書の中で、冷戦後の世界ではもはやイデオロギー争いが終わり、「リベラルな民主主義」によって世界の思想が統一されていくと予言した。古典的な地政学において、社会ダーウィニズム的な思考がその根底に見られるとすれば、もはや冷戦後の世界においてリベラルな民主主義の勝利によってそのような思想の「淘汰」は終わるはずであった。

フクヤマは次のように論じている。

「私は、リベラルな民主主義が『人類のイデオロギー上の進歩の終点』および『人類の統治の最終の形』になるかもしれないし、リベラルな民主主義それ自体がすでに『歴史の終わり』なのだ、と主張したのである。つまり、それ以前のさまざまな統治形態には、結局は崩壊せざるを得ない欠陥や不合理性があったのに対して、リベラルな民主主義には、おそらくそのような抜本的な内部矛盾がなかったのだ[28]」。

「リベラルな民主主義」が「人類の統治の最終の形」となり、それが世界に拡大していく必要を説いたのは、アメリカのクリントン政権であった。クリントン大統領の下で国家安全保障担当大統領補佐官を務めたアンソニー・レイクは、１９９３年に、次のように述べている。

「封じ込めのドクトリンの後継は、拡大戦略でなければならない。市場経済に基づく世界的な民主主義の自由な共同体の拡大である」[29]。

レイクは、民主主義国どうしは戦争をしないという民主的平和論に依拠して、民主主義や市場経済を世界に拡大することによって、アメリカがよりいっそう安全になると考えた。そして実際に、クリントン大統領はそれを根拠とした国家安全保障戦略を構築した[30]。

そのような、法の支配や、民主主義、人権というようなリベラルな価値を基礎とした国際秩序は、リベラルな国際秩序と呼ばれるようになる。さらには、民主主義国どうしが戦争をしないという前提に基づいて、民主主義を拡大することによって国際社会の平和を実現しようとするような思考も見られるようになった[31]。

ところが、その後のアメリカ外交は挫折を繰り返すようになる。ソマリアで、アフガニスタンで、そして中東で、アメリカが望むようなかたちで民主主義が確立するのは容易ではなかった。また、そのような民主主義や市場経済を定着させるためにアメリカが投入できるリソースもまた、無限ではなかった。民主主義を拡大して平和を確立するという思考が、次第に行き詰まりを迎える。むしろアメリカは、自国の国益や国家安全保障を実現することを目的に外交を行うべきではないかと語られるようになる。リアリズム的な思考が、浮上していった[32]。

次第に、冷戦終結直後に見られた楽観主義は後退していった。アフガニスタン戦争やイラク戦争の後の混迷、中国のような権威主義体制の非民主主義的な大国の台頭、そして中東やアフリカにおける内戦の継続を見て、人々は「新世界秩序」の夢が破れたことを感じ、より確かな自国の安全と安定を求めるようになった。そこで一部の国際政治学者が主張するようになったのが、国家の重要性であり、地理の重要性であり、さらには地政学の重要性であった。21世紀が幕を開けると、アメリカの対外政策を論じる際に、リアリズム的な思考や地政学的な思考が復権していった。そして、そのようなリアリズム的な思考は、国際政治学者のジョン・ミアシャイマーの次のような言葉の中で、明確に示されている。

「暴力のサイクルは、新世紀に入っても当分の間続くであろう。国際システムを構成する大国は互いを恐れあい、その結果としてパワーを求めて争うため、平和の望みが実現されることはおそらくない。大国の究極の目標は、他の大国よりも支配的な立場を得ることにあり、支配力を得ることは自国の生き残りを保証するための、最も有効な手段だからだ。『最高の強さ』は『最高の安全』を保障するのだ。このような誘惑に常にさらされている国家は、他国より有利になろうとして競争するため、最終的には利害をめぐって衝突する運命にある[33]」。

台頭する中国がそのような「最高の安全」を求めることは、自然なことであった。したがって、ミアシャイマーが警告を発するように、そのような「最高の強さ」を希求する中国とアメリカが衝突することは、ある程度必然的なことである。圧倒的な軍事的優位を有していたアメリカと、「最高の安全」を求めて軍拡を続ける新興軍事大国の中国の間で、東シナ海、南シナ海、そして朝鮮半島といった空間をめぐり地政学的な対立を深めていくことが、21世紀の世界政治の基調となっていった。

4 新しい地政学の時代へ――「法の支配」から「ジャングルの掟」へ

◉国家の復権

21世紀が幕を開けて、グローバル化が加速するかに見える中で、逆説的に国家の重要性を指摘する議論も目立つようになっていった。それまでは、トランスナショナルな国境を越えた活動や、NGOや国際テロリズム組織のような非国家主体に注目が集まり、国際政治学の世界では国家を相対化する視座が色濃く表出していた。それに対して、再び国家の重要性が説かれるようになったのである。

たとえば、アメリカ国内で色濃く見られた楽観的な「新世界秩序」の夢や、「歴史の終わり」の主張に強い異議を唱え、依然として国家という枠組みの重要性を指摘したのが、フランスの外相であり、また国際政治の教鞭を執るユベール・ヴェドリーヌであった。ヴェドリーヌは次のように論じる。「私がここで言いたいのは、わたしたちは現代国家としてなすべき仕事を、国際社会や国連その他の『救いの神』に押しつけて逃げてはいけないということである。国家が主権を放棄しても、ヨーロッパや世界、あるいはなんらかの民主的な場がそれを引き継いでくれるわけではない[34]」。

ヴェドリーヌは、国家以外のアクターが人々の安全や生活を守ってくれるわけではない現実を冷徹に示して、次のように説く。「そして引き継ぎ手がないとなると、これを拾い上げるのは市場、あるいは自己制御できると自称するなんらかの機構ということになるが、その自己制御がまやかしであることはすでに述べたとおりである。つまり国家には国家固有の役割があり、その役割に関しては、国家は相変わらずなくてはならない存在なのである」。

ヴェドリーヌが主張したのは、国家の重要性であり、また思想や価値をめぐる国家間の衝突の継続であり、そして地政学の有用性であった。リアリズムに基づいて、自国の安全と利益を確保することこそが、外交の要諦でなければならない。そのようなヴェドリーヌの思考は、次第に幅広く共有されていった。それは、国家の重要性の指摘であり、また依然として軍事力が大きな役割を担うことへの留意である。その際にヴェドリーヌは、自らの著書のタイトルとして、フクヤマの「歴史の終わり」の議論への批判と反論という意味を込めて、「歴史の継続（*Continuer l'histoire*）」としている。[35]

日本においても、北岡伸一東京大学教授が２００１年に刊行された『アステイオン』の誌上で、国家の重要性を論じている。北岡教授は、「国家の時代は終わったということが言われて久しい」と前置きをしながらも、「21世紀にも国家の重要性はなくならないだろう」と強調している。[36] この年には、国際テロリスト組織のアル・カイダによるテロ攻撃が行われて、非国家主体の重要性が繰り返し論じられるようになっていた。しかしながら北岡教授は、「国家の役割は相対的に低下するだろうし、新しい状況に対応してその役割は変化するだろうが、依然として国際社会ではそのもっとも重要な主体であり、それぞれの国内では最終的な意思決定者でありつづけるだろう」と指摘する。[37]

◉「歴史」の復権

冷戦が終結して十年ほどが経過すると、フクヤマがかつて論じたような「歴史の終わり」という認識に対する疑念が広がっていき、再び「歴史」が動き始めたことが指摘されるようになった。リベラルな民主主義を世界のすみずみにまで広げることは不可能である。だとすれば、リベラルな民主主義諸国の間での協力を強化して、権威主義体制や宗教過激派勢力に対抗する必要がある。

アメリカの外交専門家であり、新保守主義（ネオコン）の中心的な理論家でもあったロバート・ケーガンは、フランスのヴェドリーヌと同じように、冷戦後に広がっていた「新世界秩序」や「歴史の終わり」という楽観的な国際秩序観に対して厳しい批判を行っている。そして、冷戦後の世界が、新しい大国間の対立の構図によって取って代わった現実を指摘する。ケーガンによれば、「世界はふたたび以前の状態に戻ってしまった」のだ[38]。

ケーガンは、「一九九〇年代初頭、世界は楽観主義に支配されていた」として、「ソ連という共産主義帝国が崩壊し、新生ロシアもついに民主主義を採り入れる覚悟をしたように見えたのだから、無理もない」と述べる[39]。すなわち、「世界が一つになるという、人類史上記念すべき新時代が到来するかもしれない――そうした期待は、きわめて特異な国際情勢のもとで生まれた」のであり、「それまで長く続いていた大国間の競争が一時的に姿を消したのである」[40]。

だが、そのような「世界が一つになる」という夢は崩れ、再び大国間の対立が浮上した。というのも、ケーガンが述べるには、「世界が目にしたのは、変容や変化などではなかった。国家や民族間の終わりなき争いが、つかのま小休止したのを目撃したのに過ぎなかった」のだ。そしてケーガンは、「大国ナショナリズムの再燃」が広がっている様子を、次のように描写する。「利害の衝突と大国の野望が、新世界秩序に代わる同盟と反同盟の構図をつくり、一九世紀の外交官にはなじみの移ろいやすい同盟関係をもたらした。そして、大国の野望が重なりあい衝突する場所には、将来、世界に激震をもたらすような出来事を起こしかねない地政学上の断層が誕生したのである[41]」。

ヴェドリーヌやケーガンのようなリアリズム的な国際政治観を持つ論者だけではない。オックスフォード大学講師のジェニファー・ウェルシュもまた、フクヤマが唱えた「歴史の終わり」の議論に疑義を唱え、むしろ不安定で不透明な世界において、それらに柔軟に対応できるような外交の必要を説いていた。ウエルシュは、次のように述べる。

「冷戦終結から四半世紀、この間わたしたちが経験してきた政治と経済をめぐる負のトレンドは、『歴史の終わり』以降の世界へと続く道に〝移行〟していく手応えを失いつつある。それどころか、歴史はふたたび動き出したのだという手応えをいよいよ高めつつあるように思えてならない[42]」。

フランス人のヴェドリーヌも、アメリカ人のケーガンも、イギリス人のウェルシュも、過度な楽観主義を慎む必要を説くと同時に、国際政治の基本的な構造が大きく変わっていない現状に目を向けていた。依然として紛争は続き、また軍事力は引き続き大きな意味を持っていた。また、「地理の終焉」が訪れることはなく、依然として国際政治は地理的環境に大きく規定されていた。われわれはそのような現実を直視しなければならない。

実際に、中国は南シナ海や東シナ海で自らの海洋権益と制海権を確立しようと試み、またロシアは最大の軍港のあるクリミア半島をウクライナから奪い取った。さらには、中国の進める「一帯一路」構想は、マッキンダーがかつて語ったランドパワーの行動原理と大きく重なるものであり、ユーラシア大陸のハートランドを支配する試みのようにも見える。歴史は復権し、再び地政学の有用性が語られるようになったのである。

5 新しい世界秩序の構図と日本

◉新しい地政学的な思考

21世紀となった現代の世界でもわれわれは古典的地政学の叡智から多くを学ぶことができ、またそれを基礎として必要な戦略を立案していくことができるだろう。それでは、具体的にわれわれは現在、地政学的にどのようなリスクに直面しており、どのような戦略を構想する必要があるのだろうか。

マッキンダーはかつて、ユーラシア大陸の「ハートランド」を支配することの重要性を強調した。そして21世紀となった現代の世界では、ユーラシア大陸では、中国とロシアという二つの大陸国家が提携を強めており、アメリカや、ＥＵ、そして日本といったリベラルな民主主義勢力へと対抗的な姿勢を強めている。国際政治学者のズビグニュー・ブレジンスキーは、１９９７年に刊行した著書の中で、冷戦後の世界においても引き続き、ユーラシア大陸が地政学的に最も重要な位置を占めることを強調した。ブレジンスキーは、次のように述べる。「アメリカにとって、地政上の最大の目標はユーラシア大陸である[43]」。

なぜか。ブレジンスキーはその理由を、次のように説明している。「ユーラシアは世界最大の大陸であり、地政上の基軸である。ユーラシア大陸を支配する大国は、世界でもとくに先進的で経済が発展している三つの地域のうち、二つを支配できる。地図をみればすぐわかるように、ユーラシアを支配すれば、ほぼ自動的にアフリカを従えることができ、西半球とオセアニアは世界の中心に位置する大陸からみて、地政上の周辺部にすぎなくなる。ユーラシアは世界の人口の約七五パーセントを占めており、企業、天然資源などの物的な富でもかなりの部分を占めている。世界のＧＤＰに占める比率は約六〇パーセントであり、エネルギー資源では確認埋蔵量の約四分の三が集中している[44]」。

そのようなユーラシア大陸の重要性を前提に、アメリカは冷戦後においても、ヨーロッパではＮＡＴＯを東方拡大させて加盟国を増大させて、さらには東アジアでは日米同盟や米韓同盟を基軸として前方展開兵力を維持してきた。また、中東においても関与を維持することで、一定の影響力をこれまで保持している。地政学的に、アメリカが冷戦後にもこれらの軍事的関与を続けていることには、一定の合理性を持つものと言える。

そして、日本政府もまた第一次安倍晋三政権において「自由と繁栄の弧」と称する外交戦略を提起して、ユーラシア大陸の外縁部、すなわちスパイクマンのいう「リムランド」での民主化支援と経済成長を支えるための政策を行ってきた。２００６年11月30日に、麻生太郎外相は、「『自由と繁栄の弧』をつくる」と題した講演の中で、「ユーラシア大陸の外周に成長してまいりました新興の民主主義国。これらを帯のようにつなぎまして、『自由と繁栄の弧』を作りたい、作らねばならぬと思っております」と述べている[45]。また、これについて第一次安倍政権で外務事務次官であった谷内正太郎は、日本の長期的な外交戦略として、「戦略的思考を日本外交に導入し、外交の地平を広げること」の重要性を指摘して、それを「自由と繁栄の弧」と称した。谷内次官は、次のように論じている。

「世界地図を思い浮かべていただくと、西の方は北欧５カ国から南に下がってバルト三国、ウクライナ、ポーランドなどの中・東欧諸国、トルコを含む中東諸国、カザフスタンなどの中央アジア諸国、さらに南にいって南アジア諸国、ＡＳＥＡＮ、日本、朝鮮半島、モンゴル、それにオーストラリア、ニュージーランドも含めていいが、こういう弧に位置してそれぞれの立場から自由と繁栄を求めている国々の発展に、日本が貢献することが大事だ[46]」。

これは、日本外交における新しい地政学的な視座の導入ということができる。通常の二国間関係という視野を超えて、ユーラシア大陸全体の地図を視野に入れて、広域的で長期的な外交戦略を構想する点において、新しい試みであった。安倍政権はこのとき一年ほどで幕を閉じる運命となったが、２０１２年12月に第二次安倍政権が成立すると、再びそのような地政学的な思考が外交戦略の中に組み込まれていく。

2013年12月17日に発表される、日本ではじめて作成された「国家安全保障戦略」においては、マハン的な思考からも、日本が「海洋国家」としての戦略が必要であることが指摘されている[47]。そこでは、次のように記されている。「我が国は、四方を海に囲まれて広大な排他的経済水域と長い海岸線に恵まれ、海上貿易と海洋資源の開発を通じて経済発展を遂げ、『開かれ安定した海洋』を追求してきた海洋国家としての顔も併せ持つ[48]」。

その上で、日本の国家安全保障戦略の根幹として、「開かれ安定した海洋」を維持していくこと、そして「ルールに基づいた国際秩序」を確立していくことの重要性が述べられている。すなわち、「海洋国家として、各国と緊密に連携しつつ、力ではなく、航行・飛行の自由や安全の確保、国際法にのっとった紛争の平和的解決を含む法の支配といった基本ルールに基づく秩序に支えられた『開かれ安定した海洋』の維持・発展に向け、主導的な役割を発揮する[49]」。

このように、安倍政権においては、その外交戦略において地政学的な視点が取り入れられていることがわかる。第一次安倍政権の「自由と繁栄の弧」においては、スパイクマンの論じる「リムランド」において、日本がよりいっそうの支援と協力を行っていく必要性が指摘されている。また、第二次安倍政権の「国家安全保障戦略」においては、マハン的な戦略として、「開かれ安定した海洋」を確立していく上で「海洋国家」である日本が指導力を発揮する必要が論じられている。

このような地政学的な思考が取り入れられる背景として、中国の急速な軍事的台頭が見られる。

◉中国台頭の影響

21世紀となった現代の世界で最も重要な地政学的な課題は、中国の台頭が国際秩序にどのような影響を及ぼすのかというものであろう。

まず、中国は大陸国家（ランドパワー）として、ユーラシア大陸の「ハートランド」における自らの影響力を拡大しつつある。現在では、それは、ロシアとの協調関係に基づいて実現しつつある。中国は「一帯一路」のイニシアティブで、中央アジアや中東、東欧での自国の影響力を拡大しつつある。冷戦時代にアメリカはソ連という巨大なランドパワーと対峙してきた。それが現在では、中国がアメリカの対抗勢力としての地位を確立している。

それに加えて中国は21世紀に入ってから海洋進出を加速しており、南シナ海やインド洋での海上覇権を確立することを企図しているかのようである[50]。巨大な海軍力を建造することで、この地域における地域覇権を目指すシーパワーとしての地位も手に入れようとしているのだ。それに対して日本政府は安倍政権の下で、すでに見たように「開かれ安定した海洋」を確立するための努力を続けており、他方でアメリカ政府はオバマ政権時には「リバランス政策」としてアジア太平洋地域での自国の影響力を維持するための戦略を提示していた。

国際政治学者のジョン・ミアシャイマーは冷戦後の早い段階から、新しい地政学的な対立の構図の中で新興国である中国が重要な位置を占めるようになることを予測した。そして、ミアシャイマーによれば、「中国がもし経済面で発展を続ければ、アメリカが西半球を支配したのと同じような形でアジアを支配しようとする」はずである。そして、それに対して勢力均衡の原理に基づいて、「アメリカは、中国の地域覇権を阻止しようと多大な努力をするはずだ」という。[51] 他方で、「インド、日本、シンガポール、韓国、ロシア、そしてベトナムなど、北京の周辺国のほとんどは、アメリカとともに中国の力を封じ込めようとする」であろう。すなわち「端的に言えば、中国の台頭は決して穏やかなものとはならない」はずなのだ。[52]

米中関係が、アメリカの関与政策に基づいて協調的に発展するはずだという楽観論が蔓延する中で、ミアシャイマーのほかにもその将来に悲観的な国際政治学者がいる。たとえば、アーロン・フリードバーグはその著書の中で、「多くの専門家の見解とは異なり、出現しつつある米中対立は、単なる誤解や、変更が容易な誤った政策によるものではなく、変化する国際システムの構造と、米中両国の政治体制の違いに深く根づいたものだ」と論じている。[53] そして現実の国際政治は、ミアシャイマーやフリードバーグの議論が正しいことを証明している。いまやアメリカ国内では、米中関係の将来についての楽観論は急速に縮小している。

アメリカと中国との関係は、地政学的にはかつての冷戦時代の米ソ関係と似てきている。それは、シーパワーとランドパワーの対立の構図になりつつあり、中国が「一帯一路」構想に基づいて西側に向かって影響力を拡大する中で、ユーラシア大陸全体を視野に入れた広域的な対立の構図を示すようになった。そして中国は現在のところ、ロシアとの提携を強化することでそれを着実に実行している。

冷戦後にリベラルな国際秩序を発展させていくためには、国連安保理常任理事国である中国とロシアという二つの権威主義体制の大国との協力関係を前提にしなければならなかった。ロシアや中国で民主化が進展し、主要な大国間での協調関係が育まれていくという冷戦後の楽観的なシナリオは、いまや危機に瀕している。中国やロシアは、民主主義や人権、法の支配について、西側諸国とは価値観を共有しておらず、また従来よりも西側諸国に敵対的な姿勢を示すようになった。そのことをフリードバーグは、次のように説明する。

「現在の中露両政府は、ともに大国としての地位と威信を確立することを求めており、また同時により実態のある具体的目標も追求している。すなわち、自国が明白かつ圧倒的な優位を誇る地域的な勢力圏の確立である。ロシアはかつてのソ連の領域を統制したいと望んでおり、中国は、東アジアの海域から大陸の外縁部を含む、ユーラシア大陸の東側における優越的な地位の獲得をめざしている[54]」。

このような、中国とロシアという二つのランドパワーが、上海協力機構などの枠組みを通じてユーラシア大陸で影響力を膨張させている一方で、アメリカを中核とするリベラルな国際秩序に対して繰り返し対抗するような姿勢を示してきた[55]。他方で、トランプ政権成立後のアメリカは、リベラルな国際秩序を擁護するような方針を、必ずしも明確に示していない。そのような中で、この地域におけるシーパワーとしての日本の役割がよりいっそう大きくなりつつあると言える。

◉「インド太平洋」という地政学的空間

曽村保信は1984年に刊行された著書『地政学入門』の終章の最後で、「インド洋」の重要性を次のように説明している。

「インド洋の現代における戦略的な特性は、ここが世界で最も重要なシーレーンの集中、交錯する場所だ、という点にある。中東の石油やアフリカの希少金属資源は、日本にとってはもとより、アメリカや西欧の諸国にとっても、さしあたり不可欠である」[56]。

さらには、１９７０年にインド海軍のＡ・Ｐ・Ｓ・ビンドラ大佐が書いた論文を次のように紹介する。

「米ソの両大国は、さしずめインド洋における軍事活動に関して、ある程度の自制力を発揮できるだろう。が、中国の将来における野心には油断がならない。それで、これを予防するひとつの手段として、インド、豪州、および日本の連携が考えられぬこともなかろう」[57]。

半世紀近く前に、インド海軍の軍人がこのように日豪印三国安全保障協力を提唱し、また中国のインド洋への進出に警鐘を鳴らしているのは興味深い。地理的条件が変わらなければ、地政学的な課題も不変である。21世紀の現在、海洋大国を目指す中国が積極的にインド洋に進出して、スリランカなどの港湾を自らの影響力下に収めようとしている。それに対して、インドはよりいっそう警戒心を強めている。あわせて、半世紀前と比較して、インド洋の戦略的な重要性は著しく増大している。それゆえに、日本政府は新たに「インド太平洋」という地域的概念を多用するようになり、それと同時にインドやオーストラリアとの安全保障協力を積極的に進めている。

安倍晋三首相は、２０１６年8月27日のケニアでの第6回アフリカ開発会議（ＴＩＣＡＤⅥ）の基調演説で、「自由で開かれたインド太平洋」という新しい外交戦略を提起した。そこで安倍首相は、次のように述べている。

「アジアの海とインド洋を越え、ナイロビに来ると、アジアとアフリカをつなぐのは、海の道だとよくわかります。／世界に安定、繁栄を与えるのは、自由で開かれた2つの大洋、2つの大陸の結合が生む、偉大な躍動にほかなりません。／日本は、太平洋とインド洋、アジアとアフリカの交わりを、力や威圧と無縁で、自由と、法の支配、市場経済を重んじる場として育て、豊かにする責任を担っています。／両大陸をつなぐ海を、平和な、ルールの支配する海とするため、アフリカの皆様と一緒に働きたい。それが日本の願いです[58]」。

このように、「自由と繁栄の弧」から「自由で開かれたインド太平洋」に至るまで、日本は徐々に、ユーラシア大陸の「ハートランド」に対して、その外縁部であるリムランドへの影響力を拡大すると同時に、シーパワーとしてインド洋や太平洋において、「国際公共財」として航行自由原則を維持し、確立することを試みてきた。このように、安倍政権下では、地政学的な思考を基礎とした外交戦略が示されている。そして、ランドパワーである中国とロシアの連携に対して、シーパワーとして日米両国は、海上覇権を維持することを何よりも重要な課題としているのである。

しかしながら留意すべきは、それは古典的な地政学とは異なり、「法の支配」や、「ルールに基づいた国際秩序」、「開かれ安定した海洋」というような、重要な規範を確立することを目指したものであることだ。古典的な地政学を基礎としながら、新しい国際環境に符合した戦略を構想することで、この地域に平和や安定をもたらすことが重要であろう。

◉地政学の「第五次元」

古典的な地政学においては、これまで見てきたように、ランドパワーとシーパワーの対立の構図に基づいて国際政治を考えることが中核となっていた。それに加えて、20世紀後半には、「空」と「宇宙」、すなわち戦略の次元において、「第三次元」と「第四次元」が重要な意味を持つようになった。大陸間弾道ミサイルの開発や、大量配備、そして宇宙空間における偵察衛星の利用など、この二つの新しい次元を活用することで、より有利な戦略環境を確立しようとする競争が見られたのだ。

それについて、ディヴィッド・ロンズデールは、次のように語る。すなわち、「テクノロジーの発展が特定の戦略の次元（dimension）を強化することによって重要な違いを生むこともある。たとえば20世紀における『空』と『宇宙』という環境（つまり戦略の『第三次元』と『第四次元』）の利用は、戦略の世界をさらに複雑化させ、新たな弱点やチャンスを生み出した。多くのアクターたちはこれに対処するために、これらの環境を理解したり、そのなかでの活動の仕方を知る必要に迫られることになったのだ(59)」。

ロンズデールは、インターネットなどの普及で情報空間が「第五次元」を生み出した点に注目し、ランドパワーや、シーパワー、エアパワー、スペースパワーと並び、新たに「インフォメーションパワー」が重要になったと指摘する。(60) ロンズデールは、「ITとの関連からいえば、第五次元は戦略の実践段階でさらに重要度を増すことになる可能性が高い」と論じながら、同時に「それでもいままでの物理的な地理や、従来の物理環境のなかで活動する軍事力の重要性を軽視するのは間違いなのだ」と述べている。[61] いわば、「インフォメーションパワー」は、従来のランドパワーやシーパワー、エアパワー、スペースパワーと総合することで、十分な力を発揮するといえるのであろう。

それゆえ、ロンズデールによれば、「インフォメーションパワーは、ほかの戦略パワーと同時に行使されることのほうが多い」のであり、「たとえばインフォメーションパワーには、発見したターゲットを破壊したり、物理的に兵站を動かして部隊の配備を行うために、空、陸、そして海上兵力が必要になるのだ[62]」。

日本政府が２０１３年12月に発表した「国家安全保障戦略」の文書の中でも、「サイバーセキュリティの強化」や「宇宙空間の安定的利用」というように、「スペースパワー」と「インフォメーションパワー」の重要性が指摘されている。さらには、この国家安全保障では防衛力の「統合運用」に向けて、「あらゆる事態にシームレスに対応するための総合的な体制を平素から構築していく」必要が指摘されている。[63]

とはいえ、技術の急速な進化を視野に入れて、同盟国のアメリカや、隣国の中国などと比較すると、スペースパワーとインフォメーションパワーにおいて、日本は多くの課題を抱えていると言える。サイバーセキュリティ研究の土屋大洋慶應義塾大学教授によれば、「陸、海、空、宇宙についで、サイバースペースが第5の作戦空間であるとすれば、日本が最も多く『攻撃』を受けているのはサイバースペースであり、そこでの対応の強化は喫緊の課題である[64]」。

6 世界はこれからどうなるのか

地政学は、冷戦終結によってその意義が大きく後退したかのように見えたが、1990年代後半以降、リアリストの国際政治学者たちを中心に再び地政学的な思考が重要であることが強調されるようになった。リベラルな国際秩序を確立して、国際協調を基礎とした「新世界秩序」が到来することが期待されていた。だが、そのような楽観主義的な国際政治観は、冷酷な現実と向きあう中で次第に後景に退くようになっていった。

2001年の同時多発テロと、その後のアメリカのアフガニスタンとイラクへの軍事介入によって、非国家主体との非対称戦争にアメリカ政府は大きな労力を割いていた。そのような中で、中国は急速に軍事力を増強して、世界のパワーバランスに大きな変化が生じていた。中国は、南シナ海や東シナ海での制海権と制空権の確保へ向けて努力を続け、あわせて宇宙空間やサイバー空間でも自らの影響力を拡大していった。再び、地政学の重要性が認識されるようになったが、そこでは宇宙空間やサイバー空間も含めて、それらの五つの空間の領域横断的な対応が求められるようになっていたのだ。それは、「新しい地政学」と呼べる視座である。

21世紀の世界ではこのように、古典的地政学を基礎として、それに新しい要素を加えたかたちでの

「新しい地政学」に基づいて戦略を構築することが求められている。国家間関係において、地理的な前提条件が大きく変わることはないが、科学技術や交通・コミュニケーション手段は加速度的に進歩している。このような変わらない要素と変わる要素とを冷静に見極めて、われわれは「新しい地政学」に基づいた国際政治認識を深めることが重要なのだ。

注

（１）冷戦後の「新世界秩序」への希望と挫折については、細谷雄一（２０１２）『国際秩序——18世紀ヨーロッパから21世紀アジアへ』中央公論新社、２９３-３３３頁を参照。また、冷戦後のリベラルな国際秩序の推移については、G・ジョン・アイケンベリー（２０１２）『リベラルな秩序か帝国か——アメリカと世界政治の行方（上・下）』細谷雄一監訳、勁草書房、および、納家政嗣（２０１８）「歴史の中のリベラルな国際秩序」『アステイオン』88号、14-29頁などを参照。

（２）たとえば、そのような楽観的な冷戦後秩序を構想するものとして、鴨武彦（１９９２）『ヨーロッパ統合』日本放送出版協会を参照。

（３）猪口孝（１９９４）『世界変動の見方』筑摩書房、３頁。

（４）たとえば代表的なものとして、Ikenberry, G. J. (2017) “The Plot Against American Foreign Policy: Can the Liberal Order Survive?,” *Foreign Affairs*, 96(3): 2–9.

（５）Spykman, N. J. (1944) *The Geography of the Peace*, p. 41, New York: Harcourt.

（６）Gray, C. S. (1966) “The Continued Primacy of Geography,” *Orbis*, 40(2): 248.

(7) Owens, M. T. (1999) "In Defense of Classical Geopolitics," *Naval War College Review*, 52(4): 59–76.
(8) ロバート・D・カプラン(2014)『地政学の逆襲――「影のCIA」が予測する覇権の世界地図』櫻井祐子訳、朝日新聞出版、18頁。
(9) Mead, W. R. (2014) "The Return of Geopolitics: The Revenge of the Revisionist Powers," *Foreign Affairs*, 93(3): 69–79.
(10) たとえば、そのような視点で地政学を論じた論文集として、コリン・グレイ/ジェフリー・スローン編(2009)『戦略と地政学1　進化する地政学――陸、海、空そして宇宙へ』奥山真司訳・解説、五月書房を参照。
(11) Dittmer, J., Sharp, J. (2014) "General Introduction," Dittmer, J., Sharp, J. (eds.), *Geopolitics: An Introductory Reader*, p. 3, London: Routledge.
(12) ダニエル・モラン(2012)「第6章　地理と戦略」(道下徳成訳)ジョン・ベイリス/ジェームズ・ウィルツ/コリン・グレイ編『戦略論――現代世界の軍事と戦争』石津朋之監訳、勁草書房、184頁。
(13) Black, J. (2009) *Geopolitics*, p. 107, London: Social Affairs Unit.
(14) Ibid, pp. 107–108.
(15) その過程を簡潔に概説したものとして、曽村保信(1984)『地政学入門――外交戦略の政治学』中央公論社、14–17頁、および、篠田英朗(2015)『国際紛争を読み解く五つの視座――現代世界の「戦争の構造」』講談社、105–106頁。
(16) 邦訳は、アルフレッド・T・マハン(1982)『海上権力史論』北村謙一訳、原書房。
(17) 邦訳は、H・J・マッキンダー(2008)『マッキンダーの地政学――デモクラシーの理想と現実』曽村保信訳、原書房。
(18) Dittmer, Sharp (2014) "General Introduction," p. 4.
(19) 曽村、前掲書、『地政学入門』86頁。
(20) 同。

（21）森聡（２０１６）「リベラル国際主義への挑戦――アメリカの二つの国際秩序観の起源と融合」『レヴァイアサン』58号、23-48頁、および、玉置敦彦（２０１８）「秩序と同盟――アメリカの『リベラルな国際秩序』戦略――」『国際安全保障』第45巻、第15号、13-31頁参照。
（22）ニコラス・スパイクマン（２００８）『平和の地政学――アメリカ世界戦略の原点』奥山真司訳、芙蓉書房出版、および、ニコラス・スパイクマン（２０１７）『スパイクマン地政学――「世界政治と米国の戦略」』渡邉公太訳、芙蓉書房出版。
（23）スパイクマン、前掲書、『平和の地政学』98頁。
（24）同、１０１頁。
（25）Sempa, F. P. (2017) *Geopolitics: From the Cold War to the 21st Century*, London: Routledge: chapter 5; Dittmer, J. "Introduction to Part Two," in Dittmer, Sharp (2014) *Geopolitics*, p. 92.
奥山真司「米国の世界戦略とスパイクマンの理論――訳者あとがきと解説」スパイクマン、前掲書、『平和の地政学』１３３-１５２頁。
（26）Bush, G. H. W., Scowcroft, B. (1998) *A World Transformed*, p. 370, New York: Knopf.
（27）Freedman, L., Karsh, E. (1993) *The Gulf Conflict 1990–1991: Diplomacy and War in the New World Order*, p. xxix, Princeton, NJ: Princeton University Press.
（28）フランシス・フクヤマ（２００５）『歴史の終わり――歴史の「終点」に立つ最後の人間（上）』渡部昇一訳、三笠書房、13頁。
（29）Lake, A. (1993) "From Containment to Enlargement: Current Foreign Policy Debates in Perspective," *Vital Speeches of the Day*, 60(1): 15.
（30）Clinton, W. J. (1995) *A National Security Strategy of Engagement and Enlargement*, Washington D.C.: The White House.
（31）その代表的なものとして、たとえば、ブルース・ラセット（１９９６）『パクス・デモクラティア――冷戦後世界への原理』鴨武彦訳、東京大学出版会を参照。

（32）その代表的なものとして、Rice, C. (2000) "Promoting the National Interest," *Foreign Affairs,* 79(1): 45–62. しかしながら実際には、2001年9月11日の同時多発テロ以降、ジョージ・W・ブッシュ政権のアメリカは、コンドリーザ・ライスが国家安全保障担当大統領補佐官となって、むしろ中東における民主主義の拡大や、国家建設を目的として、積極的な軍事力行使を行っていった。

（33）ジョン・J・ミアシャイマー（2017）『完全版　大国政治の悲劇』奥山真司訳、五月書房新社、19–20頁。

（34）ユベール・ヴェドリーヌ（2009）『「国家」の復権――アメリカ後の世界の見取り図』橘明美訳、草思社、99頁。

（35）Vedrine, H. (2008) *Continuer l'histoire,* Paris: Editions Flammarion.

（36）北岡伸一（2001）「国家の弁証――二一世紀日本の国家と政治」『アスティオン』55号、11頁。

（37）同。

（38）ロバート・ケーガン（2009）『民主国家 vs 専制国家――激突の時代が始まる』和泉裕子訳、徳間書店、7頁。

（39）同、11頁。

（40）同、23頁。

（41）同、26頁。

（42）ジェニファー・ウェルシュ（2017）『歴史の逆襲――21世紀の覇権、経済格差、大量移民、地政学の構図』秋山勝訳、朝日新聞出版、32頁。

（43）Z・ブレジンスキー（2003）『地政学で世界を読む――21世紀のユーラシア覇権ゲーム』山岡洋一訳、日本経済新聞社、63頁。

（44）同、64頁。

（45）麻生太郎「『自由と繁栄の弧』をつくる」日本国際問題研究所セミナー講演、2006年11月30日。(https://www.mofa.go.jp/mofaj/press/enzetsu/18/easo_1130.html)

（46）谷内正太郎・高橋昌之聞き手（2009）『外交の戦略と志――前外務事務次官谷内正太郎は語る』、産経新聞出版、143頁。

(47) 細谷雄一（２０１６）「日本の国家安全保障戦略と日米同盟」公益財団法人世界平和研究所編・北岡伸一／久保文明監修『希望の日米同盟——アジア太平洋の海洋安全保障』中央公論新社、30‐31頁。

(48) 国家安全保障会議「国家安全保障戦略」２０１３年12月17日。（https://www.cas.go.jp/jp/siryou/131217anzenhoshou/nss-j.pdf）

(49) 同。

(50) たとえば、川島真（２０１６）「中国の海洋戦略と日米同盟」世界平和研究所編『希望の日米同盟』１１９‐１３９頁。

(51) ミアシャイマー、前掲書、４４３頁。

(52) 同。

(53) アーロン・Ｌ・フリードバーグ（２０１３）『支配への競争——米中対立の構図とアジアの将来』佐橋亮監訳、日本評論社、1頁。

(54) アーロン・Ｌ・フリードバーグ（２０１８）「リベラルな国際秩序と権威主義諸国の挑戦」『アステイオン』88号、38頁。

(55) そのような視点から、国際情勢の推移を論じた著作として、廣瀬陽子（２０１８）『ロシアと中国——反米の戦略』筑摩書房を参照。

(56) 曽村、前掲書、『地政学入門』２０９頁。

(57) 同。

(58) 「ＴＩＣＡＤ Ⅵ（第6回アフリカ開発会議）開会セッション 安倍総理基調演説」２０１６年8月27日。（https://www.kantei.go.jp/jp/97_abe/statement/2016/0827opening.html）

(59) ディヴィッド・Ｊ・ロンズデール（２００９）「インフォメーションパワー——戦略、地政学と第五次元」グレイ／スローン編『進化する地政学』２９６‐２９７頁。

(60) 同、２９９頁。

(61) 同、２９８頁。

（62）同、３１８頁。

（63）国家安全保障会議「国家安全保障戦略」２０１３年12月17日。

（64）土屋大洋「非伝統的安全保障としてのサイバーセキュリティの課題――サイバースペースにおける領域侵犯の検討」渡邊昭夫・秋山昌廣編著（２０１４）『日本をめぐる安全保障　これから10年のパワー・シフト――その戦略環境を探る』亜紀書房、２５４頁。

第2章

武器としての経済力とその限界
——経済と地政学

田所 昌幸

1 押し寄せるグローバリゼーションの波

◉冷戦後のグローバル経済

20世紀を支配した最大の知的論争が、共産主義と資本主義との間で展開されたイデオロギー上の対立だったことは、今となっては思い出すも難しい。ソ連が崩壊して冷戦が終わった後には、資本主義に対抗する経済システムはなくなり、グローバリゼーションが、抗しがたい世界の潮流だとする言説が支配的なものとなった。グローバリゼーションの具体的な意味内容は曖昧だったにせよ、そこでイメージされていたのは、国境を横断して自由にモノが売買され、多額の資本が瞬時に移動し、インターネットに代表されるテクノロジーが世界中の情報の流れを媒介する世界であった。つまり地球上どこにいても、人々は商品を自由に売買でき、国籍の如何を問わずに自由な市場経済の枠組みで連帯し協同することが、前提とされていたのである。言い換えれば地理的距離は意味を失い、世界経済の営みは脱領域化される、と信じられていた。

こういった脱領域化された世界では、国家の意義は大幅に後退することになる。なぜなら国家が持っている特異な役割や能力は、国境で区切られた領土を排他的に支配することに由来するからである。もし国境を自由に越えることができ、国家の領域支配能力が弱まるのなら、国家の行使できる力も大幅に後退するだろう。そもそも冷戦が終われば国家と国家の間で大した対立がない時代になったのだから、国家にそんな力がどうして必要なのだろうか。そして市場経済が世界を覆い人々が豊かになれば、国家や社会は徐々に変質し、ロシアや中国のような旧社会主義諸国の政治制度も行動様式も、そして社会で共有される価値観も、いずれ自由民主主義に収斂するはずだ。そうなれば、いずれ世界は国家の意味が大幅に失われ、人々が企業やＮＰＯといった多様なネットワークを介して結びつく、「新しい中世」[1]が世界を覆うだろう。こういった期待も広く共有されていた。

しかしソ連崩壊から四半世紀が経過して、こういった期待が実現しなかったことは明らかになった。自由民主主義陣営の主要な対抗勢力であったソ連も中国も民主化することはなく、またそれらの国は対外行動の面でも自由民主主義陣営の規範を受け入れることはなかった。ロシアのプーチンは１９９９年から途切れることなく権力の座にあり、その期間はすでにブレジネフを上回る長期のものである。また中国でも２０１８年の憲法改正によって習近平の地位の終身化の道が開かれた。めざましい中国の経済成長とそれに伴う変化を、遥か彼方から好意的に受け取っていた欧米の主要メディアの論調も、ここにきてさすがに、この憲法改正が「25年間にわたる中国に関する西側の賭けが、失敗に終わったことの強力な証左」と判断するに至っている。[2]

対外面でも、中露ともに実力を行使してでも一方的な現状変更を厭わない姿を見せ始めている。ロシアはプーチン大統領の下で、現地の「民間」勢力も動員するいわゆるハイブリッド戦争の手法を用いて、武力による領土の変更を実行した。またシリアへも積極的に介入して、地政学的対抗関係で軍事的プレーヤーとして存在感を回復しつつある。中国が南シナ海や東シナ海で強引に現状を変更して、既成事実を蓄積しつつあることは、日本人にはよく知られているとおりである。

それではわれわれは冷戦時代のような対立構図に回帰しつつあるのだろうか。少なくとも次の点で、冷戦時代の地政学的対立と今姿を現しつつある対立の構図は、大きく異なっている。それは、戦略的対抗関係にある中国やロシアと自由民主主義諸国との間には、今や緊密な経済交流が存在することである。

とりわけ中国は、冷戦後のグローバリゼーションの時代の最大の勝者と言えよう。中国が今や世界政治を語る上で欠くことのできない重要な役割を果たしていることは、いまさら繰り返す必要もあるまい。しかもその中国は、冷戦時代のソ連同様、国連安保理の常任理事国であり、核兵器を保有する主要な政治的・軍事的な勢力であることに加えて、今や世界経済の枢要なプレーヤーでもある。グローバリゼーションの波に見事に乗った中国は、１９８０年代以降飛躍的な経済的発展を遂げ、すでに2010年には日本を抜いてGDPの規模で世界第二位になり、そう遠くない将来にアメリカすらも抜いて世界最大の経済規模を誇るようになるという予測も、多くの論者の語るところとなっている。それに伴って、中国は政治的・軍事的な影響力を増しているだけではなく、卓越した経済力を通じて様々な国家目標を追求するようになってきた。

そのため中国との経済関係は、かつて信じられていたように、自由民主主義陣営が中国に影響力を行使する経路ではなく、むしろ中国がその政治的目標を達成するための便利な手段となった。中国は、経済的なテコを用いて自由民主主義陣営に影響力を行使するだけではなく、一帯一路に代表される野心的なプロジェクトを通じて、広域的な勢力圏を築こうとしている。こう考えると、冷戦後のグローバルな経済関係は、国家の領域的支配を溶解させたのではなく、国家間の競争関係において、軍事的安全保障に並ぶ一つの重要な次元が加わったと見ることができよう。

この章では、地政学的な対立を内包する国家間における、経済関係の戦略的意義について検討する。グローバル経済は、もはやアメリカの主要同盟国、すなわち事実上相互に戦争の可能性が考えられない、安全保障共同体を形成しているアメリカの同盟国が支配する場ではない。異質な政治体制や世界観を持つ国々が、経済的には密接に連関して構成されているのが、グローバル経済の現状なのである。そのため、そこにはこれまでになかった、戦略的対立の可能性をはらんでいるのである。

2 経済と国力のジレンマ

◉経済の戦略的意義

経済学者は、国家による経済的手段の行使に大きな関心を払ってこなかった。現代の経済学の支配的な関心の焦点は市場の分析であり、その市場は権力から切り離された自発的な商品の交換の場であることが前提とされている。他方で、国際政治学から経済問題に接近する国際政治経済学も、経済的相互依存を管理し、開放的な国際経済秩序の維持を目的とするリベラルな問題意識が伝統的に支配的であった。そのため、それは雇用や成長といった経済的目標をめぐる国際政治が関心の中心であり、経済の戦略的意義への関心は二次的なものだったと言わざるをえまい。そうなったことには、現実的な理由もあった。冷戦下では、東西両陣営間の経済交流は非常に限定的であり、共産主義陣営が経済面で明らかに劣勢だったこともあって、戦略的対抗関係にある国家間の経済関係をどう管理するのかという問題は、現実的な政治課題ではなかったからである。

しかし国境を越えて経済的交流が成立すると、それが一国内で成立する経済関係とは異なる政治的意味を帯びるのは避けられない。とりわけ自分の安全は自力で守らなくてはならないという国際政治の無政府的性格が前面に出るような環境の下では、経済の持つ安全保障上の意義が表面化する。これ

に関してよく参照される古典的文献に、アルバート・ハーシュマンによる分析がある。(3)

　ハーシュマンによると、一国と他国との間に交易が成立すると、彼が厚生効果と影響力効果と呼ぶ二種類の効果が生じる。前者は、通常経済学者の関心となっている効果であり、貿易や金融取引のあり方が、関係国のＧＤＰや雇用などで測定される経済的厚生におよぼす効果のことを指す。今日の経済学の主流派は、自由な市場における競争が、経済的厚生を向上する上で望ましいことを強調する。それとともに、自由な経済交流は、それに携わる諸国を皆豊かにするので、すべての国にとって望ましいとされる。言い換えれば、国際的な経済交流によって世界の富の総量が増えることが強調される。輸入国も、輸出国も、両者ともに貿易のない場合よりも多くの財を得ることができるはずだというのである。実際戦後アメリカ主導で制度化された、ＧＡＴＴやブレトンウッズ体制に代表される西側の国際経済体制も、このようなリベラルな前提に基づいて築かれた。

◉経済とパワー

　だがこのような厚生効果にかぎっても、政治的には話はより複雑である。それは、経済交流の結果関係国すべてが利益を得るとしても、どの国がどれだけ利益を得るのかという利益の配分、言い換えれば相対的利得をめぐる問題が生じうるからである。国際環境は無政府的なので、国家は自分の身を自分で守らなくてはならないから、それぞれの国は絶対的利得の水準を高めることだけではなく、敵対的な国家との比較で自国の国益を理解すること、言い換えれば相対的利得について関心を持っても、当然である。というのは、国家間の対抗関係で重視されるのは、国力（パワー）であり、それはことの性格上どうしても関係的であり相対的な力関係を指す性質のものだからである。

経済的に豊かになれば、富は消費に費やされるだけではなく、軍事にも対外援助にも割ける資源は多くなり、それはとりもなおさず一国の国力に貢献することになるだろう。たとえ自国が豊かになり軍事予算なり対外援助予算を増やすことができても、他国の成長率が一層高ければ、結局その自国のパワーが増大することはない。パワーは他国との関係にかかわる問題である以上、すべての関係国のパワーが同時に増加することはありえない。よって一見非政治的な経済活動も、国力への影響を通じて、政治的な意味を持たざるをえない。

しかしより政治的意味が直接的なのは、ハーシュマンが、影響力効果と呼んでいるものである。これは経済的交流によって、ある国が他国に対して力を行使できるチャンスが生ずることを意味する。一国が他国に対して貿易その他の経済的関係を持てば、それが停止されることによって相手国に損害が発生する。そしてその損害の可能性そのものが、相手国に対する影響力となると言うのである。

このような可能性が露骨に現実のものになるのが経済制裁である。これはターゲットとなる国に経済的損害を与えることで、相手国の行動を操ろうという政策で、エネルギーや食料といった戦略的物資を禁輸することがすぐ思い浮かぶ。しかし、その手段は多様で、ターゲット国からの輸入を制限したり、ターゲット国企業の自国市場での活動を妨害してその経営を圧迫したりといった方法がある。金融面でもターゲット国への信用供与を制限したり、極端な場合には、相手国の金融口座を封鎖し資産を凍結したりといった手段に訴えられることもある。

おそらくより重要なことは、このような経済制裁の可能性そのものが、パワーとなることである。とりわけ経済大国と小さな貿易相手国の関係では、制裁によって大国に生ずる費用は小国が被る損害よりも小さいため、経済制裁の威嚇の信憑性も高くなる。そのため、一般に中国やアメリカのような経済大国が他国と経済的に関与すれば、後者の方が脆弱な立場に立たされることになる。それはちょうど軍事力が実際に行使されることがなくても、その存在そのものが抑止力になったり、威嚇効果を持ったりするように、経済的な依存関係も、それを操作して損害を加えることができる可能性によって、戦わずして相手を屈服させるかもしれないのである。

しかも経済的関係は、一回限りの取引ではなく日常的に繰り返される長期的関係である。そのため経済大国が、小国との間に平和的な経済的交流をいったん確立すると、小国内部には大国と経済関係を円滑に保つことに利害を持つ集団（ハーシュマンはこれを「経済的第五列」と呼んでいる）が形成される。そういった集団は大国との関係維持が利益になるので、政治的にも商売相手の大国の意を体して行動することになる。とりわけ民主主義国では、利益集団による政治活動は合法であるから、民主的な小国では大国への依存が構造化されやすく、国益の内容そのものが変質することになる。かくして大国は、自国が巨大な市場を持っているという事実そのものによって、経済的取引の相手であるある小国を体質的に依存させてしまい、それによって小国を操ることができることになる。小国は、実際に大国が経済制裁を実施しなくとも、大国の市場に参入できるかどうかが大国の思惑で左右されるので、政治的理由で損失を被る可能性を、常に意識して行動せざるをえないからである。

◉独立≠鎖国

このような経済の戦略的意味合いを考えると、国家はやっかいなジレンマに直面する。一方で現代ではいかなる国も国境を越えた経済的交流から得られる恩恵なしで生きていくのは、現実的には不可能だ。だが他方で、国際的な経済交流は政治的に中立ではなく、小国を従属的地位に置く力学が内在している。そのため一国の独立のためには国際経済からは距離をとり、可能な限り自給自足を目指すべきだとする主張が、伝統的に多くの思想家によって語られてきた。江戸時代に実行された「鎖国」政策も、それによって日本は独立と平和を２００年以上も維持できたと評価することもできるかもしれない。今日でも食料安全保障論としてよく語られている議論は、食料輸入が途絶する可能性に備えて、食料の自給率を高めるべきだとするのがその内容である。論理的な極限にまでこの議論を展開すれば、国際分業を否定し自給自足を指向する考え方に至ろう。

しかし、国際経済から孤立することで一国の経済のダイナミックな発展が阻害されれば、それによって安全保障にも悪影響が生じる。一国の経済発展が後れをとれば、国民の経済的厚生の水準が低下するだけではなく、国防であれ外交であれ、国家がその目標のために利用できる資源そのものが失われる。それによって一国の安全保障上の立場はむしろ悪化することは、ペリーが来航したときの日本人が痛いほど実感したはずである。

3 ジレンマから解放された戦後の自由主義陣営

◉経済の脱政治化

しかし、以上のような経済と政治のジレンマは、第二次世界大戦後の日本を含むアメリカを中心とした国際経済秩序の下では後景に退き、全般的には経済は非政治的な営みになった。そのことによって、おおむね開放的な国際経済秩序が維持された。このことは、決して当然のことではない。実際歴史的には世界が有力国の排他的市場に分割された時代の方が、どちらかと言えば常態かもしれない。近代ヨーロッパが世界中の海洋に進出した重商主義時代には、国際貿易は軍事力と一体となった極めて政治的な営みだった。貿易のための市場は軍事力によって独占され、ポルトガルやスペインなどのヨーロッパ諸列強は、力ずくで市場の縄張り争いを続けた。１９３０年代に世界市場が閉鎖的になると、持たざる国である日本は、弱肉強食の世界で生き延びるためには資源や市場を確保するために、武力を使ってでも独自の「生存圏」を確立しなければならないという言説が広く受け入れられるようになった。しかしかかる論理で大陸へ膨張し、その結果起こった戦争に徹底的に敗れてみると、日本はかつてよりずっと居心地のよい国際経済秩序に置かれるようになった。

通産官僚として厳しい国際交渉に携わった天谷直弘は、日本にとって戦後の国際経済秩序が何を意味していたのかを、見事に言い当てている。

「戦前の世界は、日本にとって狭い世間であった。だからその狭い世間、息苦しい世界で、生存圏を確保するために、大東亜共栄圏というようなことを叫んでみたが、惨憺たる失敗に終わった。ところが皮肉なことに、敗戦によって日本が得たものはＧＡＴＴ・ＩＭＦ秩序への加入であり、そこでは、原則として、日本品は差別的制限を受けることなく、世界各地に輸出することができる。輸入の方は、お金さえあれば何でも買える。その結果明治以降もっとも自由な世界が日本の目の前に広がった[4]」。

経済と政治の間にはジレンマがあるにもかかわらず、第二次世界大戦後開放的な国際経済秩序が展開し、長期にわたって維持できた背景には、少なくとも以下に挙げる三つの条件があった。第一に戦後世界で圧倒的な力を誇るようになったアメリカは、１９３０年代の世界経済の混乱が第二次世界大戦を招来する一つの原因となったと理解していた。そのため、開放的で無差別的な国際経済体制を確立することを、早くから重要な戦後の目標と定めていた。

自国市場が広大で拡大してきたアメリカは、伝統的に貿易への依存は小さく、歴史的にはむしろ保護主義的傾向が強い。だがそのアメリカが19世紀以降自由貿易を推進してきたイギリスよりも一層自由主義的になったのは、リベラルな戦後構想によるものだけではない。もちろんヨーロッパの植民地帝国が囲い込んでいた市場に、アメリカも参入し経済的利益を得るという意味合いもあったであろう。それは、イギリスにとっては帝国の解体を意味するのであり、戦争の最中から同盟国であるイギリスとの間で厳しい交渉が展開された。

それでもアメリカ主導の自由主義的な国際経済体制に加わることによって、政治的従属の構造に組み込まれることが懸念される西欧諸国にとっては、なんと言ってもアメリカ市場に参入できるという抗しがたい経済的魅力があった。しかしそれに加えて、アメリカが経済交渉を二国間で個別に行うのではなく、すべての国に平等に適用されるＧＡＴＴやＩＭＦなどの多国間主義的な制度を設けたことは、これらの諸国の懸念を緩和する効果を持った。というのは、アメリカ自身もこうした制度に拘束されるので、アメリカと経済関係に入る小国側も、経済的なテコによってアメリカから一方的に圧迫を加えられる危険が小さいと期待できたからである。

◉冷戦戦略としての経済自由化

第二に、第二次世界大戦が終わるとほどなく冷戦が始まったことがある。当初経済の自由化と市場の開放を強引に求めたアメリカは、冷戦が始まると一転して同盟諸国の経済的再建を優先する政策をとり始めた。つまり政治的圧力を加えて経済的目標を実現するのではなく、逆に政治的目的のために同盟諸国の経済復興を強力に支援する態度をとったのである。以後アメリカの対外政策は、グローバルにソ連と対抗することを目標とすることが国内の強いコンセンサスとなり、日独を含む西側同盟諸国は経済的ライバルや弱体化すべき旧敵国ではなく、支援・育成することが必要な同盟国として取り扱われることになった。他方で、ソ連をはじめとする共産主義陣営との経済交流は事実上無視できる水準にまでに制限された。そのため伝統的には東欧や中国などの市場に依存していた西ドイツや日本を西側同盟につなぎ止めるためにも、アメリカは自国市場を率先して開放し、西側諸国の間で開放的な国際経済秩序を維持発展させて支えることを、冷戦戦略上必要と考えたのである。

ここで強調されるべきことは、西側諸国がアメリカの覇権の下で安定した同盟関係にあり、広い意味で世界観を共有するとともに、事実上相互に戦争の可能性が考えられない安全保障共同体を形成していたことである。そのため経済関係の持つ戦略的含意や影響力効果に対する懸念も二義的なものになった。アメリカの同盟国にとってはアメリカ経済への依存が進んだところで、対米関係が地政学的対立のない関係である以上、それに対する政治的懸念は小さい。そのため西側諸国の間の国際経済関係では戦略的考慮は意識から後退し、経済学の想定する経済厚生への関心が支配的な国際経済関係が生まれたのである。

しかも、このような西側同盟諸国の中では、アメリカの覇権的地位はゆるぎないものであったため、相対的利得に対するアメリカの関心も低かった。戦後初期には、アメリカは世界の工業生産の半分近くを占め、世界の金準備の約7割を持つ圧倒的な経済覇権国であった。そのアメリカにとっては、日本を含む西側同盟諸国が自国より高い成長を遂げて経済的に成功しても、それは自国の地位を脅かすリスクを意味するものではなく、むしろ自国の利益に資する冷戦戦略上好都合なこととなった。

リチャード・クーパーは、このような戦後の西側の国際経済システムをツー・トラック・システムと呼んで、国際経済が個別的な政治的取引によって左右されることなく、国際経済それ自身のルールに基づいて展開する空間となったと論じている。[5] もちろんこのようなアメリカを中心とする西側の国際経済秩序では理想的な安定が支配し、経済問題が政治的に無風状態だったと考えるのは、ノスタルジーにすぎない。実際には様々な動揺があり、処理を誤れば国際秩序を大きく揺るがす可能性もあった。ヨーロッパや日本などがアメリカ企業の競争相手として立ち現れると、貿易摩擦は繰り返し起こった。時にアメリカは強引な二国間交渉で譲歩を迫ったし、一方的な措置をとったこともある。通貨面でもブレトンウッズ体制の下では危機は繰り返されていた。そこでもアメリカは１９７１年、一方的にブレトンウッズ体制のルールを無視し、固定為替レートは変動相場制に移行せざるをえなくなって、今日に至っている。

それでもアメリカを中心とする西側世界の結束は、ヨーロッパ諸国の復興、ドイツ、日本という旧敵国の経済的興隆といった、力関係の大きな変動にもかかわらず維持された。なんと言っても冷戦という地政学的現実の重みは共有されていたし、力関係の変動に応じた制度的調整も一定程度なされてきた。ＩＭＦや世界銀行の出資比率は、経済規模の変動に応じて見直されてきたし、１９７０年代からは経済サミットが定例化されて、国際経済の管理もある程度多角化された。そしてなによりも、冷戦という国際政治の大状況が基礎にあった。西側世界の結束は維持され、開放的でおおむねルールに基づいた西側諸国内の国際経済関係が、パワーと経済のジレンマにもかかわらず維持されたのである。

4 リベラルの自信過剰と自信喪失

◉アメリカ一強の時代

ソ連の崩壊によって、私的所有と市場経済に基づく資本主義が、国家による集権的な経済社会の管理を目指す共産主義に、勝利する形でそのイデオロギー対立には終止符が打たれた。そして市場経済と自由民主主義が歴史の最終的勝者であり、歴史そのものが終焉したという言説すらも、一時アメリカを中心に影響力を持ったほどである。

アメリカはイデオロギー的勝利に酔ったばかりではない。1970年代以降しきりと衰退が語られたアメリカ経済についても、冷戦終結からしばらくすると、アメリカ経済が力強く成長し始めたため、今度はアメリカによる「一極支配」が、多くの人々が受け入れた現実となった。アメリカによるグローバルな帝国的支配状況が出現したため、主要国間の軍事的な対立の可能性が大幅に後退した。戦争のない時代の安全保障問題の焦点は、地政学的対立、つまり領土の支配をめぐる国家間の対立から、人間生活への多様な脅威への対応に移ったとされた。「人間の安全保障」、「環境安全保障」、「食料安全保障」といった非伝統的な安全保障概念が次々に登場して、伝統的な国家間の対抗関係から生ずる危険と、その管理にかかわる問題の切迫感が大幅に後退した。

日本では１９９０年代以降、長期にわたる経済的停滞を経験してきただけに忘れられがちだが、冷戦後の20年あまりの世界の経済成長の拡大は、歴史的に見ても特筆すべきものであった。冷戦下の世界経済を主導していた北米、西ヨーロッパそれに日本の三極からなる国際市場の人口規模は約5億人程度だったのに対して、東欧やロシアに加えて、中国、インドがグローバルな市場経済に積極的に参入し、その人口規模はざっと計算して10倍近くに拡大したのだから、それも当然のことであろう。一挙に拡大した市場規模に対応して経済的活動は刺激され、１９８９年から２００８年までの20年間で世界経済の規模は１・７倍に、世界貿易は3倍にと非常に高い伸びを示した。

　このようなグローバリゼーションの展開によって、中国やロシアといった旧共産主義諸国もいずれ民主化するか、そうでなくとも親欧米的な穏健な国家へと変質することが期待された。そのため、旧共産圏諸国をはじめとする権威主義体制の国々と経済的関与を強めることが、日本も含めた大多数の国の全般的な方向であった。そのため、ロシアは１９９７年からはＧ７サミットにも出席するようになった。また１９８９年の天安門事件以降、一定の制裁が課された中国も早々にグローバル経済に復帰し、２００１年にはＷＴＯにも加盟するなど、戦後の西側の国際経済制度の一員として迎え入れられた。そこで前提とされていたのは、グローバル経済の影響力は、冷戦の勝者たる自由民主主義諸国から旧共産圏諸国へと向かうことである。予見できないほど遠い将来のことはいざしらず、アメリカ経済は繁栄し、軍事的にも比類のない力を誇っていたので、中露からの経済的影響力について懸念されることはなかった。

◉リベラリズムの後退

しかし、21世紀に入って20年近くがたってみると、世界の民主化の進展に勢いはない。旧ソ連や中国などの旧共産圏諸国の民主化はついに実現しなかった。また一時は「アラブの春」と呼ばれた中東地域で起こった一連の体制崩壊も、自由民主主義を実現するものではなく、むしろ地域を不安定化させただけに終わり、多数の難民が発生してその一部がヨーロッパにも押し寄せることになった。

しかも冷戦の勝者でありリベラルな国際秩序の牽引役であるはずの欧米の自由民主主義諸国は、おしなべて困難な問題に直面している。冷戦後ソ連の脅威がなくなりそれによってアメリカに依存する必要も低下したヨーロッパは、自信に満ちていた。しかしヨーロッパ諸国でも、若年失業者の増加や移民の社会統合に苦しみ、基本的にリベラルな方向性を共有している伝統的な主要政党が影響力を失っている。それに代わって、影響力を強めてきたのが、反移民や反市場主義的な主張をする、かつては過激な周辺的勢力と見なされてきた、フランスの国民戦線（ＦＮ）やドイツのための選択肢（ＡｆＤ）などの政党なのである。

そして２０１６年にはイギリスがＥＵ離脱を国民投票によって決め、アメリカでは露骨なアメリカ第一主義を掲げたトランプが、おおかたの予想を裏切って大統領に当選した。イギリスとアメリカは自由民主主義の本家と見なされてきただけに、両国で反移民、反グローバル化を掲げる勢力が勝利したことは、最終的な歴史的勝利が確定したはずのリベラル勢力の退潮を象徴するものである。むしろ第二次世界大戦後に、リベラルな国際政治経済秩序を主導していたはずのアメリカこそが、トランプ政権の下ではリベラルな国際秩序に対する最大の不安定要因になっているありさまなのである。

こういったアメリカとその同盟国からなる自由民主主義諸国の問題が深刻化する一方で、冷戦後の時代に飛躍的に国力を高めたのは、言うまでもなく中国である。共産党一党支配体制は揺るぐことはなく、とりわけ習近平政権の下では強権化の進行が顕著である。対外的には、南シナ海や東シナ海ですでに海軍力を行使して領土の現状変更を実行し、着々と既成事実を積み上げている。その中国は冷戦下のソ連のように、そのパワーの行使をもっぱら軍事力に依存しているわけではない。中国はすでに世界経済の主要なプレーヤーであるとともに、非常にダイナミックな経済を持っている。かつては、経済関係は自由民主主義諸国が中国に影響力を行使するテコになり得た。しかし今や攻守所を変え、中国はその卓越した経済力を外交的手段として利用できる立場にいる。そのためアメリカ主導のリベラルな国際秩序の下で抑制されていた経済と政治のジレンマが今や一挙に表面化し、国際経済の持つ戦略的意義が鋭く問われる時代になっているのである。

5 中国による経済力の行使

それでは中国はどのようにして、経済力を政治的に利用しているのだろうか。以下国家がパワーを行使するための経済的手段を、経済制裁、経済援助、そして経済関与の三つに分類して、検討してみよう。

◉レアアース規制

経済制裁は、外交的武器として経済を利用する際、一番直接的でハッキリした手段である。これはターゲットとなる国に対して、経済的打撃を与えることで、なんらかの外交上の目的を達成しようとするものである。経済制裁の具体的な手段は様々だが、一番典型的なのは禁輸で、ターゲットとなる国に対して重要物資の輸出を拒むことで、当該国に打撃を与え、その行動に影響をおよぼそうとするものである。

禁輸の顕著な成功例としては、１９７３～74年にアラブの石油輸出国が発動した、「非友好国」に対する石油の輸出規制および価格の引き上げ措置がある。これによってアラブ諸国は、繰り返し苦杯をなめてきたイスラエルとの関係で、日本を含む多くの国々の外交姿勢をアラブ寄りに転換させることに成功した。それだけではなく、アメリカを仲介の場に引きずり出して、イスラエルとの交渉上の立場を強化するというめざましい外交的成果を収めた。中期的には、石油価格の引き上げによって莫大なオイルマネーを手にしたことが、それ以上に重要だった。そのためアラブ諸国は欧米の支配する国際金融の世界でも有力なプレーヤーとなった。そして世界の石油価格への支配力を通じて、１９７０年代には世界経済に甚大な影響をおよぼし、石油の公定価格の決定に世界は一喜一憂する状態が続いた。

　中国も近年経済制裁を頻繁に発動している。２０１０年には、尖閣沖で海上保安庁の巡視船に体当たりをした中国船の船長の身柄を拘束したことに反発し、中国全土の日本公館に対して群衆による投石などの攻撃を演出する一方で、中国当局はモーターや電子部品などの生産に欠かせないレアアースの輸出を規制して、日本に圧力を加えようとした。

　経済制裁の手段としては、戦略物資の輸出を停止することだけではなく、逆に対象国からの輸入を制限したり、対象国の自国市場への直接投資に損害を加えたりする手段がある。中国は２０１６年に韓国が高高度防衛ミサイルのサード（ＴＨＡＡＤ）を導入したことに反発して、韓国からの自動車、食品、ドラマや音楽などのコンテンツの輸入に様々な制限を設けた。加えて、サードの用地を提供したロッテなどに対して、中国で展開する工場や店舗に、税務調査や消防、衛生などの名目で検査を実施して、その営業活動を圧迫した。また中国人が韓国への観光旅行をボイコットすることで、韓国の観光業界に損害を与えた。つまり自国市場へのアクセスを制限したり、自国の購買力を操作したりすることで、相手国に打撃を与えるという手法である。これは中国のように自国の市場規模が大きいとともに、今後の成長が見込まれる国にとっては、ますます使いやすい経済制裁の手段と言えよう。

◉中国は独自の援助の動き

経済制裁が相手国に打撃を与えることで政治的目的を達成しようとするものであるのに対して、経済援助は相手国に経済的な利益を与えることで外交目的を達成しようとするものである。対外援助には人道的支援を目的に行われる非政治的なものもあるが、逆に軍事援助を含む戦略的な援助もある。例えば２０１７年にはアメリカは対外軍事融資（Foreign Military Financing）として63億ドルを供与しており、その最大の被供与国はイスラエルでエジプト、ヨルダン、イラクなどがこれに続いている[6]。これは政治そのものだが、経済と政治との境界上に位置し、しかも金額面でも大きいのが開発援助である。かつてこれは日本を含む豊かな自由民主主義諸国の独壇場であり、こうした諸国の援助はＯＥＣＤの開発援助委員会（ＤＡＣ）を通じて、一定のガイドラインに合意して政策調整が図られるとともに、データを公開して援助政策の透明性の確保に努めてきた。それによって人権問題の目立つ国や、民主化の進展度に見劣りする国、また環境問題を等閑視するような国は、ＤＡＣ加盟国に冷遇されてきた。

しかしここでも近年存在の大きさが際立っているのが、中国である。中国はＤＡＣのメンバーではなく、ＤＡＣの基準に沿った援助額を公表していない。そのため国際的に比較可能な中国の援助総額は明らかではない。ある推計によると中国の対外援助は21世紀に入って急速に増加し、２０１２年にはすでに50億ドルを超え、ＤＡＣ諸国の上位に匹敵する規模に上るとされる[7]（図表２−１および２−２）。

もっとも、中国の「援助」には、ＤＡＣ加盟国の基準では、「援助」とは言えない商業貸付も含まれている。そういった援助には当面は返済義務がないものの、大規模プロジェクトへの資金提供は、中国の資材等の輸出振興が目的ということも少なくないであろう。そういった資金移動も含めると、中国の援助総額は、すでにアメリカを上回っているとする推計もある[8]（図表2−3）。

爆発的な経済成長を背景に中国の援助額が増えることは不思議なことではないし、それが途上国の開発に貢献すれば歓迎されるべきことであろう。とりわけ援助を受ける途上国から見れば、新たな援助供与国が現れ、これまでの援助供与国と競争的な関係が生まれることは一層歓迎すべき展開である。とはいえ、援助が政治的影響力と関係するのは言うまでもない。中国は援助の供与にあたって被援助国の内政に干渉しないことを強調する。つまりそれは、中国自身もその基準を満たさない民主主義、人権、環境といった点は、問題にしないことを意味する。サブサハラの非民主的国家にも、ためらいなく援助を供与できるのは、中国の特徴であろう（図表2−4）。このことは、援助を通じてこういった価値を推進しようとする伝統的なドナーの影響力を削ぎ、権威主義的国家を支える効果があるだろう。

また中国が被援助国の政治に介入しないというのは、もちろん事実ではない。中国の援助を得るには「一つの中国」の原則を受け入れるという条件を付けており、それは政治そのものである。台湾もこれに対抗しようとして、中国との間で援助合戦が展開した時期もあった[9]。だが今やその勝負で中国は圧倒的に有利な立場にある。２０１７年にはパナマが、18年にはドミニカ共和国が次々と台湾と断交して中国と国交を樹立したが、これは中国による経済的工作が関係していると見られる。

図表2-1　中国対外援助額（純額）の推計額

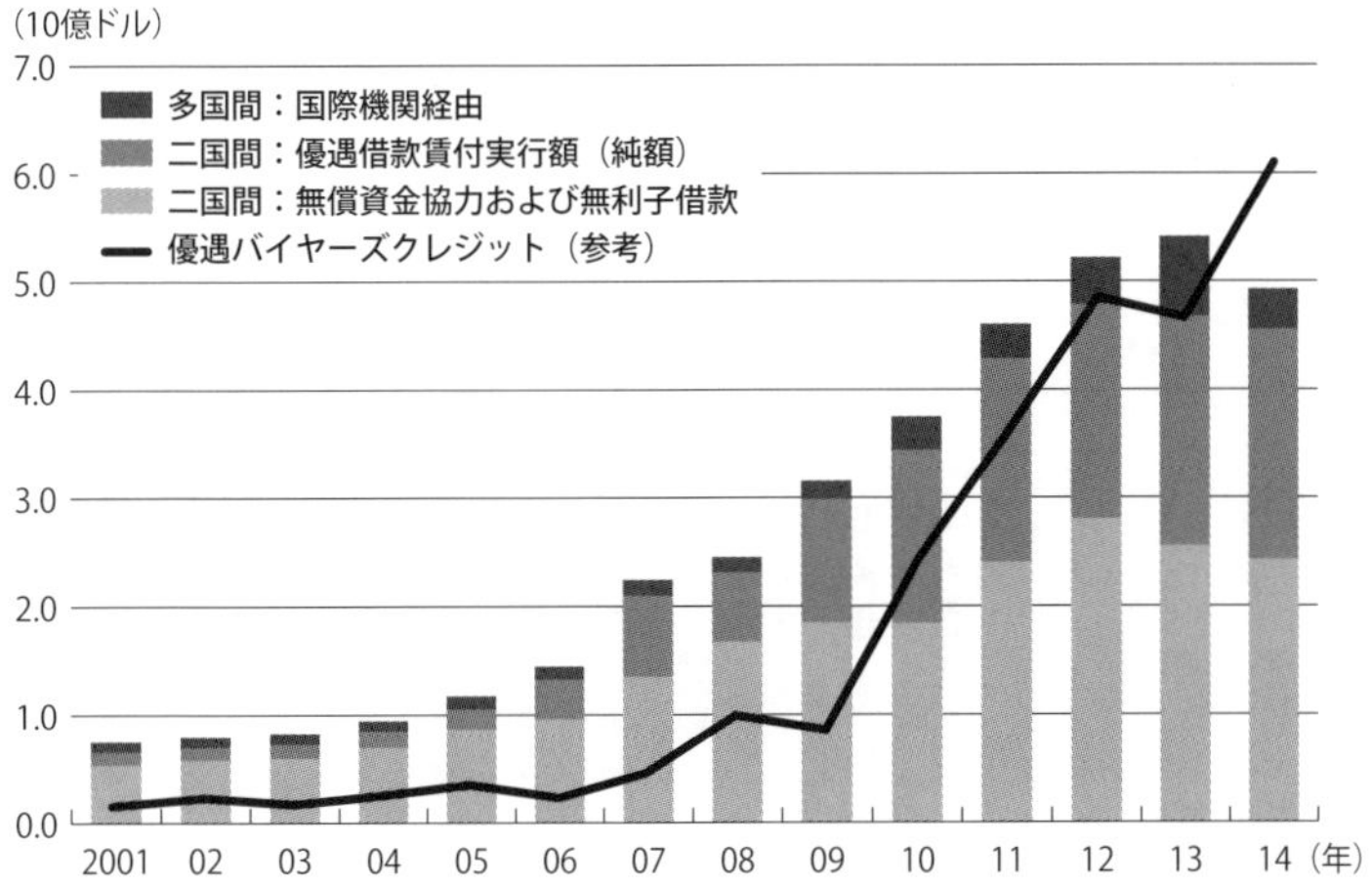

（出所）Naohiro Kitano, "Estimating China's Foreign Aid II: 2014 Update," 2016をもとに作成

図表2-2　中国対外援助とDAC諸国のODAの推移（純額）

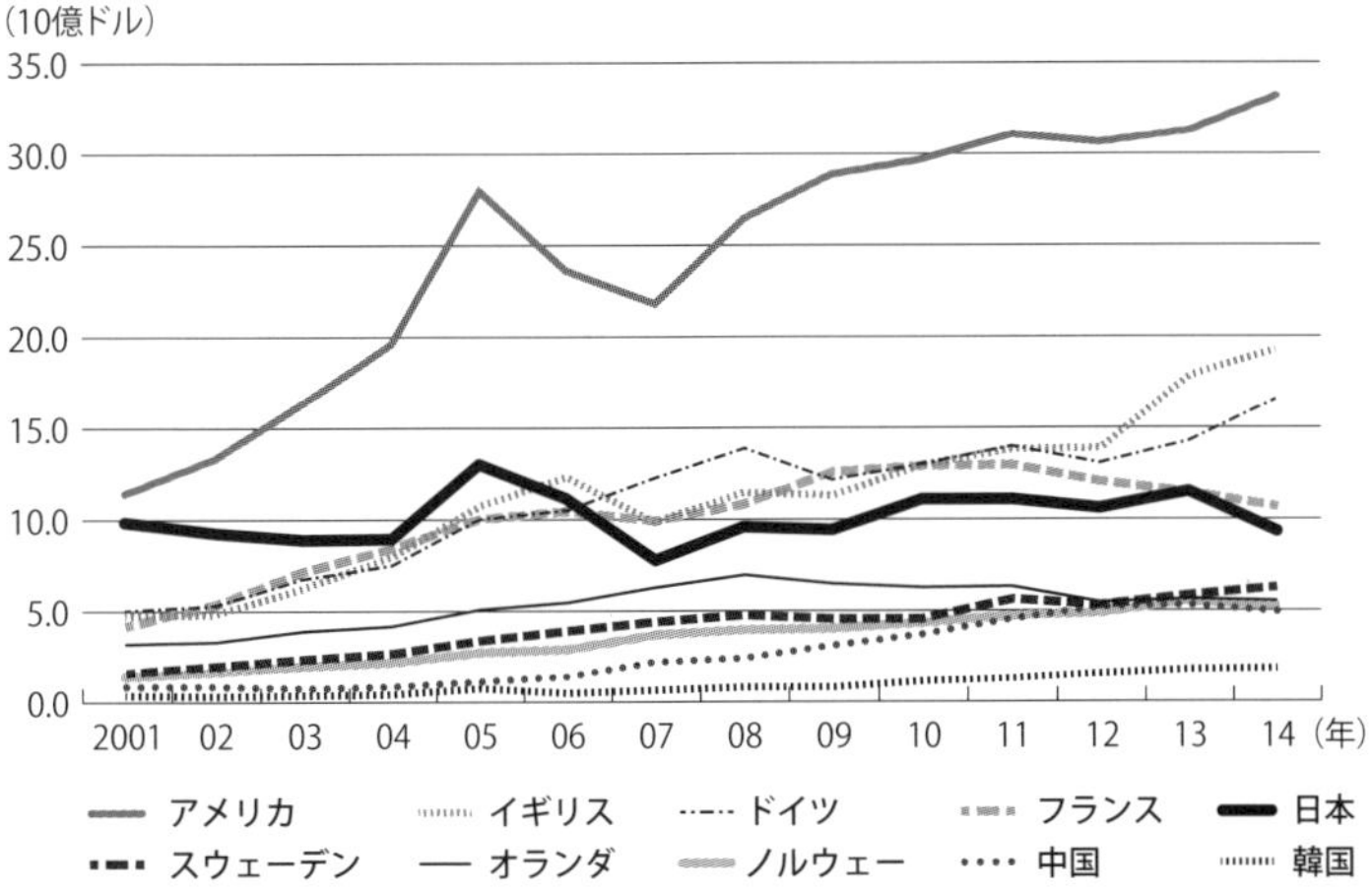

（出所）Naohiro Kitano, "Estimating China's Foreign Aid II: 2014 Update," 2016をもとに作成

図表2-3　米中の公的な対外金融移転

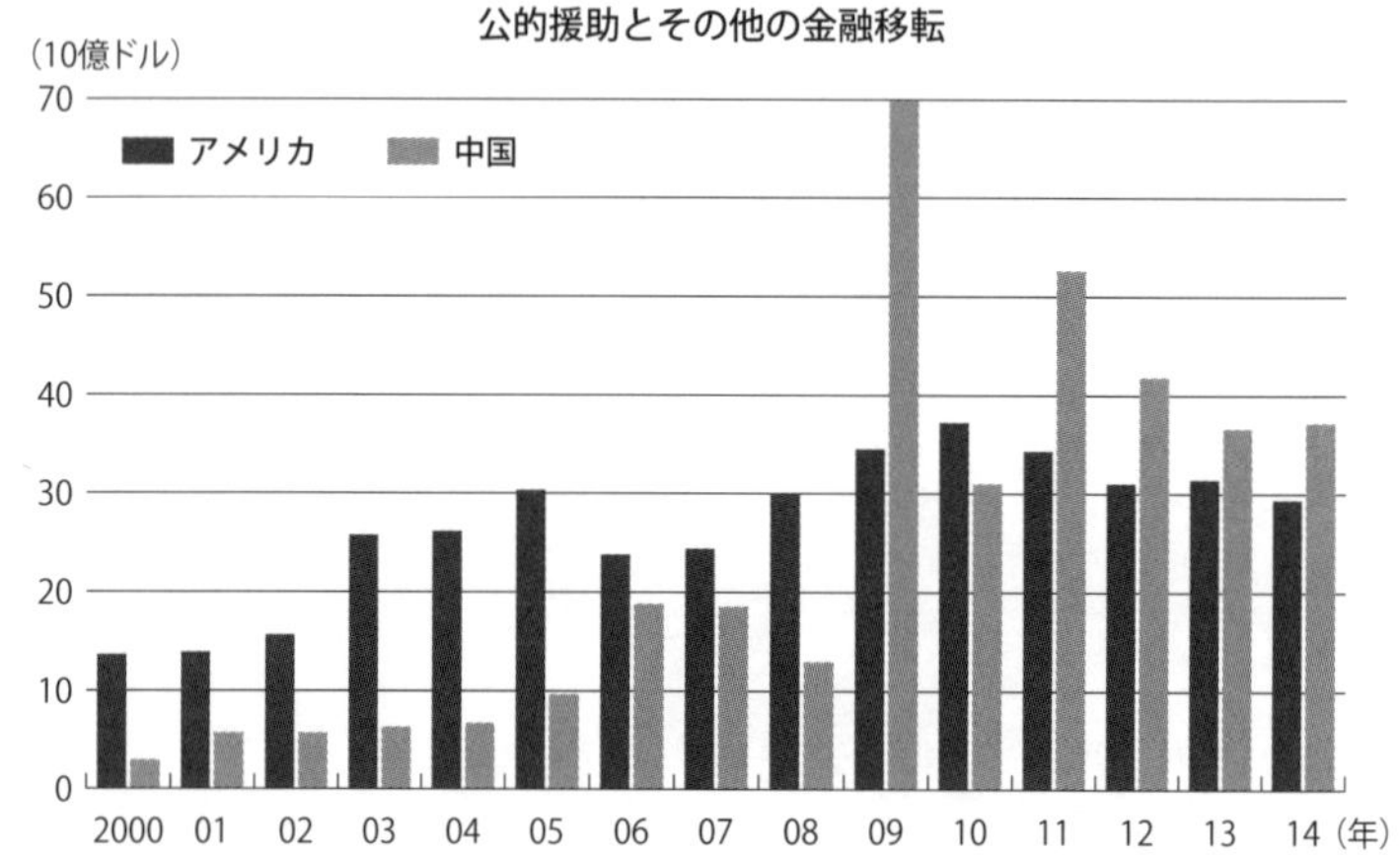

（出所）Celia Hatton, "China's Secret Aid Empire Uncovered," BBC News, 11 October, 2017をもとに作成

図表2-4　中国の援助の相手国（2000～14年）

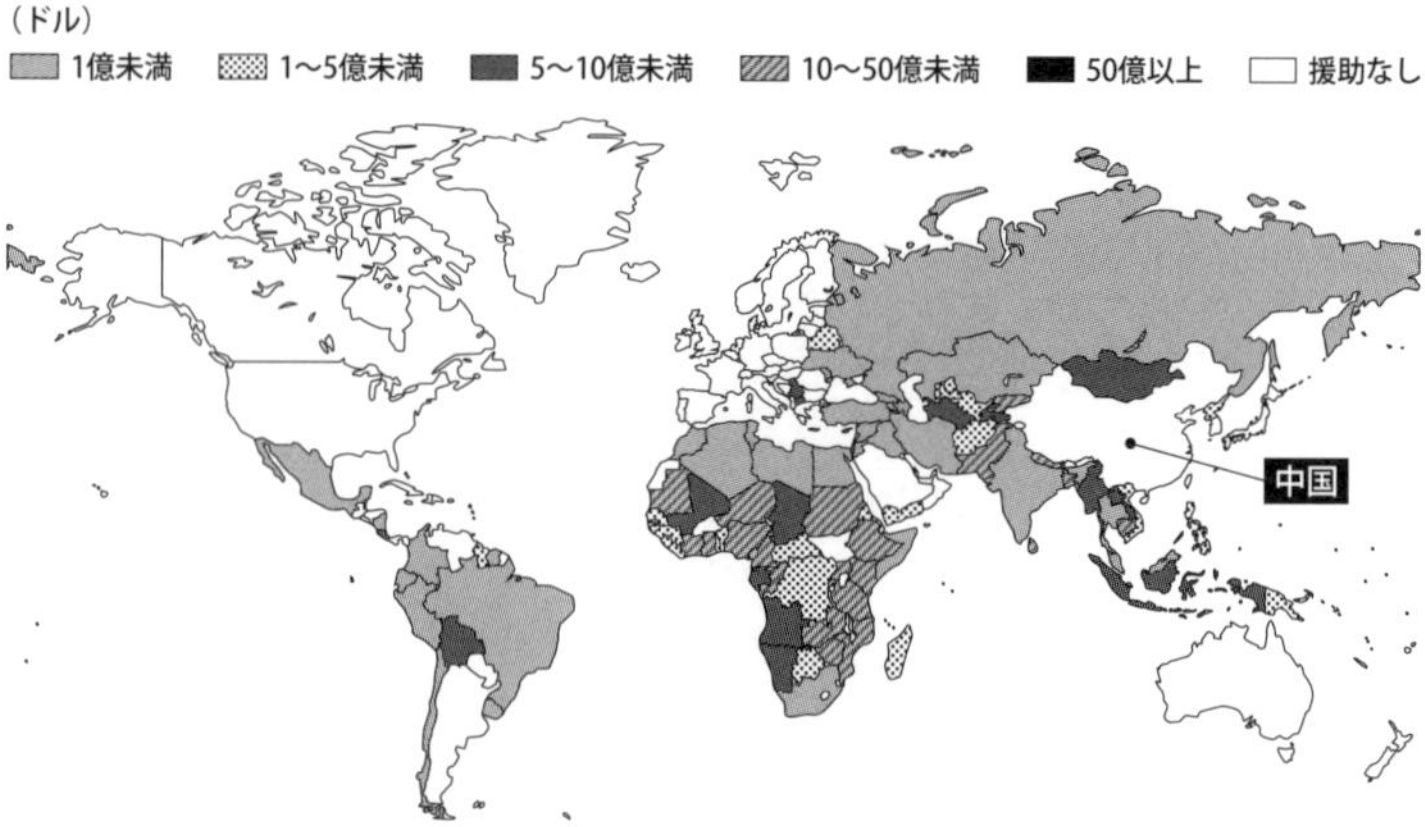

（出所）Celia Hatton, "China's Secret Aid Empire Uncovered," BBC News, 11 October, 2017をもとに作成

また中国の場合、機動的に多額の援助のコミットができ、そのことは少なくとも外交的には極めて有利である。民主国家の場合、様々な予算制度やフィージビリティ調査、環境アセスメントなどの制度を経て、初めて援助プログラムは実施できる。税金を利用して行うだけに、支出をめぐる民主的手続きや、支出および援助の実行過程の透明性が強く求められ、しばしば官僚的な手続きによって時間を浪費することになる。ことの是非はともかくとして、リーダーがそういったプロセスを踏むことなく機動的に外交的取引に援助を利用できるのは、中国の大きな強みであろう。

◉アメリカを排した多国間制度

また、近年の中国の援助外交では、二国間の援助だけではなく、多国間制度構築への動きも活発である。2015年には中国が主導する形で、新開発銀行(BRICS銀行)とアジアインフラ投資銀行(AIIB)が発足した。これらは、中国が本格的に開発援助の制度構築にも乗り出したことを物語るもので、AIIBにはイギリスやドイツなどのヨーロッパ諸国も、アメリカや日本の反対を押し切って、これに参加する決定をした。加えて中国が2013年から提唱し主導している一帯一路は、ユーラシア大陸部を結びつける巨大経済圏を創設することを構想している。この構想の実現に必要とされる巨大なインフラ投資には、商業資本とともに、前記の多国間制度も用いられると考えられる。IMFや世界銀行などのブレトンウッズ機構を通じて、戦後世界の国際金融や開発援助レジームを支配してきたアメリカを排除した形で発足したこれらの中国主導の多国間制度は、今後の展開次第では中国のレバレッジを一層高める可能性を秘めている。

ところで、制裁にせよ援助にせよ、国家による経済への介入には、確実に費用がかかる。経済制裁は、輸出規制であれ輸入規制であれ、通常の経済活動を中断する行為であり、それによって制裁を発動する側にも経済的費用が発生する。また経済援助には財政的資源の投入が必要であることは、言うまでもない。しかしこういった国家による直接的な介入よりも、持続的で日常的な経済的関与によって、経済大国が経済小国に行使できる影響力は、露骨な権力行使ではないだけに持続的で長期的にはより有効である。

経済小国は大国に比べると、国内市場が小さいぶん国際経済への依存が大きい。そのため、貿易による国際分業体制が進めば、小国の側は大国市場に依存する経済体質が形成され、それによって大国との政治的関係を損なった場合のリスクが大きくなる。このような小国の経済的な脆弱性はもちろん大国の側にもあるが、大国の国内市場が大きいだけに、対外的な経済依存度は小さいので、その関係は非対称的である。このような非対称的な依存構造は、それ自身が政治的影響力になるだろう。

◉中国に依存し始める国々

中国経済のめざましい成功によって、今や中国は世界最大の貿易大国になった。これによって世界中の国々が中国市場への依存を深めており、今や多くの国にとって中国は最大の輸出市場となっている。こういった中国市場への依存度の高い国々の内部では、中国との政治的関係の維持に強い利害を持つ集団が形成される。それによって、当該国家の国益の性格や政治的な優先順位を変化させ、構造的な依存関係が出現することになろう。

経済的な依存関係は、当該国に対する持続的な文化的影響力にもなるかもしれない。大国とのビジネスが重要となれば、小国としてはその国の言葉を学習し、様々な制度や習慣に習熟し、その国に取り入るための思考様式や文化的態度にも親しむ必要が意識されよう。そうした人々から「経済的第五列」が形成されれば、大国は相手国内部の利益集団を通じて、影響力を行使できるだろう。

◉意識させずに浸透する

こういった支配は、長きにわたって豊かな資本主義諸国が行使してきたものだと考えられてきた。従属理論として知られる一群のマルクス主義的な議論によれば、世界資本主義の中心にある北の豊かな国々は、周辺にある貧しい南の諸国を構造的に従属させて搾取してきただけではなく、南の諸国の政権も事実上豊かな北の諸国が経済的に傀儡化して操り、従属構造を再生産してきた。従属構造こそが低開発の原因で、周辺国はこの構造があるかぎり、貧困から抜け出すことはできない。従属理論はこのように教えていた。現実には、構造的に従属していたはずの周辺の諸国から、アジアＮＩＥＳがそして中国が目覚ましい経済成長を遂げたところを見ると、経済的な従属構造の拘束力は少なくとも従属理論が説いたほどには強くないと考えられそうである。

しかし中国のような権威主義的国家と自由民主主義国との経済関係が形成する従属構造の場合、構造の規定力はことによるとより強いかもしれない。権威主義的国家では、自由民主主義国のように国内で利益集団が自由に政治に参加するわけではない。中国との経済交流による政治的影響力は非対称的で、自由民主主義国の間で成立するような相互依存構造が形成される契機に乏しい。たとえば1970年代のデタント期、アメリカはソ連を経済的従属構造に取り込もうとして、穀物輸出の解禁をはじめとする東西貿易に乗り出した。だが、アメリカ政府はソ連に対する戦略的経済外交を展開するどころか、むしろアメリカ国内で対ソ輸出に利害のある利益集団から圧力を受けることになった。ニクソン政権の対ソデタント外交を切り盛りしたキッシンジャーは、以下のように回想している。[10]

> 「実業界首脳が、公然たる反共派であることはいうまでもない。抽象的には、彼らは共産側に強硬態度をとるように主張し、なにか事があれば、たちまち政府の『裏切り』を攻撃する。ところが、貿易の話となると、態度ががらりと変わってしまう。私の在任中、ヒモをつけない東西貿易をもっとも強力に主張したのは、レーニン主義理論からあれほど悪者扱いされていた資本家連中自身にほかならなかった。この人たちは、自由市場経済の維持を第一に考えているが、それもおのおのの会社の商売に役立つかぎりにおいてである。
>
> 　経済関係を政治目的に従わせるには、規制や制限を用いるほかないのに、彼らは、その種の措置には、『政府の介入』として反対する。もしソ連が、純コマーシャル・ベースに立って、自由にわが国の市場に進出し、借款や商品をあされるようになれば、政治的なテコとして使える手段が

いっさいなくなってしまう」。

このように、自由民主主義国の場合は、程度の差はあっても政府による経済の戦略的操作に抵抗しようとする国内の利益集団が、民主的な政治過程を通じて常に政策に影響をおよぼすので、経済の戦略的操作には政治的な抵抗が予想される。これに対して権威主義的経済大国では、利益集団が民主的な政治過程を通じて影響力を行使する回路は存在しない。よって、中国のような共産党＝国家が経済主体も支配している国では、純然たる民間企業は存在しえない。そのため、一方で外からの影響力は遮断しつつ、外国の自由で開放的な政治・経済制度を縦横に利用して、影響力を行使できることになる。このように投射される中国のパワーは、一部では「シャープ・パワー」と呼ばれるようになっている。

中国はまず豊富な資金力を利用して、友好的な勢力の取り込み工作を図る。そしていったん取り込んだ相手が抵抗できないような従属的な立場に追い込み、必要に応じて圧力を加えたり、場合によっては脅迫したりして、自由な諸国内部の様々な勢力を、自国に有利な方向に誘導する工作を続けている。これによって自由民主主義国の内部から自国に有利なダイナミズムを作り上げる、というのが「シャープ・パワー」として語られるものの内容である。

例えば、オーストラリアやニュージーランドでは中国による政界への浸透工作が繰り返しとりざたされている。[11] またドイツの場合では政府高官に接近して、中国への豪華な旅行に招待したことが知られている。政治家や政府関係者にとどまらず、出版界、マスコミ、そして大学などのターゲットにも豊富な資金力を用いて取り込む。いったん取り込めば、逆らえば不利益を与えるテコを得ることになる。中国への招待、ビザの発給、中国での取材や販売機会の提供、研究助成の提供、資料のアクセス、そして中国人留学生の派遣や、逆に交流停止といった手段は、その多くは違法行為とも、露骨な政治工作とも断じがたい。だが、中国に逆らうことのコストを確実に高めることで、自由な国々の社会の言説に持続的に深く浸透することができる。

依存関係が非常に強くなると、意図をシグナルとして伝えるだけで、十分に相手を屈服させることができる。さらに、依存関係が構造化すれば、あらためてシグナルを発しなくとも、その可能性を相手が「忖度」することで、望ましい政治的効果が得られる。このことは現在の利害だけではなく、将来の利害についての見通しにも強く影響されよう。今後も中国経済の成長が続くという意識が広く共有されればされるほど、将来の経済的機会を損なわないように、現在から機嫌を損ねないようにしようとする誘因が生まれるであろう。権力一般に言えることだが、経済的な武器も実際に使用するよりも、その可能性を操ることの方が、はるかに安価で危険の小さな方法であり、その意味でより効果的と言える。

6　武器としての経済の限界

◉経済は万能ではない

外交の手段として経済を利用する方法は、普通武力の行使に比べてコストもリスクも低い。そのため、便利な方法として頻繁に用いられてきた。しかし経済的な手段の効果には限界もあり、それを過大評価することは、それを無視するのと同様避けねばならない。第一に、いかなる経済大国といえども、世界経済を完全に支配しているわけではない。そのため国家が市場を操作することによって得られる効果は、拡散し不確実である。このことは、世界市場が有機的に連関している現在、いっそうあてはまるだろう。

経済制裁のための禁輸を例にとれば、ある国がある何らかの戦略物資の独占的な供給者である場合はまれで、普通代替的な供給国が存在する。冷戦期のアメリカはキューバに強力な経済制裁措置を続けたが、これによってアメリカが外交的に得点を挙げたとは言い難い。というのは、キューバは代替的な市場としてソ連に依存できたからで、経済制裁はキューバを一層ソ連陣営に追いやる効果を持ったと見ることができる。もし禁輸の実効性を上げようとすれば多国間の協力が欠かせず、国連決議などによって関係国すべての協力を得なければ、禁輸には漏れが生じてしまう。例えば北朝鮮に対しては、

１９９０年代から繰り返し様々な経済制裁が国連で決議されてきた。しかし、国連決議があっても多国間での協力を組織するのは簡単ではない。対北朝鮮制裁の場合は、北朝鮮の存続に利害のある中国が本格的に協力してこなかったため、経済制裁が北朝鮮を決定的に追い詰めることはなかった。

さらに関係国が協力する意思があっても、密輸入などの方法でこれを迂回することができる。サダム・フセイン政権下のイラクには、繰り返し強力な経済制裁が実行されたが、バグダッドのバザールではほとんど何でも手に入れることができたと言われる。もっともそういった闇市場で物資を手に入れたのは、高い価格を支払うことのできた階層に限られたはずである。通常の市場での取引を政治的目的で操作すれば、確実に価格は上昇し、それによって対象国は損害を被るが、その結果望ましい政治的効果が得られるかどうかは別問題である。

●制裁の反作用も

また忘れてはいけないのは、損害は制裁を発動する国の側にも生じることである。商取引は、売り手と買い手の双方の利益があって成立するのだから、それを政治的に介入すれば、双方に損害が生ずるのは理の当然である。２０１０年に中国が日本に対して発動したレアアースの禁輸の事例でも、当初はその影響に大きな衝撃を受けた日本経済だったが、リサイクルによる節約や、代替的な供給国からの輸入を増加させるとともに、様々な技術革新により、数年間でレアアースの需要そのものを下げることに成功した。その結果レアアースの価格は大幅に低下し、中国の生産者が損害を被ったはずである。２０１４年にＷＴＯは中国の措置をＷＴＯ協定違反との裁定を下し、中国側もこれを受け入れたので取引は正常化したが、中国からの輸入に依存するリスクに、日本の需要家は敏感になっているはずで、その分中国の輸出競争力は削がれ、その意味でも中国の生産者に不利益が生じているかもしれない。

また、経済制裁の効果は、今日の世界経済が市場を介して有機的に結びついているので、制裁によって特定のターゲットを狙い撃ちにすることは難しい。制裁発動国の意図に反して付随的な損害が生じるし、それを正確に予見することは難しい。経済制裁によって対象国経済が混乱すれば、対象国と取引関係にある第三国にも損害が生じる。とりわけプロダクトチェーンそのものが国境をまたいで多国籍化している現在の世界経済では、特定国だけを限定して損害を与えることは、一層難しい。そして制裁の結果、世界経済全体が混乱する事態にまで発展すれば、制裁発動国にも大きな経済的損失が生じる可能性も考えられる。

すでに言及したように、１９７３年にアラブ産油国が発動した禁輸政策は、市場まれに見る経済制裁の成功例であったが、それにしても限界はあった。第一に産油国も世界中の石油の流通まで独占していたわけではないので、非友好国だけに限定して石油を供給しないことは不可能だった。そのため、パニックに陥った日本でも、石油の輸入量そのものはむしろ増えていたくらいであった。しかも石油価格が上昇すれば産油国が有利なのはもちろんとしても、世界経済が混乱すれば、アラブの友好国にもその影響はおよぶし、世界経済が崩壊してしまっては産油国には石油を売る相手すらいなくなってしまうことになる。

また、経済的手段による力の行使にも、他の手段による力の行使同様、確実に反作用が生じる。禁輸を例にとれば、物資の供給が途絶すれば、まず価格が上昇することで、物資の需要が抑制されよう。また、世界市場が開放的であれば、代替的な供給国から物資を入手できるし、価格が上がれば技術革新を刺激して、内外から代替的製品が登場する。1970年代にはあれほどの力を発揮した産油国のカルテルですら、1980年代になると石油価格は急速に低下し、その影響力は失われた。石油の代替品は急には見つけられないし供給国も限られているが、それでも、石油産油国の市場支配は長くは続かなかった。中国が日本に発動したレアアースの禁輸も、経済制裁の失敗例として歴史に記憶されるであろう。

◉政治的影響は持続可能か

経済援助についても、その効果がどれほど持続的と言えるかどうか、慎重な検討が必要である。日本は、1990年代には世界最大のODA供与国であり、援助は日本外交の実弾として重宝もされ、それだけに批判にもさらされた。しかしその政治的影響力に限界があることは、中国が一時は日本のODAの最大の受け取り国だったことを思い出すだけで十分に理解されよう。日本は1979年以降、総額で3兆円以上という巨額のODAを中国に供与した。これが日中関係の安定化に寄与し、日本の中国への影響力になったかもしれないが、たとえそうであったとしても中国経済の規模が急速に拡大した21世紀に入ると、その効果はほとんどなくなった。いずれにせよ、その後の日中関係の展開を見る限りでは、これが日本の持続的な政治的影響力になったとは、とても考えられない。これは日本の援助に限ったことではないだろう。機動的な援助は即効性のある外交的手段である。機動的に援助を約束できる中国は確かにそれによって政治的得点を挙げているが、それが長期にわたって持続的な影響力になるかどうかは不確実であり、場合によっては相手国の反感さえ買いかねない。

これに対して、経済大国が経済的な関与を通じて取引相手国の経済的従属度を高めることができれば、制裁を発動したり、脅しをかけたりしなくとも、自国の意思が半ば自動的に実現できるはずである。こういった勢力を扶植し、育成するためのシャープ・パワーが、長期的には最も警戒すべき戦略的な経済政策であろう。

しかし、これとても万能で確実というわけではない。なぜならこのようなシャープ・パワーもそれが白日の下にさらされれば確実に反発を生み、それを相殺する政治的な力学を作動させ、対抗的反応を生むからである。もし経済的依存構造が確実に政治的な依存体質に帰着するのなら、アメリカへの経済的依存の大きい中南米諸国はアメリカに、同様にヨーロッパ諸国に経済的依存の大きいアフリカ諸国はヨーロッパに政治的依存構造が成立するはずだし、１９７０年代までは日本経済への従属の著しかった韓国では、「親日派」が支配したはずである。また、中国のシャープ・パワーが有効なら、中国経済が強大化するにつれて、日本国内でも対中世論は好転するはずだが、現実はそうならないばかりか、むしろ中国への警戒論の方が強まっている。

7 日本の経済的安全保障のために

◉経済力と安全保障

以上のような外交の手段として経済が持つ力としての可能性と限界は、中国の軍事上とともに、その巨大な経済力にさらされることが宿命になっている日本の安全保障を考える際に、留意すべき点であることは言うまでもない。

対中経済安全保障のために何よりも効果的なことは、日本経済そのものが十分に強力であり続けることである。日本が国際経済的に十分な重みのある存在であり続け、経済的にもそしてそれによって政治的にも日本が意味のあるプレーヤーであり続けることが、中国からの経済的圧力に対する日本の抑止力になるはずである。そう考えれば、経済的安全保障の名の下に、生産性の低い部門を保護して自給率を極大化しようとする政策は、日本の経済的安全保障を全体的に低下させ、逆効果であることはほぼ確実である。日本経済でイノベーションを促進し、経済の国際競争力を高めることは、ごく普通の経済政策だが、それは安全保障にも資することを強調したい。

しかし経済制裁に備え対外的な脆弱性を抑えるための努力は必要である。食料・エネルギーなどの戦略物資については、備蓄などの形で冗長性が経済にビルトインされる必要がある。これは直接的に国家備蓄などの形をとる場合もあるが、民間部門にそれを義務づけたりそれを奨励する誘因を提供したりすることでも実現できる。経済に冗長性を組み込むには当然一定の費用がかかり、とりわけサプライチェーンが極度に合理化されている今日、そのための費用負担の問題は避けて通れない。しかし、国際情勢の急変による供給途絶などの事態は、ビジネス上のリスクでもあることは民間企業にも認識されるべきである。政治リスクを含んだ市場への依存を抑制し、取引の多角化を図ることは、保険を掛けるのと同様、ビジネス上の当然の責任である。そうであるのなら、民間部門がリスクを適切に評価できるような政策上の工夫も望まれる。なお、こういったリスク管理は、防災や大規模テロといった事態のリスク管理にも役立つことも付け加えるべきであろう。

　そして一部の国家による一方的な市場の操作に対しては、開放的で透明な世界市場を維持することこそがその効果を減じ、日本をはじめとする自由民主主義国の経済安全保障に資するであろう。利害と世界観をともにする諸国とともに、中国やロシア、そしてアメリカなどによって一方的に市場を政治的操作されないよう、開放的で透明な国際市場を維持するための地道な努力をこれまで以上に続ける必要があるだろう。その意味で、トランプ政権が一方的に離脱したＴＰＰを11カ国でまとめた日本外交の主導性は高く評価されるべきだし、今後ともこれらのビジョンをともにする諸国とともに、世界経済の制度構築を進めることが望ましい。

◉援助外交のあり方

豊富な資金力と、それを国家が機動的に自在に投入できる中国の援助は、多くの途上国だけではなく一部ヨーロッパ諸国に対してすら積極的に活用され、決して侮れない影響力を持っている。しかし、強引な中国の援助のマイナス面も自ずと表面化する。

一帯一路のプロジェクトによって中国から得た債務の返済が滞ったスリランカは、２０１７年12月南部のハンバントタ港の99年間にわたる運営権を中国に与える合意に署名した。また、ジブチでも中国に対する債務が累積し、中国が建設した商業港に軍事施設を建設している。このような事例が続けば、中国に対する警戒感が強まることは避けられまい。その意味でも、長期的親善と市民的価値に根ざす日本の援助政策の伝統を継承することは重要である。

他方で、援助外交は外交政策の一環であり、その規模を拡大するとともに、より機動的に利用できるような工夫が望ましい。実のところ日本のＯＤＡの総額は90年代以降、厳しい財政を背景に急速に少なくなってきた。しかもかつて総額が大きかった時代にも、国民一人あたりの額で測れば決して大きくはなかったことを、再度認識すべきである。さらに、対中援助の教訓を活かして、一過性の外交的お土産ではなく、長期的な関係構築に資する援助のあり方も再検討すべきではないか。

加えて、中国と比肩しうる市場を開拓、育成することは、現在の、おそらくその将来性が過大に評価され、それによって政治的利益を得ている中国に対抗する一つの手段にもなることは、強調に値する。たとえばインドネシアは、大きな人口を持ち、日本とは長期にわたる友好国である。インドは近い将来確実に中国を人口規模で上回るし、戦略的に日本とは利害をともにする部分が大きい。また、市場と言えば輸出市場ばかりに目が行きがちだが、たとえば近年急激に拡大しているいわゆるインバウンド消費、つまり来日旅行客の消費も、特定国の旅行客に依存すれば、それが相手国の利用できるテコになることは、韓国が中国から受けた一連の経済制裁の事例を見れば明らかである。この分野でもリスク感覚を持つことと、市場を多様化する努力が必要である。

その意味で自由で開かれたインド太平洋（ＦＯＩＰ）構想も、中国とアメリカの間で視野狭窄に陥りがちな対外経済関係を、南米からアフリカに至る国々の市場に目を向けた真の意味でグローバルなものにすることにつながるのなら、日本の国益だけではなく、グローバルな公益にも資するプロジェクトになろう。

もちろん、中国の経済的関与が構築する従属化のメカニズムに対抗するには、日本国内で中国政府が煽った反日と同様の醜い反中感情を助長しないことが、絶対の前提とされねばならない。シャープ・パワーへ対抗する目的は、豊かで自由な社会を守ることであり、同時にそれこそが究極的には最良の手段である。中国のシャープ・パワーを恐れるあまり日本が自由を失ってしまえば、それこそが決定的な敗北である。たとえば様々な形で合法的に日本に居住し活躍する中国人の大多数が、北京政府の指令に従う工作員のはずはない。これらの人々は、日本人同様それぞれの利害も理念もある人々にすぎず、彼らを理不尽に差別するのは、日本がまさに守るべき基本的価値と両立しないばかりか、潜在的な味方をみすみす敵にまわす戦略的愚行にほかならない。

う。その上で、中国の日本への工作は、まずはその仕掛けを白日の下にさらすことに注力すべきであろう。その上で、戦略的に微妙な分野への中国資本による買収などへの監視強化や必要なら法的規制を導入すべきである。日本にとって中国は、もちろん重要な経済的パートナーであり、対中ビジネスを防衛上の目的で制限することには、当然コストが伴う。しかし、自国を守ることができるかどうかは、行き着くところ独立や自由のために生じうる費用を、人々がどれほど分担する覚悟があるのかという点に帰着する。権威主義的国家の工作によって簡単に腐敗してしまうくらいなら、その国民はすでに守るべき独立を失っているのであり、そうなら力も金も大した役には立つまい。

◉長期的経済関係の構築

冷戦後、ロシアでは急速な経済の市場化移行と政治制度の民主化が試みられたのに対して、中国では共産党の一党支配体制を維持しつつ経済面での市場化が進められた。このように手順や経過は異なるにせよ、結局共産主義陣営の二大国家ではともに自由民主主義が確立することはなかった。冷戦の終焉から30年を経て、それぞれの権威主義体制の下で、両国とも世界市場への参入を通じて復活と強大化を遂げた。他方で冷戦コンセンサスを喪失したアメリカが、自らが戦後構築した世界の制度や秩序の維持に、かつてほどの意欲を示さなくなっている厳しい現実がある。市場経済によって自由民主主義が世界を覆うという、欧米で広く共有されたかつてのリベラルの自信過剰は、今や過剰な自信喪失にとって代わられ、中国が覇権国となることが確かな未来の姿であるという世界観すら無視できない影響力を持っている。

この章では、中国をはじめとする権威主義国との経済関係には、戦争の考えられない自由民主主義国の間の経済関係とは質的に異なる政治的意味があることを論じた。また、権威主義体制の国との経済的関係では、彼らは自由で開かれた環境を利用できるが、その逆は成立しにくいという非対称性があることも指摘した。

もっとも経済的な力の行使には、費用もかかれば固有の限界もあるのは、権威主義国家であっても変わらない。経済関係によって、権威主義国家の自由な体制への移行が起こらなかったように、経済的影響力によって自由民主主義諸国が屈服しないといけない理由もない。パワーの行使は、経済的な手段であっても限界も反作用もある。警戒や一定の制限は欠かせないが、自由そのものが失われれば元も子もない。シャープ・パワーに対してシャープ・パワーで応ずるのは、病気を直すのに病人を殺すのに等しい行為である。

むしろ経済関係の効果は、漢方薬にも似た長期的な蓄積によるところが大きい。中国経済がすでに世界経済の枢要なプレーヤーであり、ＧＤＰ規模でアメリカを抜いて世界最大に達することも、時間の問題と考えられている。その中国経済とは長期にわたって、日本を含む自由民主主義諸国も関係を持ち続けざるをえない。権威主義的国家である中国に経済的に取り込まれ、それによって圧力や脅迫を受けたりしないようにするには、結局のところ開放的で透明な経済の空間を維持し発展させること、言い換えれば自由民主主義陣営の再建こそが、本質的な解決である。20世紀の歴史を再び思い起こすならば、スターリンや毛沢東による極度に抑圧的な支配にもかかわらず、長らく西側世界でマルクス主義が大きな知的影響力を保ったのも、自由民主主義諸国における経済的・社会的問題を前にして資本主義の自壊という未来予測ビジョンに、説得力があったせいである。だが、自由民主主義陣営はケインズ主義的マクロ経済運営や福祉政策による再分配政策によって、国内秩序を安定させる一方で、自由が前提条件になるイノベーションを活かして、共産主義を決定的に打ち破った。敗北主義的な宿命論に抗して、建設的な未来ビジョンを持つことこそが、権威主義的諸国の経済戦略に対抗する最終兵器なのである。

注

（１）田中明彦（１９９６）『新しい「中世」――21世紀の世界システム』日本経済新聞社。
（２）"How the West Got China Wrong," *The Economist*, March 1, 2018.
（３）Hirschman, A. O. (1945) *National Power and Structure of Foreign Trade*, Oakland, CA: University of California Press.（アルバート・ハーシュマン〔２０１１〕『国力と外国貿易の構造』飯田敬輔監訳、勁草書房）
（４）天谷直弘（１９７５）『漂流する日本経済――新産業政策のビジョン』毎日新聞社、１８９－１９０頁。
（５）Cooper, R. N. "Trade Policy Is Foreign Policy," *Foreign Policy*, No. ９ (Winter, 1972–1973): 18–36.
（６）http://securityassistance.org/content/foreign%20military%20financing?year=2017
（７）Kitano, N. (2016) "Estimating China's Foreign Aid II: 2014 Update," JICA–RI Working Paper No. 131. (https://www.

jica.go.jp/jica-ri/ja/publication/workingpaper/wp_131.html)

(8) Hatton, C. (2017) "China's Secret Aid Empire Uncovered," BBC News: October 11, 2017. (http://www.bbc.com/news/world-asia-china-41564841)

(9) 渡辺紫乃「中国の対外援助の拡大と国際開発援助の限界」『東洋文化』第97号、(11-30頁)、2017年3月、19頁。

(10) ヘンリー・キッシンジャー(1979)『キッシンジャー秘録第1巻——ワシントンの苦悩』斎藤弥三郎他訳、小学館、202-203頁。

(11) Hamilton, C. (2018) *Silent Invasion: China's Influence in Australia*, London: Hardie Grant.

第3章

国際紛争の全体図と性格

——紛争解決と地政学

篠田 英朗

1 現代世界の紛争の全体図

◉地政学の視点とは

地政学は、現代世界の武力紛争問題の分析に、どのような視点を与えてくれるのだろうか。地政学の視点を駆使すると、いったい現代世界の武力紛争状況の何が見えてくるのか。

おそらくは、地政学は、複数の地域紛争や政治的緊張がつらなる構造的な背景を分析するために必要な視点を、提供する。したがって、地政学の視点を導入しようとするのは、現代世界の武力紛争の背景に、より構造的で広域的な地理的環境にかかわる事情があることを、見つけ出すためである。本章では、こうした問題意識を持って、地政学の観点から、現代世界の紛争の構造をとらえ直すことを試みる。

地理的環境が政治に与えている構造的な影響は甚大である。したがって紛争分析にあたって地政学の視点は不可欠である。地政学の視点を導入することによって、地域紛争の乱立に見える世界情勢が、構造的な仕組みを持っていることが見えてくるようになる。ただし、そうだとしても、地政学が与えてくれる視点は、決して単線的なものではない。地政学的な視点を広範に導入すればするほど、世界の紛争構造を、複合的に見ていくことが必要になってくる。現代世界の紛争構造には、地域ごとに独特な事情があることを、十分に配慮していく必要がある。世界的な紛争の構造をとらえるためにも、複合的な視点を導入していくことが必要になる。

筆者は、地域ごとに異なる性格を持つ紛争の構造をとらえるために、それぞれの地域の事情に応じた理論的枠組みを導入するという試みを行ったことがある。[1] その際には、マッキンダーの古典的な地政学は、ヨーロッパにおけるロシアを中心にした陸上国家と、対立する海洋国家連合の確執を描き出すのに最適な視座を提供する、という分析を行った。本章は、その議論をさらに広げ、地政学の視点で、さらに広範な地域の構造を分析しようとするものである。

本章は、まず現代世界の武力紛争の全体像を概観する。次に第二節で、その背景にそれぞれの地域の実情に応じた特色があることを論じる。第三節では、マッキンダー地政学の視点で、現代世界をどう見るべきかを説明する。第四節では、さらに中国の一帯一路とアメリカの同盟ネットワークがインド太平洋戦略で対峙する構図を地政学的に検討する。第五節では、紛争解決に向けた国際平和活動も、地域ごとに異なる対応をとっている実態があることを論じる。

◉武力紛争の増加

冷戦終焉とともに世界の武力紛争の数は劇的に増加した。しかしその後は徐々に減少に転じたため、国際社会の紛争解決の活動の成果に楽観的な見方が広がった。ところが2010年代になって武力紛争は顕著に増加の傾向を見せ、2015年には冷戦直後の最高値を更新するような数を記録した（図表3−1）。われわれが生きる現代世界は、紛争が劇的に増加した時代である。

図表3−2は、2018年の時点の世界の武力紛争の発生地域を、地図上に示したものである。ここから見ることができるのは、武力紛争は、世界の特定地域で起こっている、ということである。アフリカのサヘル地域から、中東の甚大な紛争地帯を通って、南アジアにまで広がっている地域が、現代世界の武力紛争の広域ベルト地域である。それぞれの地域紛争は個別的なものとして見なすべきだとしても、世界のほとんどの武力紛争が、この広域ベルト地帯で発生しているとすれば、数多くの武力紛争が相互に連動性を持っていると推察するのが自然になってくる。

さらに冷戦終焉後の時代の武力紛争による犠牲者数の推移を地域別に見てみると、近年に中東における武力紛争犠牲者数が急激に増加し、それが全体数も底上げしていることがわかる（図表3−3）。2010年代の世界は、「アラブの春」以降の中東地域の動揺が中心となって、武力紛争数も、武力紛争犠牲者数も、劇的に増加した時代である。

図表3-1 第二次世界大戦以降の武力紛争数の推移（1946–2018年）

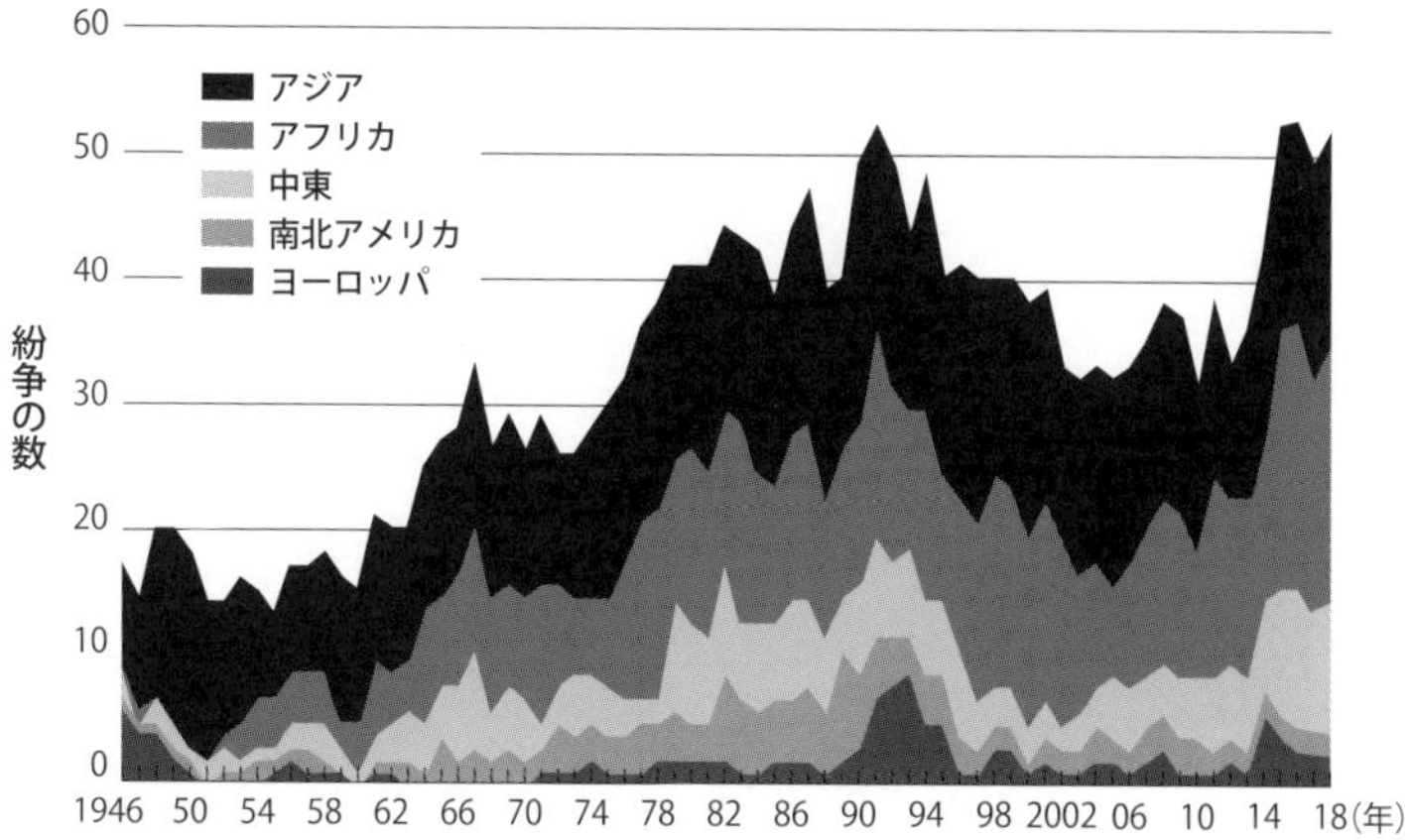

（出所）UCDP（ウプサラ紛争データプログラム）：Armed Conflict by Region, 1946–2018をもとに作成

◉安定した地域、しない地域

実は、武力紛争の分布については、過去半世紀以上にわたって顕著に見られる傾向がある。脱植民地化の過程で生まれた新興独立諸国において、ほとんどの武力紛争が起こっている。この傾向は、第二次世界大戦以後の世界で一貫して確認できる傾向である。新興独立諸国は、国家体制が脆弱なまま独立国となったので、社会変動を受けやすい。冷戦終焉とともに一気に武力紛争数が激増したのは、冷戦体制下で超大国のいずれかによる支援で体制を維持していた新興国が、冷戦終焉による超大国からの支援の停止で、一気に脆弱化せざるをえなくなったためであった。かつて筆者は、この全体傾向のことを、普遍化した国民国家原則を持つ20世紀後半以降の国際社会が、実際には安定的な普遍化を達成できていないことから生まれる事態だ、と描写した。[2]

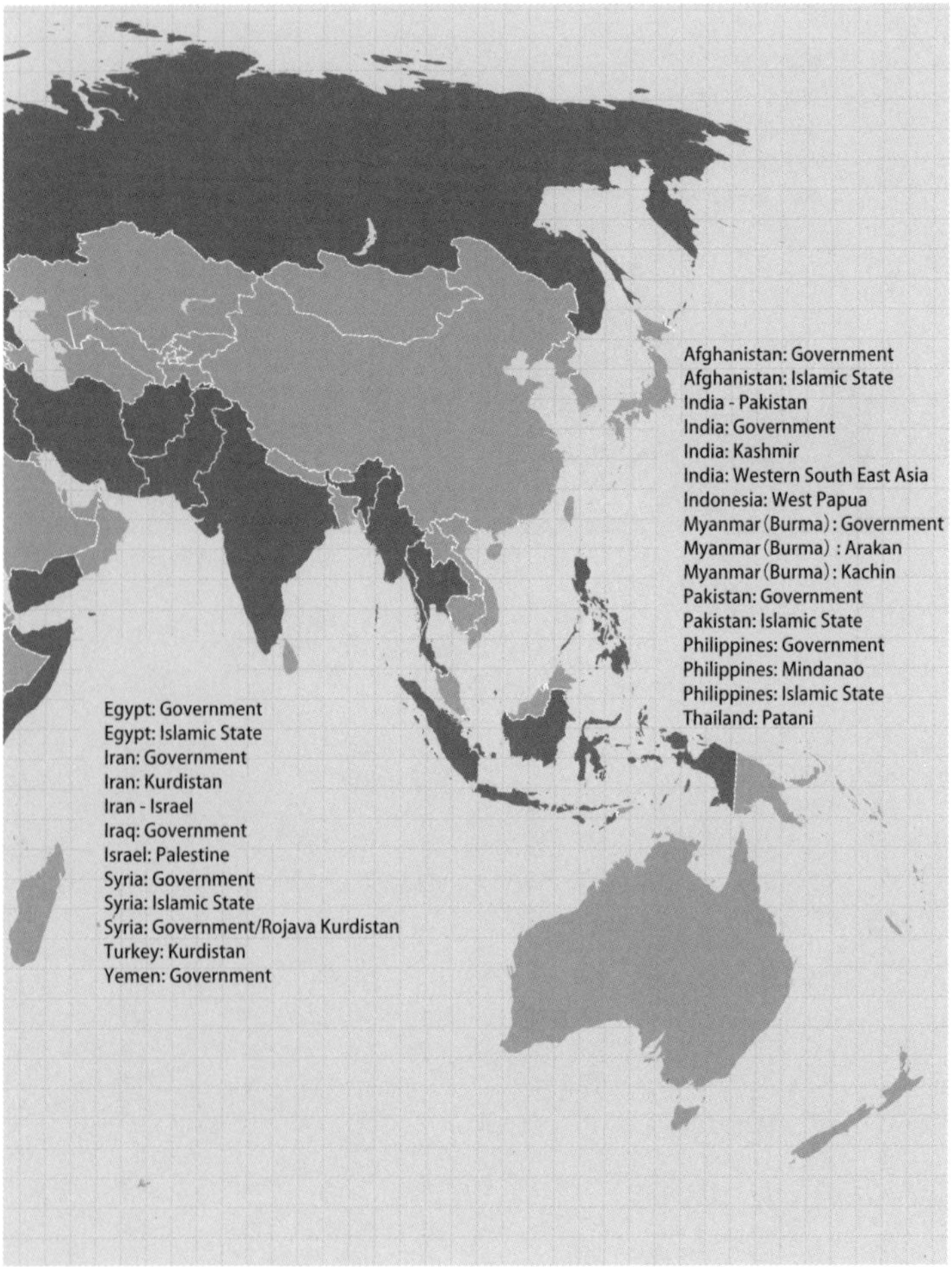
Afghanistan: Government
Afghanistan: Islamic State
India - Pakistan
India: Government
India: Kashmir
India: Western South East Asia
Indonesia: West Papua
Myanmar (Burma): Government
Myanmar (Burma) : Arakan
Myanmar (Burma): Kachin
Pakistan: Government
Pakistan: Islamic State
Philippines: Government
Philippines: Mindanao
Philippines: Islamic State
Thailand: Patani
Egypt: Government
Egypt: Islamic State
Iran: Government
Iran: Kurdistan
Iran - Israel
Iraq: Government
Israel: Palestine
Syria: Government
Syria: Islamic State
Syria: Government/Rojava Kurdistan
Turkey: Kurdistan
Yemen: Government

図表3-2　世界の武力紛争の分布図（2018年、国別）

（出所）UCDP：Active State-Based Conflicts in 2018

図表3-3　地域別武力紛争犠牲者数の推移（1989–2018年）

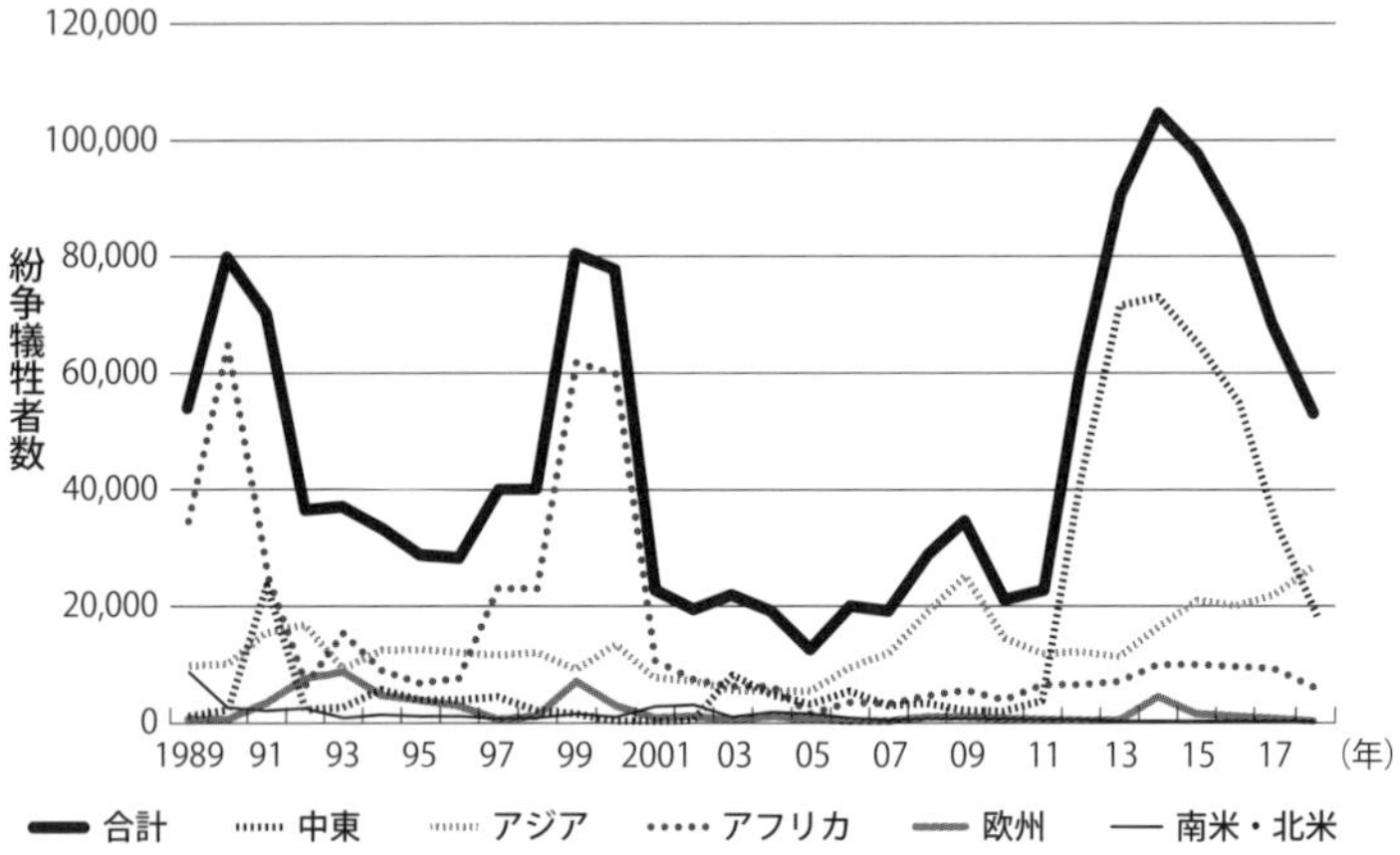

（出所）UCDP：Battle-Related Deaths by Region, 1989–2018をもとに作成

ただし新興独立諸国の中でも、冷戦期の騒乱と比べれば、東南アジア諸国は劇的なまでに安定した。今日の東南アジアにおける武力紛争は、ミャンマーなどの後発開発国に見られるものである。もっとも、フィリピンのミンダナオでＩＳＩＳに忠誠を誓うマウテ・グループの勢力が台頭するなど、最近の中東情勢の変動を受けた新しい現象も見えることもあった。ミャンマーのロヒンギャ問題だけでなく、タイ南部でもイスラーム系の住民集団と政府との間の衝突の事例は発生している。だが、東南アジアの武力紛争に関する情勢が、全般的に飛躍的な改善を見せたことは間違いない。

同じように顕著な状況改善の変化が見られるのは、南部アフリカ諸国である。アンゴラやモザンビークは、１９９０年代までは最も凄惨な武力紛争の発生現場であった。ところが21世紀になってからは、政情不安は残っているものの、武力紛争の発生はほぼ抑え込まれている。この改善の背景には、地域大国で経済成長もけん引するアパルトヘイト体制を平和的に脱した南アフリカの存在がある。[3]

かつて１９９０年代においては、世界の紛争地帯とは、「サブ・サハラ・アフリカ」のことであった。しかし南部アフリカ諸国の安定化により、「サブ・サハラ・アフリカ」という表現を紛争多発地帯の意味で使うことは、ほぼなくなった。

代わって頻繁に用いられるようになったのが、サハラ砂漠の南縁の地域を意味する「サヘル」という地理学的な概念である。紛争分析の言説において、あるいは国連などの政策ペーパーにおいて、アフリカにおける紛争多発地帯を表現するために、「サヘル」が最も適した概念だと見なされ、頻繁に用いられるようになってきている（図表3－4）。

◉サヘル地帯

この「サヘル」という地理学的概念が、紛争地帯の動向を表現するために用いられているのは、地政学の観点からの紛争分析には、特に示唆的である。サハラ砂漠は、いわば大陸上の海である。砂漠上で人や物の移動を遮断するものがないため、砂漠の北端で発生した事態は、一定の時間をへて、やがて必然的に南端に影響する。

２０１０年代の世界で武力紛争が最も甚大に発生しているのが、中東地域である。そしてその傾向は、２０１０年アラブの春によって顕著になった傾向である。アラブの春は、北アフリカ諸国に体制変

図表3-4　アフリカにおけるタイプ別武力紛争（2018年）

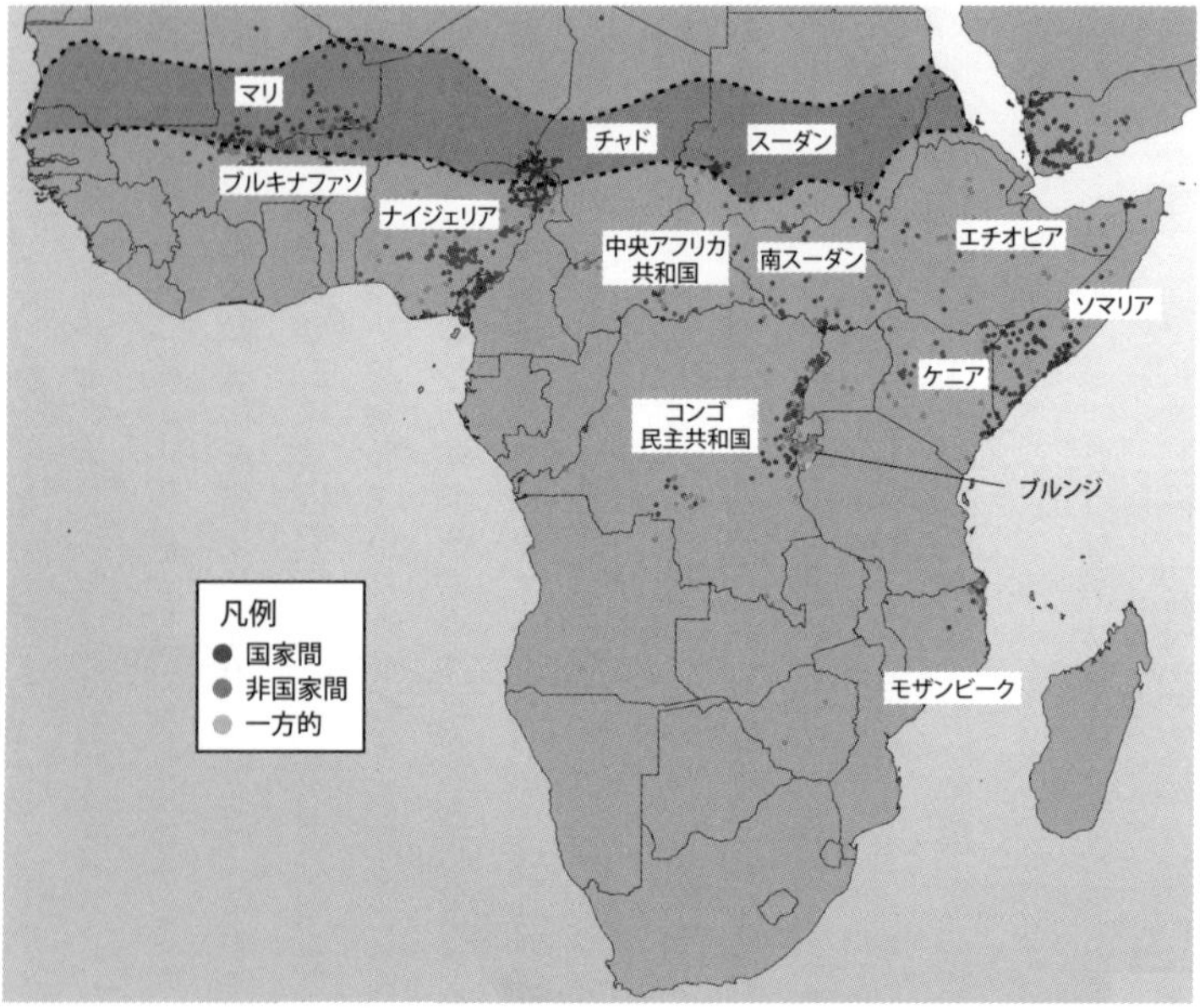

（注）点線で囲んである部分がサヘルと呼ばれる。
（出所）UCDP Georeferenced Event Dataset（GED）2018をもとに作成

動の嵐を引き起こしたため、サハラ砂漠の南側にも、その余波が観察されるようになった。最も典型的なのが、リビア崩壊後の地域情勢の動揺を受けて、アル・カイダ系のテロリスト組織であるＡＱＩＭ（イスラーム・マグレブ諸国のアル・カイダ）が暗躍するマリであろう。だがそれだけにとどまらない。東アフリカのソマリアのアッシャバーブから、西アフリカのナイジェリアのボコ・ハラムまで、中東のテロリスト組織と連動した組織が内戦あるいは政情不安を引き起こしているのが、現在のサヘルの状況である。（もっとも厳密な地理学上の概念である「サヘル」には、ソマリアなどは含まれない。本章で扱う

「サヘル」は、中東情勢の影響を大きく受けるサハラ砂漠やアデン湾の南側のアフリカ地域という政治的な意味を持った地政学的な意味での特別な「サヘル」である）。

アフリカの角《つの》（第７章参照）やサヘルでは、有史以来の長いアラブ圏との交流がある。たとえばソマリアのアッシャバーブは、イエメンやサウジアラビアとつながりを持ち、アラビア半島からの構成員が自爆テロなどの手法を持ち込んだと言われる。アデン湾を横断した人的往来は、古くから盛んであった。同じようにサハラ砂漠を越える移動も、独特な人的交流の発展を生み出してきた。海でも砂漠でも、アフリカの角やサヘル地域であると、厳しい国境管理体制が存在していない。そこで北アフリカからサヘル地域にかけての地域では、国境を越えた犯罪の拡散が非常に深刻な問題である。また、サヘル地域では、砂漠地帯の広がりにより、従来から国境にとらわれず生活していた遊牧民の生活環境がいっそう悪化し、さらに土地問題を抱える農民層とも対立しがちであるという環境要因がある。

２０１０年代の世界の武力紛争の震源地とも言える中東地域では、シリア・イラクという中核的地域において、激しい武力紛争が起こっている（図表３－５）。このユーフラテス川流域のメソポタミア文明の地、地中海とペルシア湾に挟まれた平野部こそが、２０１０年代の世界の武力紛争の最大激戦地である。この地域は、さらに黒海やカスピ海のあるコーカサスの動向、さらには紅海周辺の情勢とも連動性が高い。したがって中東の中核地域における武力紛争の影響は、容易にアフリカへ、そして南アジアへと波及していく（図表３－５）。あるいはヨーロッパやコーカサスを通じてロシアにも影響が及ぶ。イエメンにおける紛争の甚大化は、中東とアフリカを決定的に結びつけた。北アフリカで始まった「ア

図表3−5　中東から南アジアにおけるタイプ別武力紛争（2018年）

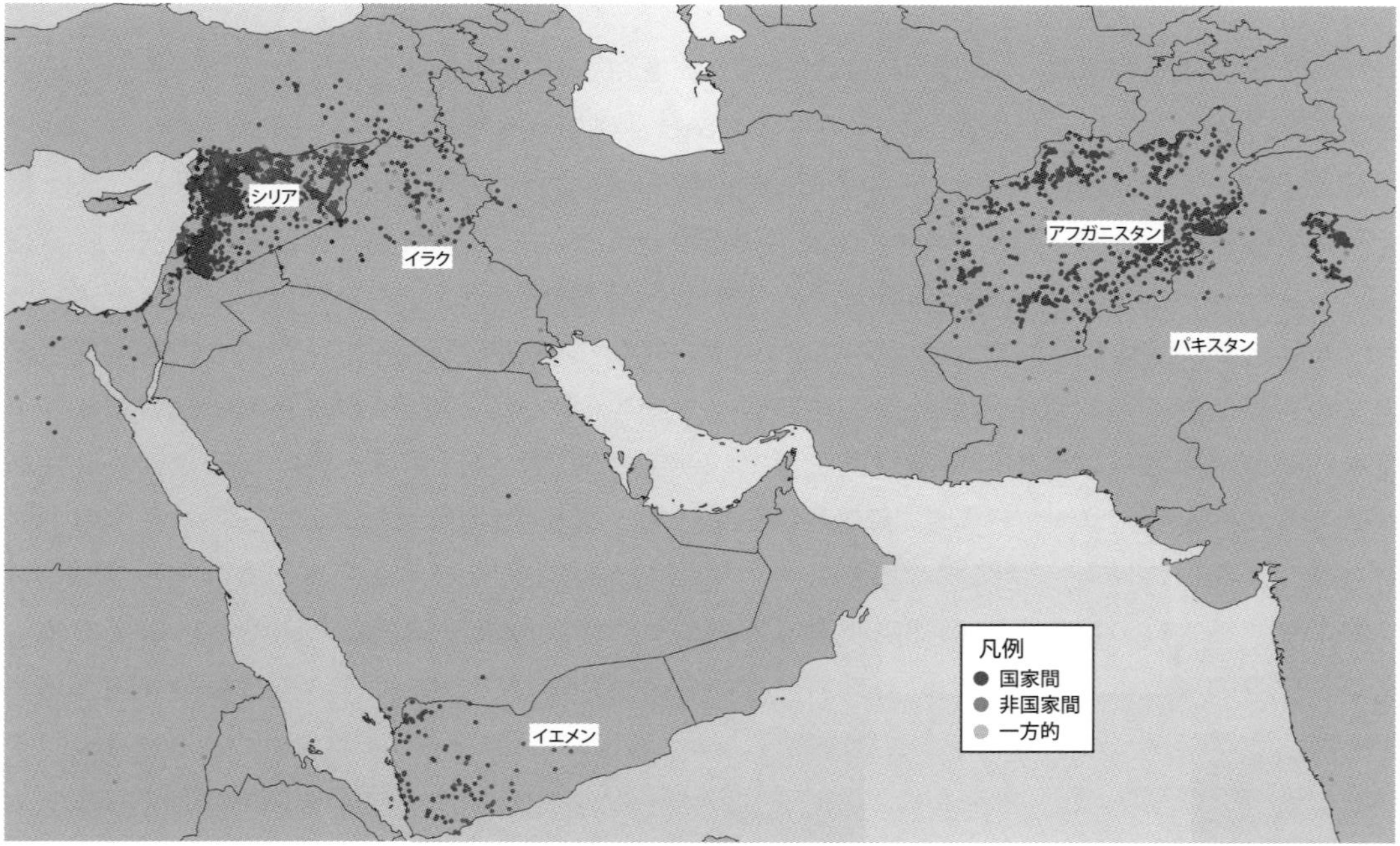

（出所）UCDP Georeferenced Event Dataset（GED）2018をもとに作成

ラブの春」が中東とサヘルの双方に激震を与えたのは偶然ではない。イランを通って中東は中央アジア・アフガニスタン・パキスタンともつながっている。

◉南アジアの紛争

中東の影響を最も受けやすい地域には、南アジアも含まれる。南アジアの武力紛争の中心点はアフガニスタンだが、パキスタンなどの周辺国に不安定要素があることも間違いなく、インドはもちろん、最近になって不安定化の傾向が顕著なバングラデシュやミャンマーも、イスラーム過激派の問題を抱え、南アジア情勢と連動している側面がある（図表3-6）。

アフガニスタンでは２０１４年以降、ＩＳＩＳ系勢力が拡大し、タリバン勢力とも衝突した。ただしその後、タリバンは勢いを盛り返し、今や国土の半分を掌握し、２００１年以降では最大の勢力となっている。さらに多くの州の都市部が陥落の危機に瀕しており、首都カブールの政府は追い詰められている。この背景には、ＩＳＩＳ系勢力の伸長に危機感を抱いたイランやロシアが、伝統的な敵対関係を清算し、タリバンへの武器供与を開始したことなどがあると見られている。アフガニスタンのアシュラフ・ガニ大統領は、タリバンに和解を呼び掛けているが、進展は見られていない。ガニ大統領の「国民統一」政府と旧北部同盟系の軍閥系勢力との関係は悪化し続けている。

いずれにせよ中東を中心にして、西はアフリカ大陸のサヘルの帯に広がり、東は南アジアに広がる地域こそが、現代世界の紛争多発ベルト地帯である。もちろんその周辺には、さらにウクライナやコーカ

図表3-6　東南アジア・南アジアにおけるタイプ別武力紛争（2018年）

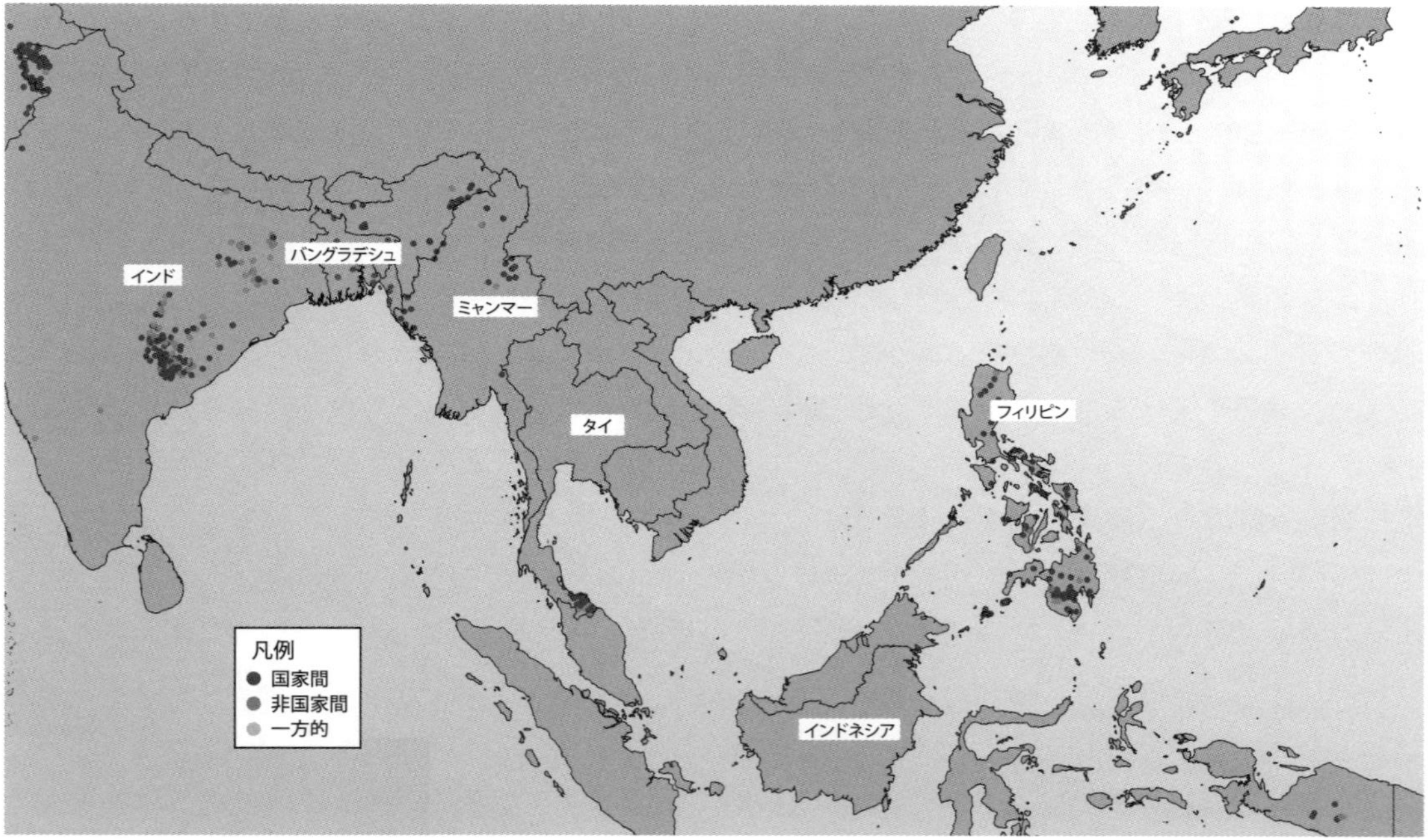

（出所）UCDP Georeferenced Event Dataset（GED）2018をもとに作成

サス地方などの紛争地帯も存在している。

果たして、この紛争多発ベルト地帯とその周辺地域の紛争は、地政学の観点から見たとき、どのような構造的な性格を持って発生していると言えるだろうか。

2 地政学から見た紛争多発ベルト地帯の性格

◉マッキンダーの「ハートランド」

紛争多発ベルト地帯には、いくつかの顕著な特徴がある。たとえば、社会文化の観点から見ると、それがイスラーム圏の領域と重なっていることがわかる。イスラーム圏という連鎖反応を起こしやすい社会文化を共有する地域で、武力紛争の連鎖が起こっている。これは、21世紀の「対テロ戦争」の時代になってから特に顕著になってきた傾向であり、「アラブの春」以降にいっそう明白になってきた傾向である。もちろん社会文化の問題だけにすべてが還元されるわけではない。イスラーム圏では人口増加率が際立って高く、武力紛争に動員されやすい若年の経済的不安定層が数多く存在している、などの様々な事情もある。これらの事情も踏まえつつ、さらに地理政治学的な観点から見ると、紛争多発ベルト地帯の特徴は、どのように把握できるだろうか。

すでにマッキンダーは古典的な地政学の観点から、今日の紛争多発ベルト地帯の歴史的なつながりについて論じていた。マッキンダーがユーラシア大陸の中央部を指して「ハートランド（中心地帯）」と呼んだ地域には、現在の中央アジア諸国やアフガニスタンが含まれていた。マッキンダーは、あえてロシアだけでなく、中央アジア諸国やアフガニスタンの領域も、「ハートランド」に入れた。「ハートランド」とは海上交通路が乏しい大陸の深奥部としての性格を持つ地域だ、という定義づけにしたがった措置だろう。この「世界島」の中央部を意味する「ハートランド」は、外界からの侵入者を遮断する閉ざされた場所としての性格を持ち、「歴史の回転軸」となる。ハートランドと呼ぶべき地域の背後には、北極の無人地域があり、人間の交通路がない。ハートランドを流れる河川は、ことごとく北極海側に流れ込んでいき、大海とはつながっていない。つまり海上覇権を握る勢力が、河川沿いに上流地域に侵入することができない。

ユーラシア大陸の「ハートランド」に対して、「アラビア」を挟んで存在しているとされたのが、アフリカ大陸のサハラ砂漠の南側の「南のハートランド」である。なぜならサハラ以南の河川は、外洋と切り離されており、「二つのハートランドは、緯度の非常な違いにもかかわらず、驚くほど似た特徴を備えている」。「ハートランドとアラビアとサハラの三者が一帯となって、船乗りの人びとにとっては接触が不可能な、非常に幅の広い湾曲したベルトを構成している」。海洋交通路から切り離された大陸の深奥地において、古くから人々は騎馬やラクダなどの動物の動力を用いて、移動をしてきた。そのとき「アラビアの砂漠をとりかこむステップは、北から南のハートランドに行くための通過地帯の役割をはたして」きた。[4]

◉アフガニスタン侵攻の余波

今日のアフガニスタンからサヘルにかけて広がる紛争多発ベルト地帯は、このマッキンダーが言う「船乗りの人びとにとっては接触が不可能な、非常に幅の広い湾曲したベルト」と重なって広がっている。このベルト地帯の人々は、独特の歴史的なつながりによって結ばれている。同時に、このベルト地帯は、ヨーロッパやアジア、あるいはさらなる外的世界から広がる秩序に、容易には吸収されない。

このベルト地帯にそって展開してきたのが、21世紀の「対テロ戦争」である。対テロ戦争の時代の本格的な幕開けは、２００１年9月11日のテロ攻撃に対する自衛権発動としてアメリカがアフガニスタンに侵攻したときであった。そのアフガニスタンは、今日に至ってもなお治安情勢が非常に混乱した状態にある。今日から見れば、ハートランドで中東と隣接するアフガニスタンは、対テロ戦争の歴史を回転させる「回転軸」であった。今日もアフガニスタンにおける戦争が終結する見込みはたたず、むしろ戦争は拡散していくばかりである。

２００１年にアフガニスタンに侵攻したアメリカ合衆国は、２００３年のイラク戦争で中東の中核国を占領統治するという大胆な行動をとり、対テロ戦争の勝利を通じた中東の民主化の目標を進めた。しかし結果として、中東全域を混乱に陥れただけでなく、その余波が、砂漠、山岳、海によって外界からの影響を遮断しながらも相互に連動しているアフリカのサヘル地域や、さらに南アジアのイスラーム圏諸国などに飛び火していく現象を引き起こした。現代世界の対テロ戦争の混乱が、国境を越えた人的移動を媒介にして拡大していった背景に、サヘル、中東、南アジア特有の地理的環境と、歴史的な人的ネットワークの存在があったと考えるのは自然だろう。

２０１０年にチュニジアから始まったアラブの春は、エジプトやリビアなどの北アフリカに波及して政変を起こし、中東のシリアやイエメンでは破滅的な内戦へと展開していった。いずれの場合でも、アメリカが期待するような西洋型の民主主義と親和性の高い民主化の動きには高まらず、むしろ各地でイスラーム原理主義が台頭した。エジプトではムスリム同胞団のムハンマド・ムルシー大統領が、わずか一年余りで軍主導のクーデターによって失脚し、現在は軍出身のアブドルファッターフ・アッ・シーシー大統領が強権政治で治安維持を図っている。リビアでは、２０１１年のＮＡＴＯの介入なども受けた内戦の結果、カダフィ政権が崩壊した後、混乱と分裂が続いている。イスラーム過激派勢力が伸長し、２０１４年には首都トリポリを制圧した。首都を追われた世俗派は、トブルクを拠点として活動を続けた。現在までのところ、紛争調停は事態を複雑化させるだけの結果に終わっており、リビアは複数の勢力が群雄割拠している状況にある。その中で、ＩＳＩＳがリビアの一部地域に拠点を設けた。最近では、アフリカや中東の各地からリビアに流入した難民が、ヨーロッパやアラブ圏向けの人身・臓器売買取引の奴隷市場で売りさばかれていることが問題になっている。もともとアフリカ大陸とヨーロッパ・アラブ圏の間には、少なくとも数千万人に上る膨大な数の奴隷が取引されていた歴史がある。アフリカ大陸内の紛争構造に対応して収奪が行われたメカニズムは、今日の状況にも通ずるところがあるだろう[5]。

現在の対テロ戦争の中心地と言えるシリアからイラクにかけての甚大紛争地域は、肥沃な平野部を持ち、文明の歴史が長いイスラーム圏の中核的地域である。この甚大紛争地域は、砂漠のサウジアラビアと険しい山岳地帯のイランに挟まれ、さらに海によって囲まれている。スンニ派諸国とシーア派諸国の盟主とも言えるサウジアラビアとイランは、甚大紛争地域を挟みこみ、覇権争いを激化させている。

◉長期化・複雑化する紛争

サウジアラビアの背後にはイエメンの戦争が、イランの背後にはアフガニスタンの戦争がある。現在、サウジアラビアがイエメンとアフガニスタンの政権と近く、イランが反政府勢力側と近いという構図になっている。イエメンでは、反政府勢力だが今は首都サヌアを制圧したフーシ派が、イランからの支援を得ていることは周知の事実である。これに対して、サウジアラビアが、アラブ首長国連邦（ＵＡＥ）やクウェートなどの湾岸諸国とともに、ハーディー大統領の政府の側に立って、軍事介入を行った。戦争は泥沼化しており、収拾の目途は立っていない。

イエメンの戦争が長期化するにつれて、湾岸諸国の足並みは乱れた。ムハンマド・ビン・サルマン皇太子が実権を握ったサウジアラビアは、２０１７年に、周辺国とともに、意のままに動かないカタールに対する経済封鎖行動をとった。カタールがイラン寄りの姿勢を見せたことが理由であった。しかし結果的にはカタールが封鎖の抜け道を提供するイランとトルコにさらに近づいていくことになった。またＵＡＥは、ハーディー大統領の政権に対する姿勢でサウジアラビアと距離を見せ始め、２０１８年５月にはインド洋に浮かぶソコトラ島を軍事占拠するという事件を起こしたりした。サウジアラビアが調停に入り、ＵＡＥ軍は撤収したが、情勢がいっそう複雑になっていることを印象づける事件であった。

イランは、シーア派の盟主として、イラクやシリアのアサド政権、レバノンのヒズボラ、イラクの多数派シーア派勢力とつながりを持ち、ロシアや中国とも良好な関係を保っている。これに対してアメリカのトランプ政権は、イランとの核合意から離脱してイランに対して独自制裁を課そうとするなど、イランを敵視する政策をとっている。エルサレムへのアメリカ大使館移転が象徴するように、アメリカのイスラエル寄りの立ち位置も明確であり、サウジアラビアを重視する姿勢も同様に明確である。トランプ大統領のアメリカは、もはや中東和平の調停者になるような意図は持たず、ひたすら自国に有利な中東情勢の展開を試みているように見える。サウジアラビア政権批判を繰り返していたジャマル・カショギ氏が２０１８年10月にトルコのサウジアラビア大使館内で殺害された事件は、ムハンマド・ビン・サルマン皇太子の権威を失墜させた。しかしトランプ政権は今度はトルコの力に期待して、シリアからの米軍の撤退を画策するという動きにも出た。このトランプ大統領の政策は、成功するか否かにかかわらず、当面の間、対テロ戦争の時代の紛争多発ベルト地帯の状況を悪化させる効果を持つと予測される。

◉東アフリカ周辺国の状況

イエメンからアデン湾を渡ると、「アフリカの角」において中東に近接するソマリアに到着する。あるいは北アフリカを抜けてサハラ砂漠を越えると、アフリカのサヘル地域に到達する。ソマリアでは、２００６年にイスラーム原理主義的な「イスラーム法廷連合（ICU: Islamic Courts Union)」が、首都モガデシュを制圧した後、米軍の支援も受けながら軍事介入したエチオピアによって軍事的に駆逐されると、ＩＣＵの一部勢力も取り込んだアッシャバーブが台頭した。２０１２年には、アッシャバーブはアル・カイダに合流するという声明を出し、ソマリア情勢が対テロ戦争の構図の中で推移していることが鮮明になった。アッシャバーブは、軍事介入するエチオピア軍、ケニア軍、アフリカ連合ソマリアミッションＡＭＩＳＯＭなどと交戦を続けているが、市街地における大規模爆弾テロなどの攻撃も引き起こしている。

東アフリカにおける「対テロ戦争」の主要な交戦国となっているエチオピアとケニアは、ともに国内政治に不安定性を抱えている。エチオピアでは、２０１２年から首相を務めてきていたハイレマリアム首相が２０１８年に辞任した。２０１５～16年の反政府デモと治安部隊との衝突で５００人以上が死亡したことへの責任をとるための辞職であったが、辞任表明と同時に、政治犯釈放を求めるストに対抗する非常事態宣言が２０１６年に続いて発出された。その後に首相の座に就いたアビー・アハメドは、長い間敵対関係にあったエリトリアとの間の国境紛争を解決しただけでなく、国内でも様々な改革を進めている。西側諸国の期待が集まり、ノーベル平和賞も受賞した。だが今後の政治情勢はまだ予断を許さない。

ケニアでは、２００７年大統領選挙をめぐるムワイ・キバキ大統領と野党候補ライラ・オディンガとの確執が大暴動に発展し、１０００人を超える死者や大量の国内避難民が発生した記憶が新しい。ウフル・ケニヤッタ大統領とオディンガの間で戦われた２０１７年大統領選挙も、最高裁判所が選挙に不正があったとして再選挙を命じるなどの混乱が生じた。キリスト教徒が多数を占めるエチオピアとケニアは、東アフリカにおける対テロ戦争の要である。しかし外政のみならず、内政面でも、両国の体制は盤石とまでは言えない。

南スーダンにおける２０１６年の武力衝突の際、ＰＫＯ部隊が住民保護の任務を適切に遂行しなかったとされ、自国出身の軍事部門司令官が解任されたため、部隊全体を南スーダンから引き揚げたのは、ケニアである。南スーダンの和平合意調停で主要な役割を担っている準地域機構の政府間開発機構（ＩＧＡＤ）の主要構成国でもある。エチオピアは現在でも、国連・南スーダンミッションＵＮＭＩＳＳの軍事要員の1割を提供している。

ところでさらに約2割の軍事要員を提供しているのは、ルワンダである。ルワンダは、ＵＮＭＩＳＳ警察要員の3分の1近くを提供する最大警察要員提供国であり、一時期ＵＮＭＩＳＳの軍事部門司令官と警察部門司令官の両ポストがルワンダ人だという異例の人事措置もとられた。なおやはりＩＧＡＤ構成国であるウガンダは、ＵＮＭＩＳＳに要員提供していないが、２０１３年の政変の後に軍事介入し、首都ジュバの治安維持にあたった重要国である。

◉スーダンの位置づけ

このように周辺国がことごとく南スーダンの安定化に目立った貢献を惜しんでいないのは、新興独立国である南スーダンの安定が、東アフリカ地域の安定にとって大きな意味を持っているという認識があるからだろう。南スーダンはサヘルに属する国だが、白ナイルの中流にあたる広大な湿地帯を持っているという点で、際立った特質を持つ。ナイル川流域は、いわばサハラ砂漠を貫く交通・政治の幹線であり、サヘル地域において特殊な位置づけを持つ。白ナイルは、コンゴ民主共和国東部の紛争地域と重なる大湖地方から流れてウガンダを通過して南スーダンに入り、スーダンのハルツームで、エチオピアから流れてくる青ナイルと合流する。典型的な内陸国として周辺国に囲まれている南スーダンだが、それはつまり、南スーダンが、国境を接する諸国の内戦や政情不安に翻弄される、あるいは逆に影響を与える運命に置かれていることを意味する。

スーダンのアル・バシール政権は、かつてアル・カイダのオサマ・ビン・ラーディンを保護していたと言われ、クリントン政権時代のアメリカにミサイル攻撃を受けたこともあるイスラーム原理主義政権であった。ただしバシール大統領は、国際的なテロ組織ネットワークに加担しているわけではなく、独特の政治均衡を保っていた。エジプトとともに、中東の混乱がさらに本格的にアフリカに流入してくるのを防ぐ役割を果たしていたことは事実であろう。国際刑事裁判所（ＩＣＣ）からバシール大統領が訴追され、各国に逮捕の要請がなされるに至り、ケニアやエチオピアが率先して、アフリカ連合（ＡＵ）によるＩＣＣからの脱退の議論が進められた。[6] ＩＣＣとＡＵの対立は、国際規範と地域政治の間で揺れ動くアフリカ諸国の立ち位置を象徴する事件であった。それはサヘル地域の武力紛争の処理の問題とも結びついている。２０１９年になってバシール大統領の退陣を求める運動が起こり、軍事クーデターによって、バシール大統領が解任・拘束されたことは、地域情勢に大きな変動をもたらすかもしれない動きである。エチオピアのアビー首相の働きかけなどもあり、軍と市民組織が共同で新しい統治機構を設定し、本格的な民政移管へとつなげていこうとしているのは、注目すべき流れである。

◉中央アフリカでの軍事介入

中央アフリカ共和国やマリのような内陸国における状況は、南スーダンよりもさらに構造的に深刻である。いずれも北部にイスラーム主義の反政府活動を抱える。中央アフリカ共和国では、北部を掌握したイスラーム主義組織であるセレカ（Seléka）は、２０１３年に首都バンギを制圧した。これに対抗して、キリスト教系の武装組織であるアンチ・バラカ（Anti-balaka）が反イスラーム主義の性格を強めて武装行動を展開し、内戦が悪化した。そこでフランスとＡＵが軍事介入し、さらに２０１４年にはＡＵの活動を引き継ぐ形で、国連がＰＫＯミッションＭＩＮＵＳＣＡを設置した。しかしセレカとアンチ・バラカの両勢力の衝突は続き、国連ＰＫＯにも犠牲者が70名以上出ている。

マリでは、北部の砂漠地帯を居住地域とするトゥアレグの人々が、リビアのカダフィ政権崩壊の余波で流入した武器などによって、２０１２年に抵抗運動を激化させた。しかしそこにサラフィー・ジハード主義組織アンサル・ディーン（Ansar Dine）やアル・カイダ系武装組織ＡＱＩＭなどが台頭し[7]、やがてトゥアレグ系武装組織は駆逐された。２０１３年にフランス軍が介入し、西アフリカ諸国経済共同体（ＥＣＯＷＡＳ）諸国による平和維持部隊ＡＦＩＳＭＡも展開した。国連は、ＡＦＩＳＭＡの活動を引き継ぐ形で、ＰＫＯミッションを設立した（ＭＩＮＵＳＭＡ）。マリの情勢は非常に厳しく、ＭＩＮＵＳＭＡは現在の国連ＰＫＯの中で最も危険なミッションとなっており、これまで２００名近い殉職者を出している。もともとＭＩＮＵＳＭＡはＡＦＩＳＭＡを引き継いだ経緯を持っているため、ブルキナファソ、チャド、セネガル、トーゴ、ニジェール、ギニアなど西アフリカの周辺国の軍事部隊の貢献が主力となっている。

北部では、G5-Sahelという近隣諸国の軍事活動組織も展開している。ブルキナファソ、チャド、ニジェールなどは、ＭＩＮＵＳＭＡとG5-Sahelの両方に兵力を提供し、マリの安定化に貢献しようとしている。これも中央アフリカ共和国とマリの間に挟まれている内陸国であるサヘル諸国が、マリの安定化に大きな利益を見出していることの証左であろう。

ただしマリに介入している周辺諸国自体が、サヘル地域の自然環境の悪化に伴う飢餓危機とともに、拡散するテロリスト組織の活動に悩まされている。人間開発指標で言うと、マリが１８８カ国中１７５位、ブルキナファソが１８５位、チャドが１８６位、ニジェールが１８７位と、これらのG5-Sahel諸国は、極めて低い開発水準にある。[8] 治安面でも、チャドは、カメルーンとともに、ボコ・ハラムに対する掃討作戦を行っている交戦国である。ニジェールはＡＱＩＭが活発なテロ活動を行っているが、もともと厳しい自然環境による生活の厳しさもあり、非常に不安定な情勢である。

◉テロ組織の活発化

ブルキナファソでは、特に２０１６年以降、テロ事件が頻発している。２０１６年にはAnsar ul Islamというジハーディスト組織によって、首都のホテルや、地方部の警察署や学校の襲撃などが行われている。マリ北部の紛争が飛び火した形だが、実際に戦闘員がマリとの間を行き来しているという情報も伝えられている。２０１７年3月にはアル・カイダ系の組織（アンサル・ディーン、ＡＱＩＭサハラ支部など）を統合したとされるＪＮＩＭ（Jama'at Nusrat ul-Islam wa al-Muslimin'：イスラームとムスリムを支援するジハーディスト・グループ）が現れ[9]、２０１８年3月のフランス大使館やブルキナファソ国軍へのテロ攻撃などの事件を、頻繁に起こしている。

過去のシエラレオネやリベリアなどの英語圏アフリカ諸国での活動に比べると、マリにおけるナイジェリアの存在感は小さい。しかしナイジェリアは自国領域内でボコ・ハラムの掃討を続けている。ボコ・ハラムは、基本的には土着のイスラーム主義を掲げるテロ組織だが、ＩＳＩＳに忠誠を誓った。２０１４年のボルノ州チボク女子生徒拉致事件が有名だが、ナイジェリア北部を中心に、過激なテロ活動を行っている。これに対して「ＭＮＪＴＦ（Multinational Joint Task Force）」と呼ばれる多国籍軍が掃討作戦を繰り広げている。参加国は、ベナン、カメルーン、チャド、ニジェール、ナイジェリアである。

このように中東の不安定化によって流出したイスラーム過激主義の影響が、海や砂漠を越えて、アフリカのサヘル地域を揺り動かしているのが、現代世界の紛争多発ベルト地帯の特徴である。同じ傾向は、南アジア側にもあてはまる。

アフガニスタンでも、中東におけるＩＳＩＳの台頭を受けて、２０１４年以降にＩＳＩＳ-Ｋ（Khorasan Province）が台頭した。これによって周辺諸国の介入の姿勢も変わり、従来であればタリバンと敵対関係にあったロシアやイランが、ＩＳＩＳへのより大きな警戒心から、タリバンに武器供与等を行うようになったとされる。これによって２０１６年頃からはタリバンの勢力が再拡大し始め、現在では２００１年以降で最大と言われる勢力をタリバンが誇るようになった。

このように現代世界の紛争多発ベルト地帯を見ていくと、あらためてイスラーム圏諸国における政情不安の拡大が背景にあることに気づかされる。イラク戦争によって中東の深奥に投げ込まれた対テロ戦争の火種は、地理的な連動性をたどって、周辺地域に波及的な影響を与えた。そこにさらに対テロ戦争の構図にしたがった外部勢力による軍事介入が行われ、かえって紛争の構図がいっそう拡大しているという流れが観察できる。現代世界の紛争多発ベルト地帯は、対テロ戦争の地理的広がりによって生まれてきたものだと言える。

3 ハートランドのロシアとリムランドの帰趨

紛争多発ベルト地帯に、よりいっそう国際政治の大国間関係を背景にした構造的要因はないだろうか。紛争多発ベルト地帯において直接的・間接的介入を行っているのは、周辺国だけではない。アメリカやロシアもまた主要な関与者となっている。大国間関係の視点から、紛争多発ベルト地帯を見ると、何が見えてくるだろうか。

◉大国と紛争地帯①ロシア

まず注意すべきは、ロシアである。ロシアは、間接的な形でシリアやアフガニスタンの紛争にかかわる。また、近接地域であるジョージア（コーカサス地方）、およびウクライナなどで、より目立った紛争とのかかわりを見せてきた。1990年代にロシア政府が激しく戦ったチェチェン紛争も、ロシア領域内とは言え、コーカサス地方で発生した紛争であった。

カスピ海および黒海の沿岸地域は、19世紀に南下政策をとるロシアが、海洋覇権を握るイギリスと、さまざまな対立を繰り広げた地域である。冷戦終焉後の世界では、21世紀になってから、反ロシアの行動をとったジョージアのサアカシュヴィリ政権に対して、ロシアは軍事衝突も辞さず、南オセチアとアブハジアのジョージアからの分離独立を推進する政策をとった。ロシアは、南オセチアとアブハジア

図表3–7　マッキンダーによる世界地図

（出所）“The Geographical Pivot of History,” *Geographical Journal* 23, No. 4（April 1904）

に対して国家承認を行っており、ロシアにとってコーカサス地方への重要な足掛かりとなっている。

２０１４年に勃発したウクライナ問題についても、ロシアの姿勢はジョージアに対するものと基本的に同じであった。ロシアにしてみれば、ウクライナやジョージアなどの旧ソ連邦共和国は、少なくとも西側諸国に対する緩衝地帯となるべきだというのが、ある種の不文律なのだろう。２０１４年にウクライナで起こった親西欧的な政治運動は、ロシアが決して看過できないものであった。そこでロシアは、クリミア半島を併合し、さらにはウクライナ南部を親ロシア勢力圏に置くことによって、キエフの新政権を囲い込むことを試みた。経済コストを甘受してでも黒海におけるプレゼンスを確保するためにクリミアを死守したプーチン大統領の行動は、地政学的な発想に基づいたものであったと言える。

このようなロシアを中心にユーラシア大陸の動き

図表3-8　海洋国家と両生類国家の紛争

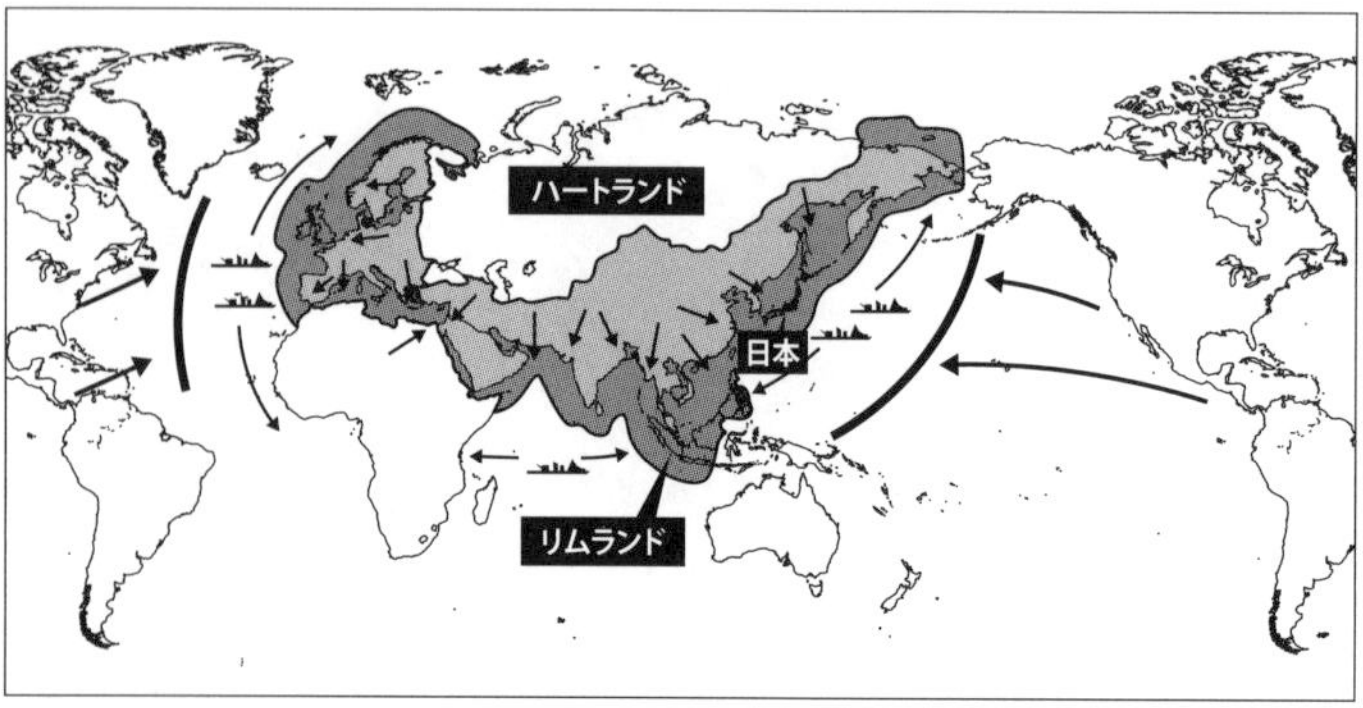

（出所）ニコラス・スパイクマン（2008）『平和の地政学——アメリカ世界戦略の原点』奥山真司訳、芙蓉書房出版を一部改変

をとらえる視点は、マッキンダーによって、最も劇的に説明されていた。マッキンダーは、歴史の「回転軸」を、ほとんどがロシアの領土と重なるユーラシア大陸の中央部の「ハートランド」に見出した[10]。

周知のように、マッキンダーは、大陸の外周部分を形成する国家を「海洋国家（シー・パワー）」、大陸中央部にあるのが「陸上国家（ランド・パワー）」だと規定した。この地理的制約を受けた二つの大きな勢力の間のせめぎあいこそが、「グレート・ゲーム」を形成してきた。マッキンダーはハートランドの「陸上国家」は歴史法則的に拡張主義をとるという洞察を提示し、もともとは外洋に向かって勢力圏を拡大させる「海洋国家」群は、「陸上国家」の拡張に対抗して抑え込む政策をとっていかざるをえないという洞察も示した。これはロシアの膨張主義を、ほぼ歴史法則的にとらえる視点につながる。

ロシアの膨張主義に対抗する海洋国家群は、「インナー・クレセント（内側の半円弧）」および「アウター・クレセント（外側の半円弧）」に存在する。イギリス、日本、アメリカ、カナダ、オーストラリアなどで構成される海上交通路に開かれている地域である。なおマッキンダーによれば、インド半島、朝鮮半島などの半島部分は、「橋頭堡《きょうとうほ》」（Bridge Head）と呼ばれる重要地域である。海洋国家群は、橋頭堡と基地を押さえて、陸上国家群を牽制するため、半島周辺は激しいせめぎあいが生まれる地域となる。

◉大国と紛争地帯②アメリカ

第二次世界大戦中のアメリカでマッキンダー理論を修正する地政学の理論を展開したニコラス・スパイクマンは、ユーラシア大陸の外周部分を「リムランド」と呼び、世界島の運命は、リムランドの趨勢によって決せられると洞察した。なぜならリムランドこそが、陸上国家と海洋国家が激しくぶつかりあう地域であり、その結果が双方の勢力の拡張または減退に大きな影響を与える地域だからである[11]。スパイクマンにならうように、冷戦の勃発以降にアメリカが行った大規模な軍事介入地域は、朝鮮半島、ベトナム、アフガニスタン、イラクと、すべてリムランドに属する地域であった。

現代世界で甚大な武力紛争が継続しているアフガニスタンからシリアにかけての地域は、中東でリムランドを構成している地域である。そこからサハラ砂漠の北側と南側に、さらに紛争地帯が広がっている。この一帯は、コーカサス地方に足掛かりを確保したロシアが、さらに南下して影響力を拡張する地域である。

アメリカが中東におけるプレゼンスを低下させるたびに、ロシアは影響力の拡張を狙ってきた。典型例が、アメリカをはじめとする西側諸国が敵対視しているシリアのアサド政権に対する肩入れであろう。また、トランプ政権がイランに対する敵対的政策をとればとるほど、イランをはじめとするシーア派系の勢力はロシアとの距離を縮める。アフガニスタンでは、ガニ政権がアメリカとの関係を重視しながらサウジアラビアとも接近する一方で、ロシアはタリバンとの距離を縮めた。

「アラブの春」以降の中東を震源地とする混乱は、アメリカの存在感の低下と、ロシアの影響力の拡張によって、複雑になっているところがある。ＩＳＩＳが領域支配勢力としては駆逐された現在、中東をめぐるロシアとアメリカとの間の亀裂は、かえって以前よりもいっそう明白となっている。マッキンダーが描写する陸上国家と海洋国家の対立が、中東におけるシーア派の盟主イランとサウジアラビアなどのスンニ派諸国やイスラエルとの間の確執とも重なりあって、中東の紛争情勢にも大きな影を落としているという構図である。

4　一帯一路とインド太平洋

国際政治の全体動向は、すでにアメリカと中国という二つの超大国の間の駆け引きによって相当に規定され始めている。経済力はもちろん、軍事力や人口なども加味した総合的な国力において、中国

図表3-9　中国の「一帯一路」（陸と海のシルクロード）構想

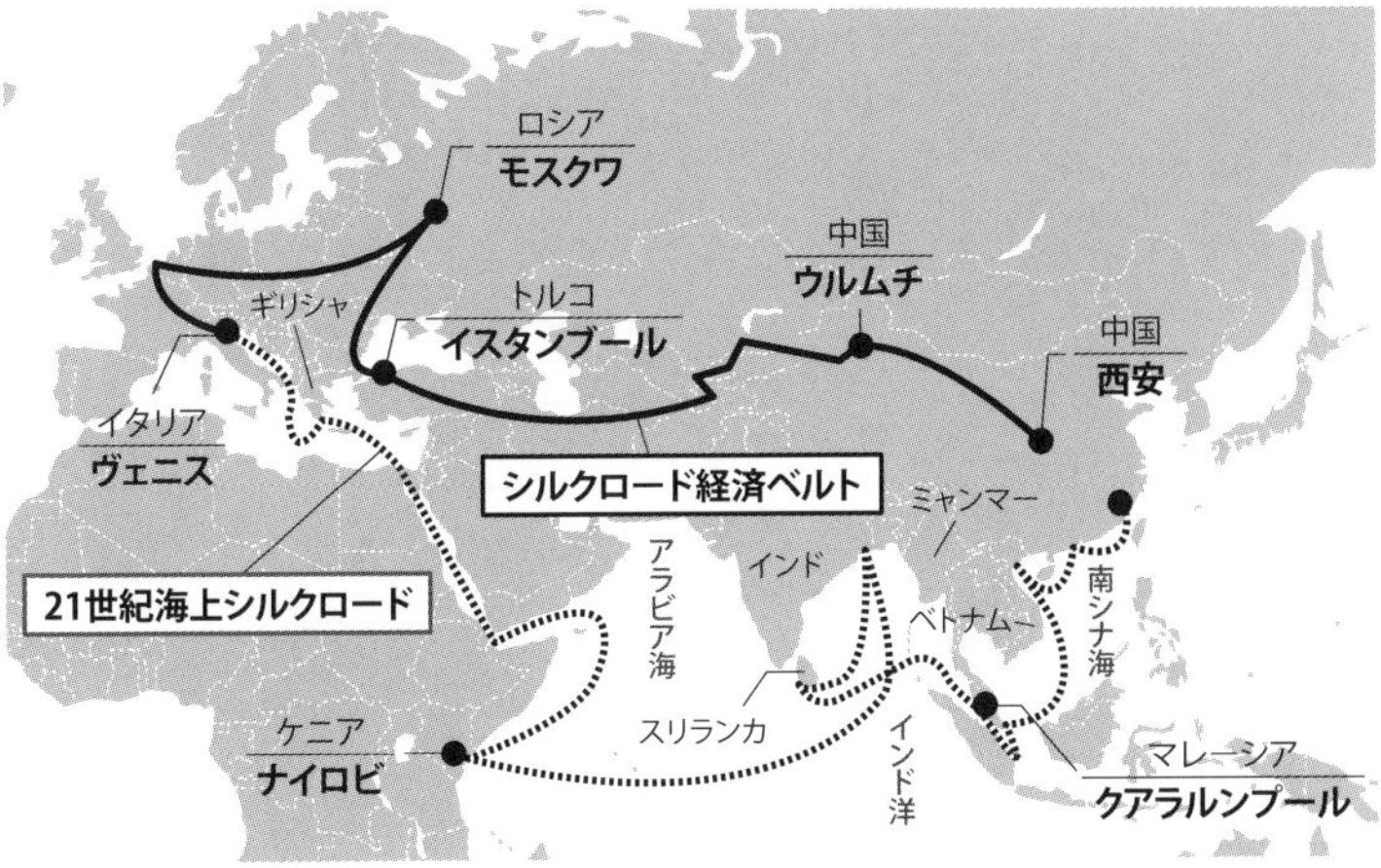

（出所）各報道をもとに作成

は、アメリカの地位を脅かしうる世界で唯一の国家である。この中国の存在は、現代世界の紛争構造に、どのような影響を与えているだろうか。

中国が追求する世界戦略は、現在のところ「一帯一路」の概念によって説明されることが多い（図表3-9）。一帯一路とは、中国を起点として、アジア～中東～アフリカ東岸～ヨーロッパを、陸路の「一帯」とし、海路も「一路」で結び、経済協力関係を構築するという戦略である。経済政策、インフラ、投資・貿易、金融、人的交流の5分野で、交易の拡大や経済の活性化を図ることを目指している。

実は一帯一路への注目に伴って関心が高まったのが、対抗概念としての「インド太平洋（Indo-Pacific）」である。「インド太平洋」の概念は、海洋学などの自然科学分野で生まれたものだと言われるが、日本の安倍首相が、国際政治に持ちこんだとされる（図表3-10）。今や中国の一帯一路構想に対して、アメリ

図表3-10　一帯一路に対してのインド太平洋

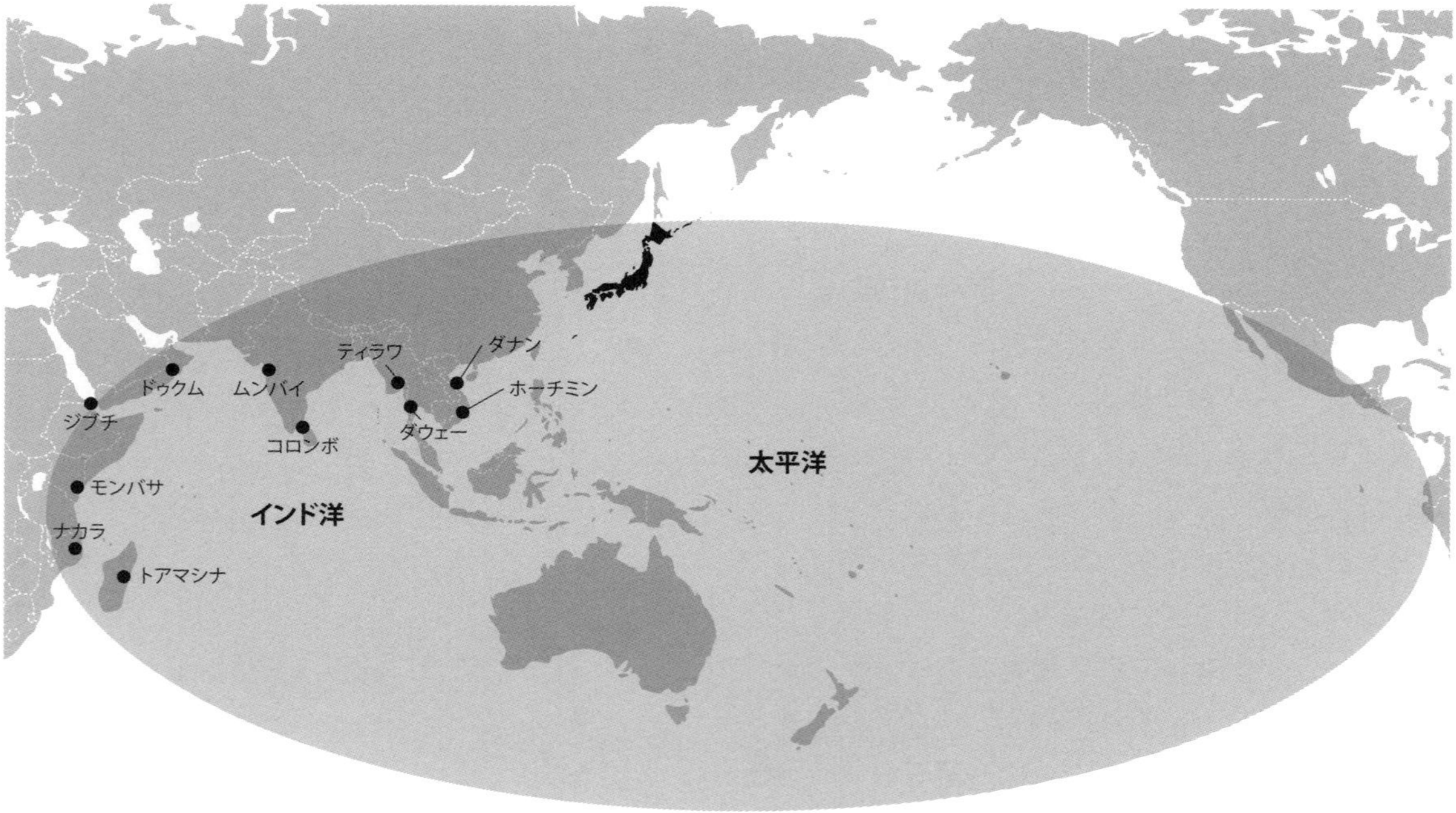

（出所）筆者作成

カを中心とする同盟ネットワークが推進する戦略的概念として広範に用いられるようになった。アメリカのトランプ政権は、「インド太平洋」の概念を多用し、２０１７年末に公表された初の「国家安全保障戦略」においても、地域別の安全保障政策の指針の説明で、「インド太平洋」地域が、ヨーロッパよりも先に言及された。アメリカが「インド太平洋」地域における安全保障政策において重要な協力関係相手として特筆するのは、「日本、オーストラリア、インド」である。太平洋の主要な海洋国家と、インド洋をにらむ橋頭堡の国家が、中国を包囲する形でネットワークを形成するのが、インド太平洋戦略である。

◉地政学上の両生類？

スパイクマンの言うリムランド、またはマッキンダーの言うインナー・クレセントの帰趨をめぐり、中国の一帯一路は、アメリカが主導する海洋国家群のインド太平洋戦略とにらみあう。ただし、地政学の理論からすると、中国はロシアに代わる陸上国家なのか、それとも何か別のものなのか、という問いを、まず検討していく必要がある。

中国は、多くの場合、地政学上の概念で陸上国家と見なされることが多い。しかしスパイクマンの修正概念を用いれば、中国は、地政学上の「両生類（amphibia）」に分類される地理的環境にある。中国は、大陸に圧倒的な存在感を持って存在している一方で、遠大な大洋に通ずる沿岸部を持っているからである。中国は、歴史上、大陸中央部からの勢力による侵略と、海洋での海賊等も含めた勢力による侵食の双方に、悩まされてきた。「一帯一路」構想は、ユーラシア大陸を貫く（中国影響圏の）複数の帯を放射線上に伸ばすだけでなく、大陸沿岸部にも中国から伸びる海洋交通路を確立することを目指している。

南下政策の伝統的なパターンを踏襲するロシアの影響力の拡張に対して、一帯一路は、ユーラシア大陸の外周部分を帯状に伝って、中国の影響力を高めていこうとする点で、異なるベクトルを持っている。ロシアのように、大洋を求めて南下しているのではない。中国は、資源の安定的な確保や市場へのアクセスを狙って、リムランドにそって影響力を広げていこうとしている。そこで一帯一路は、海洋国家群のインド太平洋戦略と、点上においてではなく、平行線を描きながら、対峙していくことになる。

２０１７年、スリランカのシリセナ政権は、中国からの支援を背景に内戦を勝ち抜いたラージャパクサ前政権時に累積した巨額の負債の処理に苦慮し、南部ハンバントタ港の運営権を99年間、中国企業に貸し出すことに合意せざるをえなくなった。同じようにインド洋に浮かぶモルディブでも、中国主導の経済開発が、政治的対立と結びつき、政情不安が訪れている。スリランカでは、もともとはラージャパクサ前大統領が中国に依存する傾向を持ち、シリセナ大統領はそれを是正する姿勢を見せていた。モルディブでも、中国との距離のとり方が、大統領派と反大統領派の政治対立に結びついている。インドを回避して、インド洋の「橋頭堡」を確保しようとする一帯一路あるいは「真珠の首飾り」（南シナ海、マラッカ海峡、インド洋、ペルシャ湾にかけての地域に軍事施設などを置く中国の政策）の戦略は、インド太平洋戦略と摩擦を起こしつつ、各国の内政にも影響を与えている。

◉超大国中国の影響

東南アジアでも似たような構図が生まれている。たとえばミャンマーのロヒンギャ問題は、現在の国際社会の一大関心事であり、欧米諸国はミャンマー政府を非難している。しかし具体的な対応策をとることができないのは、中国がミャンマー政府の後ろ盾となっている事情が大きいだろう。カンボジアのフン・セン政権の人権抑圧についても、あるいはタイの軍政や、フィリピンのドゥテルテ大統領の強権政治についても、中国の動きを計算に入れるのでなければ、各国は政策を進めていくことができない。

中国がさらに圧倒的な存在感を見せるのは、北朝鮮をめぐる問題においてである。巨大な島国である日本と、大陸の超大国である中国に挟まれた朝鮮半島は、古来より国際政治情勢に起因する大きな変動を被ってきた。ただし19世紀末から20世紀半ばまでは、日本の国力の増大によって、朝鮮半島全体が日本の影響下・支配下に置かれるという事態が起こった。この事態を打ち破ったのは、同じ海洋国家として、むしろ拡大しすぎた日本の影響力を警戒したアメリカであった。

アメリカは、日本を打ち破って占領統治した政策の必然的な帰結として、朝鮮半島の帰趨に関与することになった。朝鮮戦争以降、日本に代わってアメリカが、中国とにらみあいながら、海洋国家のプレゼンスを朝鮮半島に維持する役割を担うようになった。現在、北朝鮮の核開発問題をめぐっては、アメリカと北朝鮮の間の直接交渉を通じた打開策が模索されている。本来であれば、経済制裁によって脆弱化した北朝鮮に対して、アメリカは優位な立場にある。しかし超大国・中国が後ろ盾として存在しているかぎり、単純なアメリカ優位のままの事態の解決は容易ではない。一帯一路とアジア太平洋の戦略は、まず朝鮮半島から激突していると言ってよい状況である。なお、最近の日韓関係の悪化の背景に、こうした構造的な地政学的要因によって韓国の立ち位置が微妙なものになってきていることが関係していないとは言えないだろう。

なお中国は、さらにアフガニスタンや中央アジア諸国、さらにはアフリカ諸国に関しても、財政貢献や政治調停への参画に関心を持っている。特に大量の援助を投入してきたアフリカにおける影響力は、かつてないほどに大きい。もっとも今のところ、中国の影響力は、中東においてはまだ限定的だと言える。

急速な発展で超大国の一つと見なされるようになった中国が紛争多発ベルト地帯に対して持つ影響力は、まだ発展途上にあると言えるかもしれない。しかしその一帯一路の戦略が、アジア太平洋の戦略と、紛争多発ベルト地帯にまたがる形で摩擦を生み出していく傾向は、今後さらに増えていくだろう。

5 紛争解決の活動と仕組み

次に、本章で概観してきた現代世界の武力紛争に対応して、国際社会の紛争解決の努力の側から、地政学的な事情を考慮しつつ、見ていくことにしよう。

当然だが、紛争解決のための活動は、それぞれの紛争の状況に対応して、行われる。したがって武力紛争の発生状況に地域的な特性があれば、紛争解決の努力にもそのような特性が見られることになる。実際に、現代世界の国際平和活動は、大きな地域ごとの単位で異なるパターンを見せる傾向を顕著に見せている。その中で、地域の実情にあわせた分業と協働の体制が導入され、政治的状況を加味したバランス感覚が問われるようになる。

◉ＰＫＯ派遣地域の偏り

たとえば、今日の国連ＰＫＯの大部分はアフリカのサヘル周辺に展開している。アフリカのサヘル周辺以外の国連ＰＫＯは、冷戦期から続いているもので、ほとんどが停戦監視だけを主な任務とする１０００人程度の小規模なミッションである。なぜ国連ＰＫＯはサヘル周辺ばかりなのか。

第一に、紛争が起こっていないところには国連ＰＫＯは展開しない。アフリカのサヘルでは多発している。ただしサヘルだけが紛争多発地域ではないので、これだけでは十分な説明にならない。

第二に、安全保障理事会が国連ＰＫＯを当該地域へ派遣させることが可能であり、意味がある、と考えていなければならない。まずは安保理内部に、当該国への関心が存在していなければならない。より具体的には、常任理事会で当該派遣地域を担当する（pen-holder）国があるかどうかなどが、意味を持つ。サヘルでは、フランス語圏アフリカで紛争が多発している。そこで大規模国連ＰＫＯミッションが展開しているコンゴ民主共和国、マリ、中央アフリカ共和国については、フランスがペンホルダー国として担当している仕組みとなっている。南スーダンは、スーダン内戦を調停した包括的和平合意（ＣＰＡ）以来のかかわりから、アメリカが担当している。ただしダルフールについてはイギリスが担当している。これらの国々は、サヘル地域が対テロ戦争の行方とも密接に結びついていることをよく知りながら、国連を通じて介入している。加えて、アフリカでは、ＡＵ、ＥＣＯＷＡＳ、南アフリカ開発共同体（ＳＡＤＣ）、政府間開発機構（ＩＧＡＤ）などと、特性に応じた貢献の負担共有を図っていくことが比較的容易だ。

第三に、安全保障理事会が、国連ＰＫＯを派遣することに困難や不適切性を感じていないことが必要だ。シリアやイエメンでは、和平合意が存在しておらず、国連ＰＫＯが展開する前提となるものがない。それに加えて、安保理常任理事国が敵対的勢力に肩入れする形で事実上の介入行動をとっており、安保理が一致団結して動ける枠組みがない。アフガニスタンであれば、アメリカが集団的自衛権に基づいてアフガニスタン政府と協力しながら軍事作戦行動をとっており、国連ＰＫＯを求める理由がない。コーカサス地方は、ロシアの行動を問題視する形での国連ＰＫＯの展開は、ありえない。ウクライナその他のヨーロッパ地域では、もはや国連ＰＫＯの関与を検討する余地はなく、欧州安全保障協力機構（ＯＳＣＥ）やＥＵなどのヨーロッパの地域機構が中心的な役割を担う分業体制の考え方が、ほぼ確立されている。なお東アジアでは、中国の影響力が強すぎて、中国が率先して国連ＰＫＯを展開させるためのイニシアチブをとるのでなければ、安保理は躊躇せざるをえない。

　このように国連ＰＫＯの地域的偏りの背景には、国際政治の構造的事情を反映した理由がある。そしてそのような事情は、地政学的な環境や配慮によって、作り出されている。そのため国連ＰＫＯもまた地政学を踏まえた戦略的発想の中で、活動を進めていかなければならなくなっている。たとえば活動のほとんどがサヘル地域であるということは、サヘルの自然環境や文化的特性を踏まえた展開が必要だということだ。気候への慣れ、文化的理解、言語習熟度などを加味して、近年の国連ＰＫＯは、アフリカ諸国と南アジア諸国からの部隊貢献がほとんどを占めている。さらには「パートナーシップＰＫＯ」の時代を迎えて、ヨーロッパとアフリカの地域機構・準地域機構による活発な平和維持活動が、国際的な平和活動の潮流に大きな影響を与えている側面もある。端的に言えば、アフリカ大陸では、（準）地域機構と国連のパートナーシップ型平和活動が標準であり、ヨーロッパでは地域機構が主要な責任を引き受ける流れが確立されている。その他の地域では、大規模な国際平和活動は派遣されない。

◉西側諸国による平和活動

冷戦終焉以後の国際平和活動の歴史的推移を、確認しておこう。１９９５年デイトン合意を受けて始まったボスニア・ヘルツェゴビナにおける平和構築のプロセスにおいて、国連は存在感を見せられなかった。国連の威信が紛争中に著しく低下していたためである。デイトン合意を通じては、ＮＡＴＯやＯＳＣＥやＥＵなどのヨーロッパの地域機構に重要な責務を担わせる仕組みがとられた。さらにはヨーロッパ諸国が中心となって運営する上級代表事務所（ＯＨＲ）という新しい国際機関まで設立して国連主導の平和構築を回避する方法もとられた。この傾向は、コソヴォに対してＮＡＴＯの軍事介入が行われた後、ＥＵ法の支配ミッション（ＥＵＬＥＸ）など地域機構主導で平和構築のプロセスが進展したことによって、一層顕著なものになった。

21世紀に入ると、ヨーロッパの紛争処理はヨーロッパの地域機構が対応するほうが効率的であり、政治的にも望ましいという了解が広まっていく。ＥＵやＯＳＣＥやＮＡＴＯが数々のミッションをヨーロッパにおいて、さらには隣接する中央アジアにかけての地域で展開させていく時代となったのである。ＮＡＴＯはアフガニスタンにおいて２００３年以降の国際治安支援部隊（ＩＳＡＦ）の指揮権をとり、平和構築のプロセスに継続的な関与を示した。２０１１年にはリビアに大規模な空爆を行い、カダフィ政権の崩壊を促した。ＥＵもまた、コンゴ民主共和国やマリなどアフリカ大陸で数々の大々的な軍事介入や平和活動を行ってきている。

アフリカ大陸では、ハイブリッド・ミッションと呼ばれるＵＮＡＭＩＤを革新的な事例として、国連とＡＵの連携は多岐にわたる広範なものとなっている。西アフリカではＥＣＯＷＡＳが国連やＡＵと連携しながら活発な平和活動を行ってきている。２０１３年に設立されたＭＩＮＵＳＭＡは、ＥＣＯＷＡ

Ｓが組織したＡＦＩＳＭＡの活動を継承して設立されたものである。ＭＩＮＵＳＣＡは、ＡＵによるＭＩＳＣＡの機能を継承して設立された。ソマリアでは国連ＰＫＯの展開が果たされないまま、ＡＵによるＡＭＩＳＯＭが活動している。国連はＡＭＩＳＯＭのロジスティクス支援を目的にしたミッションだけを展開させた。

◉地域機構と国連

このようにヨーロッパとアフリカでは地域機構が活発に平和活動を行ってきているが、その国連との連携の仕方は異なる。国連は、ヨーロッパにおいては、大々的には関与せず、地域機構に主導権を預けている。アフリカにおいては、地域機構に先行の平和活動を行わせた後に国連がより大規模な平和活動を組織したり（時間的分業）、危険度が高い軍事活動を地域機構に担ってもらったりする方法（機能的分業）が試みられている。時間的分業の場合には、アフリカの地域機構の活動に従事していたアフリカ出身の要員を、国連ＰＫＯ要員として取り込んでいくことになる。機能的分業の場合には、国連が実施するにはなじまない軍事活動を地域機構が担い、文民職員中心の活動を国連が担うパターンが多くなっている。

このような違いには、地政学的な背景がある。ユーラシア大陸の西端の平野部に位置するヨーロッパにおいては、冷戦時代に培ったＮＡＴＯやＥＵの紐帯もあり、領域的広がりを持った安全保障空間が成立している。ボスニア・ヘルツェゴビナであっても、コソヴォであっても、ＥＵに加盟して正式にヨーロッパの一部となることが、平和構築活動の見取り図だとされてきたのは、そのためだ。これに対してアフリカのサヘルでは、砂漠の南端という地理的特性によって北方の国境管理体制が特に脆弱である中で、帯状に広がるがゆえにアフリカを北部・東部・西部・南部と分けるＡＵの機構体系にサヘル地域が合致せず、常に異なるやり方で、地域機構と準地域機構が国連とも協力して複雑な活動分担を引き受けていく仕組みをとらざるをえない。

◉平和活動の真空地帯

だがさらに別の地域になると、事情はまた異なってくる。中東では平和活動に機能的に従事する地域機構がないのが実情である。イエメンにおける空爆はサウジアラビアを中心とするＧＣＣ（湾岸協力会議）諸国によって行われているが、せいぜい軍事介入の際に地域機構の枠組みが援用されるかどうかというところであろう。たとえばシリアにおける戦争がいかに長引いていても、本格的な調停活動に乗り出す地域機構が存在していないというのが、中東の実情である。中東は国際的な平和活動の真空地帯になってしまっている。

この事情は、アフガニスタンを含む南アジアにかけての地域にも相当程度あてはまると言うことが可能だろう。アフガニスタンをめぐる戦争が長引いても、本格的な調停活動に乗り出す地域機構は現れない。南アジア地域協力連合（ＳＡＡＲＣ）はまだ平和活動を行っているとは言えない。もともと南アジアはインドとパキスタンという地域大国間の伝統的な確執を抱え込んでおり、地域機構が機能的な活動を行える素地がないのだとも言える。南アジアもまた、中東と並んで、国際的な平和活動の真空地帯になり始めている。

東南アジアでは、異なる事情から、地域機構の平和活動が活発ではない。この地域では武力紛争の数そのものが減少してきており、地域全般の安定化の流れと、ＡＳＥＡＮ諸国を中心とした国々の飛躍的な経済発展によって、国連が介入する必要性を失い始めている。冷戦終焉直後のカンボジア、冷戦時代からの懸案であった分離独立運動が処理された東ティモールの二つの事例を除いて、実は四半世紀という長さで見ても、東南アジアでは国連の平和活動の展開が起こっていない。21世紀になってからは、新規の国連ＰＫＯは、アジアでは設立されていない。ミャンマーやフィリピンなど、現在進展中の紛争問題が地域内に存在していないわけではない。だが、実際には、中国の積極的な関心がなければ、北東・東南アジアで国連ＰＫＯを展開させることは難しいという事情もある。

アチェで和平合意が達成された後に、ＡＳＥＡＮの限定的な関与が見られたが、基本的には現地政府と二国間援助の枠組みの尊重を基盤として、和平合意プロセスの支援が進められた。ミンダナオの事例も、同じように経済発展を遂げた現地の政府の意向を尊重し、せいぜい二国間援助を多国間で調整することをもって、国際的な支援の枠組みとする傾向が見られた。結果として、東南アジアでは国際的な平和活動の展開がほとんど見られないまま、武力紛争の数は減少し、いくつかの重要な和平合意も推進されるという情勢になっていった。

北東アジアは、日本の位置づけや朝鮮戦争の影響などの問題から、世界でも稀有なほどに地域機構が発展していない地域である。中国は、近年、上海協力機構（ＳＣＯ）の加盟国数と活動を拡大させてきているが、ＳＣＯはまだ平和調停活動を行うほどの機能は持っていない。超大国として影響力を行使し、国連安保理で拒否権を発動することができる中国に影響されやすい地域として、北東アジアは地域的な紛争解決の仕組みが発生しにくい構造を持つ地域となっている。北朝鮮の核開発問題をめぐり、アメリカと北朝鮮が直接交渉に乗り出したのは、地域的な解決枠組みが欠落しているためでもある。

なおオーストラリアを盟主とする地域秩序を維持する太平洋諸島フォーラム（ＰＩＦ）のオセアニア、そして古い歴史を持つモンロー・ドクトリンの地域秩序である米州機構（ＯＡＳ）の西半球世界は、それぞれの独自の事情を考慮した独自のやり方を維持しながら、独自の地域安全保障政策を推進する機構を持っている。実際に、たとえばソロモン諸島における平和活動にはＰＩＦが対応する措置がとられた。ＯＡＳは、ハイチやコロンビアの紛争調停にあたって、無視しえない役割を担ってきた。

このように地域それぞれの事情を反映しながら、国際平和活動は地域ごとに明白に異なる状況を作り出してきている。国連と地域機構との分業・協働が推進されているヨーロッパとアフリカでは数々の国際平和活動が展開している一方で、その他の地域では国際平和活動は停滞している。推進の場合でも、停滞の場合でも、地域ごとに実際の様子は異なっている。現代世界の紛争解決の仕組みは、ヨーロッパ、アフリカ、中東、南アジア、東南アジア、北東アジア、オセアニア、ラテンアメリカというように地域ごとに分化して論じていくのでなければ、把握することができないものとなってしまった。

◉パートナーシップＰＫＯの時代

このような現代世界における国際的な紛争解決の努力を、体系的に説明するとどうなるだろうか。そこに地政学的な発想は、関係しているだろうか。

２０１５年４月に公刊された事務総長報告書（S/2015/229）は、国連が他の国際機構と協力して国際平和活動を行うやり方は、例外的なものではなく、むしろ一つの規範となっていると指摘し、「パートナーシップ平和維持」活動の時代の到来を宣言していた[12]。その二カ月後、国連事務総長が設置した平和活動に関する独立委員会が公表した「ＨＩＰＰＯ報告書」（A/70/95-S/2015/446）は、新しい時代の国際平和活動の特徴の一つに、「パートナーシップの重要性」を挙げた[13]。

「ＨＩＰＰＯ報告書」は、武力行使を伴う手段でテロリズム対抗措置を国連がとることはない、と断言していた。なぜなら諜報・兵站・軍事能力の点で、国連は劣っているからだという。ただし、「非対称的な脅威」が存在するときには、必要な能力と訓練が施されるべきだとも主張した。そして兵力・警察力提供国は、国連の統合指揮下で行動する能力と意思を持っていなければならない、とした。「ＨＩＰＰＯ報告書」によれば、テロ対策措置は、現地政府や、地域機構や、国連安全保障理事会によって授権されたアドホックな連合体が遂行する。しかしそれにもかかわらず、国連もまた必要な能力と訓練を受けていなければならない。国連は国連なりにテロリズム対抗措置に貢献する。ただし国連と軍事的措置をとる他の機関との間には、明確な分業（division of labor）と役割の区別がなされていなければならない。つまり国連は、軍事活動をもってテロリズム対策を行うことに反対だから行わないのではない。より能力的に優れた組織があるから、あえて国連が不得意な役割を担うことを想定しないのである。より普通に考えれば、国連は地域機構や諸国連合が行う活動と事実上の協力体制をとって、国連に適した役割を進めてテロリズム対策を行う、というように解釈できる。

国連は、「対テロ戦争」の中核地域である中東では、平和活動を行わない。しかし、中東の外周部と言ってよいサヘルで国連が行っていることは、実態としては、対テロ戦争の側面支援である。現実に過去10年ほどの間で国連ＰＫＯ要員の敵性勢力の攻撃による殉職者数は増加した。要員の安全対策は大きな課題になっている。武力紛争の性格が地域的に異なる事情と、それに対応する紛争解決の国際的努力も地域的に異なる事情があり、国際的な分業体制が構築されてきている。だがそれはまだ実験的に構築中の仕組みであり、成功が約束されているわけではないだけでなく、また体系的な仕組みが確立されているとも言えないものである。

このような現実的な観察に基づく認識が、「パートナーシップＰＫＯ」の時代の到来の背景にはある。そしてそれは、現代国際社会における安全保障環境の変化を全般的に観察した結果でもある。

◉地政学に基づく安全保障空間

第二次世界大戦後の世界では、国連憲章が代表する新しい国際法秩序が確立された。ただし国連軍の創設まで計画された集団安全保障の仕組みは機能せず、冷戦時代には、東西両陣営がそれぞれの集団防衛メカニズムを集団的自衛権に基づいて確立した上で、相互に抑止を図る仕組みがとられた。多くの地域紛争が、両陣営の集団防衛メカニズムの外側の新興独立諸国で発生した。

この仕組みは、冷戦の終焉によって、大きな変質を迫られた。まず集団安全保障は、依然として十分とは言えないものの、少なくとも頻繁に活用されるようにはなった。１９９１年湾岸戦争の事例の後、個別の事情に応じたアドホックな安保理による憲章７章の強制措置の発動というやり方が、繰り返し援用されるようになった。

次に、東西両陣営の集団防衛体制がにらみあう構図は消滅した。ところがそれはＮＡＴＯの活性化を代表例として、世界各地の地域機構の平和安全保障分野の動きの活性化をもたらした。地域機構は、時には安保理の授権を受けて集団安全保障措置を部分的に実施する仕組みとして、時には集団的自衛権に訴えて地域的な紛争解決措置を実施する仕組みとして、広範かつ柔軟に活動するようになった。しかも、もはや地域機構という総称が極度の単純化にしか見えない程度にまで、地域機構の種類は多様化した。ヨーロッパのように、政治情勢に応じて加盟国の広がりが異なる多種の地域機構が活用される場合もあれば、アフリカのように、地域機構と準地域機構が体系的に分化する仕組みがとられる場合もある。

現代世界では、活性化した集団安全保障と、広範に活用されてきた集団的自衛権を媒介にした地域機構の仕組みが、階層的に結びついて、新しい国際的な安全保障空間が作り出されている。こうした地域の実情に応じた複雑な仕組みの積み上げを通じた国際安全保障の体系化は、地政学的な視点からの各地域の動向の把握を踏まえなければ、単に混乱したやり方にしか見えないだろう。しかし多様な要素が、階層性を持ちながら、普遍的な国際安全保障体制と矛盾なく存在しつつ、地域ごとに地域の特性に応じた柔軟な仕組みをとっている現状は、地政学的な視点からすれば、非常によく理解できるものである。

本章は、地政学の視点が、紛争分析にどのような視点をもたらすのか、について探求した。そして本章は、地域ごとに独特の性格を持ちながら、相互に連動もしている現代世界の武力紛争の構造は、地政学的な視点による分析を必要不可欠としている、と論じた。さらに紛争解決の政策を分析するにあたっても、武力紛争の構造的事情に応じた視点が必要であり、やはり地政学的な視点が有益であると論じた。

現代世界の武力紛争は、深刻さの度合いを高め、さらにいっそう複雑な様相を呈している。まず現状を体系的に理解するだけでも、慎重な分析を必要とする。地政学がすべての疑問を解消するわけではないが、一つの有益かつ必要性の高い視点であることは間違いのないことであるように思われる。

注

(1) 篠田英朗(2015)『国際紛争を読み解く五つの視座――現代世界の「戦争の構造」』講談社。
(2) 篠田英朗(2013)『平和構築入門――その思想と方法を問いなおす』筑摩書房。

（３）ポール・コリアー（２００８）『最底辺の10億人』中谷和男訳、日経ＢＰ社。
（４）Ｈ・Ｊ・マッキンダー（２００８）『マッキンダーの地政学——デモクラシーの理想と現実』曽村保信訳、原書房、88-１００頁。
（５）篠田英朗、前掲書、『国際紛争を読み解く五つの視座』２１１頁。
（６）篠田英朗（２０１７）「アフリカ諸国による国際刑事裁判所（International Criminal Court: ICC）脱退の動きの国際秩序の視点からの検討」『国際関係論叢』第６巻第２号：25-45頁。
（７）アンサル・ディーンは、マリを拠点とする過激派団体である。ＡＱＩＭは、アルジェリアで設立された過激派組織であり、マリやニジェールで頻繁にテロ攻撃を起こしている。
（８）Human Development Report 2016, UNDP, 2016.
（９）ＪＮＩＭは、アル・カイダのAyman al ZawahiriとタリバンのMullah Haibatullahに忠誠を誓う。
（10）Ｈ・Ｊ・マッキンダー「地理学からみた歴史の回転軸」、前掲書。
（11）ニコラス・スパイクマン（２００８）『平和の地政学——アメリカ世界戦略の原点』奥山真司訳、芙蓉書房出版。
（12）UN Security Council. (2015) “Partnering for Peace: Moving towards Partnership Peacekeeping,” April 1, 2015. S/2015/229: 17.
（13）UN General Assembly Security Council. (2015) “United Nations, Uniting our Strengths for Peace－Politics, Partnership and People: Report of the High-Level Independent Panel on Peace Operations,” June 16, 2015. A/70/95–S/2015/446.

第Ⅱ部

規範・制度で考える

第4章

人権の普遍性とその濫用の危険性

——人権概念の発展と地政学

熊谷　奈緒子

1　ヨーロッパ近代から現代へ——人権概念の誕生と発展

◉人権と主権国家の関係

地政学は、その学問としての発展と実践において、人権への視点を含むことはほとんどなかった。地政学は、軍事力を中心とした国力で国益を追求する領域国家の行動様式と国家間の競合的関係を、特に地理的要素に注目して分析する。地政学は、国民や民族といった集合体への視点を持ちながらも、理性と自立性を持つ個人への観点は持たない。

しかし、人権と地政学の主な分析単位であり主体である国家との間には、規範的矛盾が存在し、人権自身も内的矛盾を抱えていた。

まず、人権概念は、国家の個人への介入について、国家権力の専制から個人の人権を保護するという自由権として生まれたが、そもそも機能する国家がなければ、法律も強制力も不在の無秩序に陥り、人権自体は実体的に存在しえない。人権は秩序の下でこそ保障され、その秩序は国家によって提供される。すると、国家は秩序のために、どこまで人権を制限できるのかという問題が生ずる。

また、人権の中でも自由権と社会権とでは、国家の個人への介入の程度について異なる見解が存在する。社会権は自由権と違い、人間が人間らしく生きてゆくための、より積極的な国家の個人への介入を促す。

次に、人権は、国家主権との間に緊張関係を持つ。自然権に基づく人間固有の人権は、普遍的であり、国を超えて世界で平等に保護されることが前提となる。しかし国家主権の下、人権保障は国家に大きく依存する。非民主的政府や、紛争下の政府機能麻痺の下で、人権の保障は大きく損なわれる。

さらに、人民の自決権としての人権が、民族の分離独立として表れると、国際社会における国家主権平等、領土保全、そして時には武力不行使の原則と矛盾する。自決権が人権を侵害することもあった。

こうした人権と国家の様々な規範的矛盾と人権の内的矛盾は、国際政治の多様な現象として表れ、そうした矛盾は、その時々の歴史的条件や国家間権力関係によって調整されてきた。

本章は、人権と国家の規範的矛盾と人権の内的矛盾が、近代ヨーロッパから今日にいたる地政学の現実と人権規範の発展に与えてきた影響を、時系列に考察し、そこに表れる傾向を、人権の脆弱性、過激性をも含みながら見極め、今日における趨勢を考える。

◉人権の考え方の歴史

人間の理性に基づく自立の尊重を謳《うた》う人権の考え方の素地は、西洋の歴史上存在してきた。古代ギリシャではプラトンやアリストテレスが人間の理性を前提に統治のあり方を考え、そしてキリスト教支配の中世ヨーロッパにおいても、トマス・アクィナスが神の摂理の支配の中に現世の人間の理性による秩序を認めてきた。

人権は制度としては、国王の専制からの教会や領主の保護という側面でまず表れた。イギリスのマグナ・カルタが１２１５年に封建諸侯の権利、都市の交易と関税の自由、そして教会の国王からの自由や不当な逮捕の禁止も定めた。１６２８年の「権利の請願」は、課税に議会の承認を要求し、さらに貴族のみならず国民という視点に立ち、自由人は不当に逮捕されないという国民の権利を確認し、１６８９年の権利章典は、立法権に加えて軍事権そして王の任命権をも議会が持つこととし、国の統治のあり方における被統治者の関与が権利として定められた。

◉自然権の登場と国家間関係への影響

この17世紀半ばには、個人の自然権という思想が登場し、国家と個人の関係の考えが個人の権利から導き出され、王権神授説とは異なる国家統治の原理が理論づけられた。イギリスの哲学者トマス・

ホッブズは、万人の万人による闘争という状況を克服するために、自己保存の本能から、個人が、自然権を主権者である国家に委ねる契約をしているという国家と個人の関係を打ち出し、国家が個人の安全を守るという考えを出している。さらに同じくイギリスの哲学者ジョン・ロックも、国家と個人の関係の考えを個人の生命・自由・財産という自然権から導き出した。個人は自然権を守るために社会契約の下、その一部を政府に信託して国家を作っており、国家が主権の存在する人民の自然権を侵害する場合に、政府を覆す権利があるとした。

18世紀には自然権に基づく人権の考えは憲法で謳われるようになる。人権は、１７７６年のバージニア州憲法に最初に表れ、そしてフランス革命で、憲法制定国民議会が１７８９年に採択した「人間および市民の権利の宣言」にも表れた。これらは人間固有の自由、所有権、安全、圧政への抵抗などの自由権を謳い、その保護のために人民主権、法の支配、権力分立を国家制度の根幹とした。

個人の自由を謳ったフランス革命は、オーストリアなど近隣の王政諸国の介入を招いた。しかし、フランスは国民皆兵の考えを通じて国民国家体制を強化し、それはナポレオン戦争時のナポレオン軍の欧州各地への進出の一助となった。

しかし自由主義の考えが、人権として国家間関係の規範となるのは、20世紀半ばであった。国家間関係の秩序は、17世紀中頃の近代ヨーロッパでは、各領域国家が主権を持つ対等な主権国家体制のウェストファリア体制として成立した。中世のローマ教皇の宗教支配が、キリスト教新旧両派の対立から始まった30年戦争を経て終了したのである。さらに１７１３年のユトレヒト条約は、ヨーロッパ諸国の勢力均衡を明文化し、国家が国家理性に基づき行動する勢力均衡政治の基礎となった。

1789年のフランス革命の自由主義に端を発して、次第に帝国主義的に展開したナポレオン軍の大陸席巻とその敗北の後、ヨーロッパの勢力均衡はウィーン体制として回復された。それは、王政諸国による自制と均衡の精神に基づいた「正統主義」の共通価値、そしてヨーロッパの18世紀的理性の「文化的紐帯」にも支えられていた。「均衡による協調」の国際秩序であった。[1]

19世紀中盤からは、「正統主義」に代わり、「国民主義」に基づいた国家間均衡が表れる。複数の国家に分かれている民族が統合して一つの国を作るというドイツやイタリアの国民主義の波である。これらは、フランス革命がもたらした自由主義や近代市民社会の考えの影響である。ドイツの場合、産業革命を経て国力を増大させたイギリスへ対抗すべく、ドイツ連邦を経済的に統一する必要にも迫られた国民統合でもあった。このような中での国家間関係は、ナショナリズムに基づく勢力均衡へ変化してゆく。[2]

◉戦争における人権

ヨーロッパ諸国は、その域外のアジア・アフリカでの勢力均衡である帝国主義的植民地競争においては、文明化したヨーロッパによる未開の非ヨーロッパ圏の主導という理念を共有した。しかし、文明の支配とはいえ、その現実は人道的支配ではなかった。

しかし人道的規範は、ヨーロッパ大陸そしてアメリカでの19世紀の国民国家形成過程の戦争の中で、交戦法規としての人道法として発展し始めた。アメリカの南北戦争時に、戦時の慣習や規則は「リーバー法」として１８６３年に法典化された。オーストリア・サルディーニャ戦争後の１８６３年には、人道支援を目的とする赤十字国際委員会が発足した。さらに19世紀後半の列強対立激化の懸念から開かれた１８９９年と１９０７年のハーグ平和会議は、人道法を進展させた。

さらに、第一次世界大戦後１９２０年設立の国際連盟は、戦争自体の抑制を制度化した。平和的紛争解決の義務化と３カ月の戦争モラトリアム、戦争に訴えた国への制裁を含む集団的安全保障を制度化した。１９２８年の不戦条約は戦争自体を禁止した。

第一次世界大戦後にはウィルソンやレーニンが、19世紀の列強帝国支配に代わる新しい国際秩序をそれぞれに念頭に置きながら、民族自決を唱えた。しかしそれは戦後講和のヴェルサイユ体制下では、敗戦国の支配下の東欧諸民族や、崩壊したロシア帝国下のバルト三国やフィンランドにのみ適用された。戦勝国が保持していたアジア・アフリカの植民地支配は続いた。

第二次世界大戦の勃発は、避けられなかった。第一次世界大戦での敗戦後の領土縮小と莫大な戦争賠償に苦しんだドイツや、欧米と中国における権益をめぐり競争していた日本は、それぞれヨーロッパとアジアで領土拡張を図る。そして既得権益国である連合国とそれぞれヨーロッパとアジアで戦った。

◉世界人権宣言——国際的価値としての人権の確立

５０００万人を超える死者を出した第二次世界大戦を教訓に設立された国際連合は、国際平和と安全の維持を目的とし、基本的人権の尊重のための国際協力を唱えた。国連憲章は、まず国際関係の原則として、加盟国の主権平等という形での大小各国の同権、領土保全と政治的独立、武力の威嚇と行使の禁止、国内管轄事項への不干渉原則を謳った。自衛権と集団的安全保障の行使のみが武力行使禁止の例外とされた。そして、全体主義下での抑圧の経験をも教訓に、人種、性、言語、宗教による差別のない人権保障を、国連は国際的に初めて確認した。

　基本的人権を具体的にした１９４８年の世界人権宣言は、すべての人間が、生まれながらに尊厳と平等で譲ることのできない人権を持つという人権の固有性を、初めて公式に認め、すべての人民とすべての国とが達成すべき共通の基準を表明した。その起草過程では、人権の思想的根拠をめぐって、様々な道徳、宗教、イデオロギーの国々の間で議論があった[3]。共産主義者は神という言葉を否定し、さらに各宗教ごとの神と人間固有の人権の関係についても見解は分かれた。結局、世界人権宣言の起草委員会は、人権の根拠は宣言に明記しないことで論争を収めた。

　世界人権宣言は、人権概念の普遍性を理念的に担保したと言えよう。冷戦がすでに開始されていた時期に決議された世界人権宣言は、旧ソ連圏諸国やアパルトヘイトの南アフリカ、厳格なイスラーム教のサウジアラビアの棄権はあったものの、反対票はゼロであった。世界人権宣言は、後に１９６６年の経済的、社会的および文化的権利に関する国際規約や市民的および政治的権利に関する国際規約をはじめ、人種差別の撤廃、女子差別の撤廃など法的拘束力を持つ具体的な人権条約の基盤となった。

　こうして第二次世界大戦を経て、人権は否定せざる国際的価値となった。しかし次に見るように、人権規範は、冷戦下の国家の地政学的競合に大きく影響された。

2 冷戦下の地政学と人権

◉集団的安全保障体制と米ソ冷戦対立

国際連合は、国際の平和と安全のための諸原則を保障するべく、集団的安全保障体制を打ち立てた。領土不可侵原則を侵した国に対しては、体制内の他の国々が力を結集して侵入を止め、被侵入国を守るという力の原理に基づく体制である。

しかしこの体制は、資本主義アメリカと共産主義ソ連の冷戦対立の前にほとんど機能しなかった。国際平和と安全に関する中心的な意思決定機関である国連安全保障理事会では、力とイデオロギーで対立する米ソが、それぞれ常任理事国として拒否権を持っていたためである。米ソのイデオロギー的軍事介入である１９５６年のハンガリー動乱、１９６８年のプラハの春、アメリカのグレナダ、ニカラグア軍事侵攻、米ソの代理戦争であるベトナム戦争（第二次インドシナ戦争）などに集団的安全保障は対処することはなかった。

◉冷戦対立における人権

冷戦下の米ソのイデオロギー対立は、両陣営の人権概念の理解の相違となっても表れていた。共産主義を目指すソ連は、社会主義国家を、ブルジョワ国家と違い個人の生活の保障を果たすと位置づけ、国の施策により認められる社会権のみを認め、国家権力の濫用に対する個人の保護を保障する自由権を制限した。自由権は社会主義体制を脅かし、また内政干渉を招きかねないという恐れをソ連は持っていた。一方、資本主義を唱えるアメリカと西欧の同盟国の西側陣営は、個人の生活に国家権力の干渉を受けないという自由権、そして市民的および政治的権利の重要性を強調した。

◉自決権と植民地独立

冷戦期には自決権がその理念と実践において大きく発展した。国際社会は、人民の自決を原則そして権利として確立した。被支配民族の自決として植民地独立が相次ぎ、新国家が多く誕生した。

１９４５年成立の国連憲章は、当時アジア・アフリカで依然として植民地宗主国であった英仏などの宗主国の意向で、植民地独立を憲章に盛らず、自決もあくまで「原則」とした。世界人権宣言も自決権は盛り込んでいない。しかし、第二次世界大戦直後からアジアでは、インドネシアやビルマ（現ミャンマー）など、独立闘争を通じて独立を勝ち取る国もあり、植民地独立の機運は高まる一方であった。国連総会は、１９６０年に「植民地独立付与宣言」を決議し、人民の自決を「権利」として認めた。自決権は、自由権、社会権の前提として、個人の所属する集団の政治的地位の自己決定権があり、それに基づいて経済的社会的文化的発展を自由に追求できるという考えである。自決権は、アフリカに押し寄せていた独立の動きの強い後押しとなり、「宣言」後も独立の動きは続いた。東西両陣営が合意した1966年の国際人権規約共通第1条1項も自決権を保障した。

ただ自決権行使としての植民地独立の過程では、アルジェリアのように旧宗主国に対する熾烈な独立闘争もあり、多くの命が失われた。

また新独立国の多くでは、国内での人権侵害が蔓延した。新独立国では、人工的な国境線の中に存在する多様な民族を統合する過程で権威主義的統治が生じ[4]、独立運動の過程に起源を持つ一党優位体制が続き[5]、それらは腐敗、汚職、それに伴う様々な人権侵害と民主化の後れとなった。ただ、留意すべきは、欧米が主に19世紀に経験した国民国家統合過程においては問われなかった人権尊重を、20世紀中盤以降の新独立国は、その国民国家統合過程で求められるという現実である[6]。

多くの新独立国の誕生は、非同盟諸国運動につながり、冷戦下、米ソ陣営とは別の存在となった。非同盟諸国は、米ソどちらの同盟にも公式に属さない中立的な立場として1961年に団結した。国の独立、自主、平和に基づく世界秩序を目指し、反植民地主義を謳った。さらにこの団結は、米ソの世界各地における覇権主義への反発でもあり、反帝国主義も標榜した。約3年に1度の非同盟諸国会議のサミットを通じて、そして一国一票制度の国連総会で数の論理を十分活かし、結束力と発言力を高めた。冷戦後の今日も、非同盟諸国会議のメンバーは国連加盟国の3分の2を占める。

非同盟諸国会議は、冷戦終結後も結束を維持し、冷戦終結によってこそ国際的政治的課題となりえた人種差別撲滅、大国の干渉や武力での威嚇への抵抗、貧困撲滅、環境保護などの課題へ取り組んでいる。また、国連改革、特に国連安保理の民主性と透明性の向上を、今日も要求している。

◉自決権と天然資源への主権

国家の発展のための自己決定権である自決権は、資源保有国の資源への主権の回復という資源ナショナリズムとしても表れた。産油国や新独立国は、先進国や旧宗主国の多国籍企業による自国の資源開発の支配が、自国の経済発展を阻害していると考え、外国企業の活動への規制と、自力による開発と利用の権利を強調していた。しかしイランの石油会社やエジプトの（スエズ）運河の国有化の試みは、英米仏などの先進国の介入を招き、内政不安や地域紛争につながっていた。

国連総会が１９６２年に合意した「天然資源に対する恒久主権」は、人民が自国の天然の富および資源を、その国民的発展と福祉のために、自由に処分できることを明確化した。それは60年代、70年代の資源の国有化の流れの後押しとなった。

しかし、後に資源ナショナリズムは、資源価格、供給への支配力という外交手段ともなり、国際関係に緊張ももたらした。またエネルギー資源埋蔵地域の政情不安、紛争、テロ脅威などの地政学的リスクが、外交手段としての資源ナショナリズムをさらに刺激することもあった。１９７３年の中東戦争時に、アラブ石油輸出国機構は、敵であるアメリカや親イスラエル国へ石油禁輸を行った。最近では、日本の尖閣諸島に対して領有権を主張し始めた中国が、資源保護を名目にレアアースの対日輸出を規制した。

◉人権の東西共通理解から冷戦終結へ

　１９７０年代、ソ連の地政学的動機が契機となって米ソ相互の人権理解が促進され、それがさらに冷戦終結という大きな地政学的動きを生み出した。１９７５年に米ソ両陣営出席の下、ヘルシンキで開催された全欧安全保障協力会議（ＣＳＣＥ）での合意で、ソ連は従来認めてこなかった自由権を認めた。そしてそれは冷戦終結につながっていった。

　ソ連は第二次世界大戦の戦勝国として、大戦結果に生じた国境変動を維持し、そして冷戦下の勢力圏確定に基づく安全保障を追求することを目的として、全欧州での安全保障会議を考えていた。１９７０年代初頭には、そのような会議を開催できる国際的環境が整いつつあった。西ドイツ・ブラント首相の東方外交、欧州の全国境に対する相互の武力不行使を誓った１９７０年のソビエト・西ドイツ武力不行使条約、１９７２年の東西ドイツ基本条約成立による両ドイツの相互国家承認、そして１９７３年の両ドイツ国連同時加盟など、欧州全体の緊張緩和があった。さらに１９７２年の米ソ間での戦略兵器制限交渉合意にも表れたデタントの影響もあり、両陣営間の安全保障の議論のための環境は整いつつあった。

　ソ連は、安全保障会議開催のために、西側からの自由権受け入れ要求を受けたのである。ソ連は、アメリカとカナダの会議参加を受け入れ、会議に人権や人と情報の交流についての議題を加えることに同意した。ソ連、アメリカ、カナダ、そして全欧州国（アルバニアを除く）が調印したヘルシンキ最終合意で、ソ連は国境不可侵の要望を実現する代わりに、自由権を受け入れた。[7] 最終合意は、基本的人権が「人間固有の尊厳から生じる」ものであり、「思想、良心、宗教、信念の自由を含めた人権および基本的自由の尊重」（ヘルシンキ最終合意書第7原則）を認めた。ヘルシンキ合意は、東西欧州の全国境の固定化、東西の経済交流協力の促進、そして自由や人権の向上のための国際協力促進をも含んだ。

ヘルシンキ合意は、社会主義陣営の体制変化の誘発要因の一つとなり、結果的に東西冷戦終結につながった。１９８５年にソ連共産党書記長に就任したゴルバチョフは、ペレストロイカやグラスノスチでソ連国内体制を改革し、東欧の民主化運動は１９８９年にはハンガリー、チェコスロバキア、ブルガリアで共産党一党独裁体制崩壊を招き、それにつれて東欧社会主義圏の崩壊、ベルリンの壁の崩壊、そして同年12月のアメリカとソ連の首脳会議での東西冷戦終結の宣言となった。ロシアの外相コズイレフは、ＣＳＣＥプロセスが東欧諸国やソ連の体制変革の触媒ともなったと１９９２年のＣＳＣＥヘルシンキ首脳会議で語ったという。[8]

3　冷戦後の地政学と人権

◉人権の普遍性の国際的確認

冷戦後に旧ソ連圏での民主化が進み、国際社会は、人権の普遍性を確認し、国際的人権保護体制の強化に努めた。基本的人権の普遍性を謳った1993年の「ウィーン宣言および行動計画」には、171カ国が同意した。「行動計画」は人権保護を「国際社会の正当の関心事項」として、人権が公平かつ平等で同一の基礎に基づいて、全地球的に扱われなければならないと定めた。さらに「行動計画」は自由権と社会権の相互依存性も確認した。

◉民族紛争と人道的介入

冷戦の終結は、人権の普遍化を導くと同時に、東欧やアフリカでの民族紛争の遠因ともなった。冷戦を闘う大国による「管理」や「抑圧」が緩み、今まで抑えられていた様々な民族や部族の潜在的対立が、権力闘争も含みながら噴出した。

しかし冷戦の終結は、国連安保理の機能を回復させ、人権の普遍化は、特に自由権の国際理解を確かなものにした。そこに、ある国の国民が受ける大規模かつ深刻な人権侵害を阻止するために、他国が強制的に介入するという人道的介入の概念と政策が発展してきた。これは、在外自国民の生命、身体、財産の保護を目的とした「在外自国民保護のための人道的干渉」とは違い、自国民以外の人権保護のための他国介入である。

ここに人権と国家主権のジレンマが存在する。他国への介入は、主権平等、武力の不行使、領土保全、そして内政不干渉原則といった国際規範の原則に反する。しかし人権保護のためにこれら諸原則が妥協されうるという考え方が、人権意識の高まりとともに生まれた。

そのジレンマの中で、人道的介入の規範的合意は、人権と国家主権の理念的関係の解釈と、実際の介入評価が相互に影響しつつ慎重に積み重ねられてきた。人道的介入の最初の例は、１９９１年のイラク北部で迫害を受けていた少数民族クルド人の保護であった。国連安保理は、多数の死者と難民を生んだイラク政権によるクルド人の迫害を、国際平和と安全への脅威と認定し、イラクに迫害の停止と人道的支援にアクセスを与えることを要請した。人道的介入はイラクに引き続き、ハイチ、ソマリア、ボスニア・ヘルツェゴビナ、ルワンダ、コソヴォ、東ティモール、リベリア、シエラレオネ、そしてリビアなどで行われてきた。

人道的介入の理念は、人間中心の視点への国際的関心の高まりにも支えられた。国連開発計画（ＵＮＤＰ）が、それぞれ１９９０年と１９９４年に提唱した「人間開発」と「人間の安全保障」の概念は、開発や安全保障を一人ひとりの人間の視点からとらえ直し、飢餓・貧困・疾病・抑圧等の脅威に焦点をあてるようになった。

国家主権と領土を中心とした伝統的安全保障に対する人間中心の視点の背景には、1990年代の民族紛争の大規模な犠牲があった。国連事務総長アナンは、1999年の国際総会に際して、個人の人権のために国家介入するという国家主権を超える国際規範の発展を訴えた。アナンは、国家主権に対して個人の主権（individual sovereignty）の重要性が高まり、国家が個人に仕える時代になったと指摘し、従来の国家主権尊重の考えが、国連の本来の目的の一つである人々の基本的自由の達成に必ずしも寄与しないと論じた。[9] そして安保理が1994年4月に虐殺が始まっていたルワンダに介入しないと当初「合意」しており、介入が6月に遅れ、80万人近い犠牲者が出たこと、そして1999年にNATOが、安保理の承認なくコソヴォへ人道的介入をしたことの二つの事例をもとに、人権を追求する諸国家の結束を広く国益と見なしながら、同時に国家主権介入の濫用を避けるようにとアナンは訴えた。アナンは、1999年の国連総会開幕の数日前に安保理が合意した東ティモールへの危機への人道的介入を挙げ、国際社会の結束の成功例であると指摘した。アナン事務総長はその主権論を、2000年にも展開する。介入にまつわる国家主権と人権のジレンマを認識しながらも、人道に対する罪を国家主権は匿うことはできないとし、安保理が行動する道徳的義務を説いている。[10]

この考えは、国家の「保護する責任」という概念を導き出した。冷戦後の紛争の多くが国内紛争で、市民の犠牲を伴っていることを認識したカナダ政府[11]が設置した「介入と国家主権に関する国際委員会(ICISS: International Commission on Intervention and State Sovereignty)」は、国家の人道的介入を保護責任の面から説いた。[12] これは、主権国家は領域内の人々を保護する責任を持つが、そうした意思を持たない、もしくは保護できない場合には、その責任は広く国際社会が負わなければならない、という考えである。これは主権平等に基づく内政不干渉原則を乗り越えたとも解釈しうるが、根本的には、国家が個人を守るという17世紀以来の社会契約説に基づいた古典的立憲主義に基づく考えである。(13)

しかし、多くの国は、「保護する責任」に慎重であった。人道的介入は主権平等と内政不干渉の原則を揺るがすと解釈し、特に旧植民地国側は、旧宗主国の帝国主義的行動への警戒を表した。慎重論の背景には、ルワンダへの介入の後れに表れたような人道的介入の実施の面での選択性や二重基準、またボスニア・ヘルツェゴビナへの国連平和維持軍の人道的介入が提示した介入軍の能力の問題、ソマリアの米軍のように撤退の時期も含めた軍事戦略の問題、コソヴォへの人道的介入の空爆が生み出した付随的効果としての難民問題などの経験があった。人道的介入の実践をめぐるこうした問題は、２０１１年のリビアへのＮＡＴＯの人道的介入に引き続いたさらなる混乱においても見られる。

結果として、２００５年の国連での世界サミットや、翌年の安保理でもなんとか合意された（SCR 1624)「保護する責任」の内容は、当初のアナンやＩＣＩＳＳの考えを限定し、軍事的介入だけではなく、外交的平和的手段による予防にも重点を置いていた。(14) 実際、「保護する責任」の対象となる事態も、大量虐殺、戦争犯罪、民族浄化および人道に対する罪と特定化された。そして、まず国家自体がその自国民を「保護する責任」を挙げる。世界サミットの成果文書では、「保護する責任」は、「憲章下の武力行使」の部ではなく「人権と法の支配」の部に置かれた。次の潘国連事務総長の下では、保護する責任は、軍事介入よりも、人権侵害根本原因の予防や、国家の能力構築のための国際的支援の責任を中心として議論が展開された[15]。

人権保護のために国家主権を侵して強制的に介入できるという考えは、厳格に条件づけられた。そして昨今のシリアのケースのように、実践されていない。

◉民族紛争における文民保護

冷戦終結後の民族紛争は、文民の犠牲が多く、紛争下における「文民の保護」が国際的規範として発展した。赤十字国際委員会の２００１年の発表によれば、第一次世界大戦における兵士９名の死亡に対し文民の死亡は１名であったが、それが今日の紛争においては逆転し、兵士１名の死亡に対し、文民の死亡は10名という[16]。１９９４年ルワンダ虐殺や１９９２~95年のボスニア・ヘルツェゴビナ紛争においては、文民の被害は殺害、ジェノサイド、性暴力と多岐にわたった。またおびただしい数の難民も生み出した。

文民保護は国際人道法上の義務であったが、ポスト冷戦期には、平時に適用される人権保護の面からも強化された。ポスト冷戦期に増加した民族紛争は、戦時と平時の区別は不明確であり、戦闘の直接的な結果としての死傷だけではなく、政治・法秩序の崩壊、治安の悪化、そして安全保障的空白も生んだ。そしてそこにおいて性的暴力や執拗な民族的暴力、人間の尊厳に対する多様な形態の攻撃による人権侵害が生じた。

人権は、国際人道法の「付随的な損害」の弱点を補完することができる。人道法上、非戦闘員の殺害と傷害は、付随的な損害としてある程度容認されてきたが、人権規範は、あらゆる状況における個人の安全と尊厳に対する攻撃を禁止する。[17] さらに国際人道法は、主権国家の権利義務について主に規定するが、人権では、権利が属する個人が、自らの安全について、政府に対して積極的に要請する力を持つ法主体である。

１９９９年の国連安保理決議１２６５は、紛争における最大の被害者が文民であること、それが長期的な平和復興に多大な影響をもたらすことを認めた。その上で、紛争当事者の人道法、人権規範の遵守を訴え、難民や国内避難民も含めた文民のための法的保護と、平和維持活動両方での人道支援の徹底の必要性を説いた。さらに、紛争の予防解決に長期的観点から取り組むべく、経済成長、民主化、法の支配と並んで人権保護の確立を訴えた。

文民保護では、特に女性と子どもの権利の向上に関しての国際規範の発展がある。両者共に性的暴力、誘拐、そして兵士としての搾取の被害に晒された。女性の権利については、１９７９年の「女性差別撤廃条約」では言及されていなかった女性に対する暴力と性的搾取問題の重要性を、１９９３年６月のウィーン世界人権会議が強調し、さらに武力紛争時における女性の殺人、組織的（集団）強姦、性的奴隷、強制的妊娠が、国際人権法および国際人道法の蹂躙《じゅうりん》であることを認め、効果的な責任追及を要求している。当時会議開催地ウィーンから数百マイル離れたボスニアで続いていた内戦における特にムスリム女性への組織的性暴力は、ＥＣ（欧州諸共同体）の調査や国際メディアの報道により国際社会に伝わっていた。１９９５年の国連主催の北京世界女性会議は、女性への暴力と紛争状況下における女性の権利侵害対策を行動綱領化した。

２０００年には、国連安保理決議１３２５が紛争が、女性に特有の影響を与えることを認め、紛争予防、紛争後の平和構築国家再建、責任者処罰における政策策定と施行への女性の視点の考慮、女性参加の促進を訴えた。歴代国連事務総長のガリやアナンが提唱してきた平和構築（peace-building）の諸方法には、女性への視点は含まれていなかった。

戦時下の子どもの保護に関しては、子どもの生存権、教育権、身体的、精神的、道徳的および社会的な発達のための相当な生活水準についての権利の侵害が問題となってきた。特に、子ども兵士の保護策が、強化されてきた。１９９０年に発効した子どもの権利条約の第38条は、15歳未満の子どもが敵対行為に直接参加しないことなどを規定している。２０００年の子どもの権利条約の選択議定書は、規定をさらに厳格化し、18歳未満の子どもの軍および武装グループへの採用、敵対行為への参加を禁止した。さらに２００７年に、フランス政府とユニセフが主催した国際会議で合意されたパリ原則は、子ども兵士を「軍又は武装グループにかかわる子ども（ＣＡＡＦＡＧ）」と広く定義し、保護対象を広げた。子どもの戦闘への参加のみならず、軍や武装グループによる子どもの調理人、荷物の運搬係、伝達係、スパイとしての利用、性的目的の利用を禁止した。[18]

◉紛争下の戦略としての女性と子どもへの暴力

しかし、これらの一連の国際合意にもかかわらず、紛争下における女性や子どもの権利侵害は続いている。紛争下における性暴力の圧倒的被害者は、女性と子どもである。紛争下の性暴力についての国連事務総長の年次報告の２０１９年3月の最新の報告においてもアフリカ、中央アジア、中東、南米などで紛争下における、とりわけ女性への性暴力が多数報告されている。[19] 子ども兵士の数も一部では増えている。子どもと紛争に関する２０１６年の国連事務総長報告によれば、２０１４年から２０１５年の1年間で、中東や北アフリカでの子ども兵士の数が2倍になったという。[20] これはイエメンやシリアの内戦、ＩＳＩＳ（イスラーム国）の戦闘激化によるものである。

紛争下における女性や子どもへの暴力が絶えない根本原因の一つは、そうした暴力が戦術的、戦略的な意味を持つことにある。敵方の女性への集団強姦や強制妊娠などの組織的性暴力は、兵士同士の結束力を高め、また被害者の配偶者や家族である敵方兵士や敵の共同体全体を辱め、無力化する。ボスニア内戦では、セルビア人男性によるボシュニャク人女性の強制出産は、精神的身体的虐待を通じての他民族の組織的な排除としての民族浄化の手段の一つともなった。[21] ２０１４年4月に２００名以上の女学生を誘拐したナイジェリアのテログループ「ボコ・ハラム」は、拉致した少女らを性的搾取し、強制改宗、強制結婚させた。さらには少女たちを時に「人間爆弾」として市民を犠牲にする自爆テロにも利用している。少女たちはテロリストと疑われにくいからである。

子どもは従順で、社会的立場が弱く、武装グループに抵抗できず、武装集団に利用される。子どもは手入れ不要の武器として戦闘に駆り出され、さらに武装グループの兵士の世話、雑用をこなす。子どもが理不尽な要求に抵抗できない極端なケースとして、ウガンダの反政府組織「神の抵抗軍」の子ども兵士が、自分の親の殺害を最初の任務として課されることがあった。誘拐、徴用された子どもが、家族や地域とのつながりを絶つことで、武装グループへの忠誠心を証明し、兵士たちとの結束を高めるのである。文民の戦略的有用性が認められ続ける限り、文民保護の実践には限界がある。

◉内戦後の人権保障——国家再建における選挙と移行期正義

内戦を経験した多くの国では、政府機能と分断された市民社会の再構築、そして紛争関係者間の信頼醸成と和解は、必須であった。国際社会は、平和構築、国家再建支援の過程として概して人権の尊重、民主主義体制の整備を重視してきた。

しかし、時に停戦や平和構築は、非常に脆弱であった。その理由の一つは紛争の性質である。民間人も多く巻き込み残虐な殺戮を経ての内戦で、紛争当事者間の信頼を確立することは難しい。そして停戦のタイミングや和平交渉過程の決定をめぐり、反乱軍と政府の対立の再燃、さらに指揮系統の弱い反乱軍内部での権力闘争による分裂が時に生ずる。さらにアフリカのグレートレーク地域やサブサハラ地域のように、民族の分布が国境線を越え、さらに豊富な天然資源の存在があるところでは、民族、部族的相違に由来する政治的差別や不公平感のみではなく、富への強欲も紛争の動機となり、停戦は安定しない。

また、市民的自由権や参政権の行使である民主化の過程が、暴力を生むこともある。「選挙暴力」である。[22] 特に部族間、民族間で憎悪と相互不信が残る中では、選挙のタイミングと方法については様々に対立を生む。不正への抗議と暴力、治安当局による抗議活動への過度の暴力もある。市民的自由権がエスニックな動員、特定集団へのネガティブキャンペーンを可能としてしまうことなど、選挙は様々な形で集団間の差異を強調することもある。[23]

紛争後の平和構築においては、そもそも人権と民主主義という価値観さえも否定する反乱勢力、例えばアフガニスタンのタリバンやソマリアの過激派イスラーム主義勢力アッシャバーブなどが、平和構築に参加しないことも、紛争を長期化させている。

平和構築でのもう一つの主要課題は、移行期正義の実現である。紛争から平和期に移行する期間において、紛争中に行われた大規模な暴力や人権侵害の被害者を保護する一方で、加害者の処罰を社会の安定と和解に資する形で行う、という司法やその他の手段での正義の実現である。[24] 戦闘行為に伴う暴力に対して、司法を通じて正義を回復することは、困難な場合が多い。和平交渉での過去の暴力の免責、証拠記録の不在、刑法の不遡及や罪刑法定主義の原則の処罰の限界、また政府の司法制度の破綻や司法の公平性への不信などのためである。

移行期正義には、裁判（責任者訴追）、真実和解委員会、そして恩赦の三つの方法が主にある。

裁判は加害者を個人として訴追、断罪する。ただ、個人の暴力や抑圧行動の社会的背景や、構造的原因を問わない。一方で真実和解委員会は、一般には人権侵害の実態と原因を広く調査究明し、加害者の告白、被害者の証言、その共有をもって被害者を癒し相互理解を深める。そして、関係者の処罰権限は持たないが、時に恩赦を実施し（例えば南アフリカの真実和解委員会など）加害者を社会へ再統合させ、社会全体の融和と安定、統一を回復する役割がある。

これまでの移行期正義の実証研究は、裁判の重要性、つまり個人の責任を問うことでの不処罰の終焉が、平和構築で重視されてきたことを明らかにしている。[25] また裁判の付随的効果として、紛争を個人の刑事責任に還元することで民族対立が緩和され、[26] さらに人権侵害に関する裁判記録が国民の間で集合的記憶の形成の一助になることで、和解そして持続的な平和につながることも指摘されている。[27]

司法が体現する不処罰の終焉という形での人権保護は、国家による真相究明の重要性の認識を高めた。国際社会は真相究明自体を権利化して、真実への権利として認めつつある。過去の重大な政治的抑圧や暴力、犯罪に対する完全かつ包括的な真実を知る権利は、譲ることのできない権利であると、国連の人権高等弁務官事務所特別報告者報告書は示している。[28]

移行期正義における国際司法への期待や実績は大きい。それは、旧ユーゴ国際刑事法廷やルワンダ国際刑事法廷の成功や、特定の重大な戦争犯罪を犯した個人を裁く常設の国際刑事裁判所の２００２年の設置にも表れている。ただ、国際刑事裁判所の２００９年のスーダン大統領逮捕状に対する、特にアフリカ諸国の非協力的姿勢に見られるように、政治的に非現実的な人権規範の要請は、国際摩擦を生む。旧ユーゴ国際刑事法廷やルワンダ国際刑事法廷の成功には、大国の力があった。両法廷は、国連憲章第7章に基づく国連安保理決議に基づいてそれぞれ１９９３年と１９９４年に設置された。

この場合、国際社会が「強制措置として司法活動を通じた介入を行う[29]」ことで平和な社会を作る、つまり人道的介入を行い、その結果事実上の勝者である国際社会が、残虐な犯罪人を裁くという力の論理が働いていたのである。

◉民族主義と国際秩序

冷戦後勃発した民族紛争には、自決権に支えられた民族主義が契機となったものもあった。冷戦下の国際秩序が許容・黙認してきた強権的な政府による政治的抑圧や、社会的差別に長年苦しんでいた民族が、冷戦後に権利回復の手段として自治・独立を目指した。しかし自決権の主張が紛争となり、様々な人権が侵害されるという皮肉な結果が生じた。

国連憲章や国際自由権規約、社会権規約共通の第1条が認める自決権は、民族主義を煽り分離独立を推奨するものではなかった。国連憲章は、各国の主権平等、領土や政治的独立への武力不行使、そして内政不干渉を原則とする。自決権の基礎は、「経済的社会的文化的発展を自由に追求」するために個人の所属する集団の政治的地位の自己決定権があるという広い考えである。1970年の「友好関係原則」などに表れる国際社会の理解は、自決権は個人の尊厳を等しく尊重するというもので、主権国家の領土保全や政治的独立を毀損しないというものである。実際に多くの分離独立運動は、国内における自治権拡大や連邦制といった形で解決されてきた[30]。アフリカの新独立国家は、旧宗主国の人工的な国境線を維持し、多民族、多部族を含む。アフリカの地域連合であるアフリカ連合（AU）も、国境線維持の原則を受け入れてきた。

それでも大国の外交力、軍事力は、旧ユーゴスラヴィア連邦からの4つの共和国の分離独立、コソヴォの独立、そして最近ではクリミアのウクライナからの分離とロシア編入を可能にした。民族主義が生む国家成立と国家再編である。

独立宣言後の国家承認如何にも、大国の地政学的計算が反映される。セルビア共和国の自治州コソヴォは、２００８年にアメリカや欧州連合の後押しを受けて独立を宣言したが、ロシアが国家承認を拒否し、国連加盟も実現していない。コソヴォの独立が、ロシアの影響下にあるセルビアへのＮＡＴＯによる空爆での人道的介入で進んだことへのロシアの反発もあった。一方、コーカサス地方の南オセチアやアブハジアは、ジョージアからの分離を目指し紛争となったが、欧米をはじめとした多くの国連加盟国は、独立を認めておらず、事実上の未承認国家である。[31] 一方ロシアは、この2地域をそのジョージアとの紛争の過程で救援しており、またＮＡＴＯ加盟を目指したジョージアへの対抗もあり、2地域の独立を２００８年に承認した。

２０１４年のクリミアのウクライナからの離脱とその後のロシアによる編入は、民族自決に名を借りた領土保全の原則への脅威を示した。ロシアは、第二次世界大戦終結以来、旧ソ連の崩壊に伴う国境変動を例外として、欧州における国境変動を認めてこなかった。[32] ロシアは、ウクライナの核放棄と交換に、ウクライナ領土の保全に１９９４年に合意している。さらにウクライナと国境不可侵条約をも１９９７年に結んでいる。それでも行われたクリミア編入には、ロシアの「帝国の遺産」としてのクリミアへの軍事的経済的権益や、ＮＡＴＯの東方拡大への安全保障上の警戒があった。[33] プーチン大統領は、上下両院議会の合同会議での演説で民族主義的自決を示唆し、クリミアのロシア系住民をロシアが同胞として守るべきという理解を示し、離脱編入がクリミアの住民投票の結果の民意であったことを説いた。[34] しかし、ロシア軍占領下でのクリミア住民投票結果の信ぴょう性に欧米は疑問を呈し、ロシアのクリミア編入を「力による現状変更」と非難し、対露制裁を続けている。

民族単位での分離、独立、さらに併合は、領土保全原則違反もさることながら、コソヴォのように新国家の中に新しい少数民族を生み、また際限なく国家を細分化する恐れもある。またクルドなど、現在世界各地でくすぶる民族主義的独立運動をさらに刺激し、新たな地政学的不安定要素を生じる恐れがある。

◉テロリズムと市民的自由

冷戦後の世界は、テロリズムからの国家の安全保障と人権のジレンマも抱えた。テロリズムは、テロリストグループがその政治的目的を達成するために、政治的指導者や、時に市民を対象とした無差別な暴力行為により、社会に恐怖心を巻き起こして、政府にグループの要求をのませるという暴力手法である。テロリストグループは、通常の軍隊とも違い、大規模破壊よりも心理的効果を狙うため、従来のテロは、通常の戦争よりは暴力や被害の規模は比較的小さかった。

しかし、イスラーム過激主義の国際テロ組織のアル・カイダによる、３０００人以上の市民の犠牲者を出した２００１年9月11日のアメリカ同時多発テロ攻撃は、テロリスト集団が、組織化された軍隊による攻撃のように、市民に大規模な被害を与えることができることを示した。テロ後、アメリカで直ちに制定された米国愛国者法は、アメリカ国内の安全のために、治安当局の能力を強化した。アメリカ政府は、アル・カイダの指導者ビン・ラーディンを匿うアフガニスタンのタリバン政権に対しての軍事行動を、対テロ戦争として開始した。

しかし、テロ対策は、市民的自由を脅かしかねないものであった。米国愛国者法は、アメリカ国民や人々の電話、Ｅメール記録、医療情報、金融情報、そしてアメリカ国内の外国人の情報収集に関する治安、情報当局の調査権限を拡大した。またアメリカ政府は、テロと関連が疑われる外国人を司法当局や移民当局が留置・勾留・追放するにあたっての規制を緩和した。さらに「テロとの戦い」の中でテロリスト容疑者を捕虜とも犯罪者とも扱わない「不法な敵性戦闘員」と位置づけ、ジュネーブ諸条約の適用を拒否し、また起訴手続きなくして無期限拘束できるとした。アメリカ連邦最高裁は２００４年以来、グアンタナモ米海軍基地収容所の外国籍被収容者が、アメリカの民間法廷に申し立てをする権利を認める判断を出し続けている。２０１５年６月に愛国者法は失効したが、グアンタナモ収容所維持はトランプ政権の方針で、依然容疑者を収容している。

拷問も問題となった。アメリカ上院情報委員会は、２０１４年に公開したその超党派の独立調査報告書で、グアンタナモ米海軍基地の収容所をはじめ、ブラック・サイトというアメリカ国外にある秘密収容所などで米情報当局と軍が、容疑者の権利を無視して虐待や拷問を行っていることに疑いの余地はなく、「残虐で非人道的、下劣な」扱いがアメリカの法と国際法に違反したと糾弾している。[35] アメリカも批准している拷問等禁止条約はその第２条２項で、拷問の禁止が絶対的なものであり、締約国はいかなる例外的な事態も拷問を正当化する根拠として援用することはできないと定めている。しかし、中央情報局（ＣＩＡ）はその「強化尋問テクニック」という監禁・尋問プログラムが、オバマ政権によって禁止されたとはいえ、当初は合法とされており、又、テロリストの捕獲、テロ計画の阻止に資した、とコメントしている。[36]

欧米で頻発する昨今のテロへの対策には、人権制限以外の方策の重要性も考えられる。テロの背景や遠因には、貧困、社会的排除、差別、イデオロギー、過去の地政学的抗争の遺産など多様な構造的原因もあり、テロは一過性の現象にとどまらず、潜在的に存在しうる。確かに、アメリカの愛国者法での取り締まりの下、アメリカ情報、治安当局は、国内のいくつかのテロ行為を未然に防いだ。しかし構造的原因に長期的に対処することなしには、テロの脅威をなくすことはできない。さらに、市民的自由の制限を常態化しうることにもなる。権利制約の重大性に鑑みれば、テロ対策としての市民的自由の制限の有効性は、慎重に判断する必要がある。権利制約による対テロ対策は、テロリストたちが覆そうとした人権、民主主義などの社会の価値を損なうおそれのある手段を回避する必要がある。

抑圧的な対テロ対策と対テロ戦争が生む憎しみと政治的混乱は、新たなテロの温床となる。実際アメリカの「対テロ戦争」は、ＩＳＩＳの誕生と展開に影響してきた。[37]

4 人権の普遍性への挑戦、道義としての人権とその濫用

◉相対主義、人権の否定

人権規範の普遍性が国際社会で確認される中で、人権の相対性の議論が登場した。特にアジア諸国の一部の政治指導者が、西欧の個人主義よりも共同体を重視するアジアの価値に基づいた人権概念、自由権より社会権を重視する姿勢を強調し、先進国による人権の政治利用と人権評価の二重基準を批判した。さらに国家主権の尊重や内政不干渉と、各国地域の文化的背景への考慮の必要性を説いた。[38]

しかしアジアの人権概念の主張は、いわばアジアの経済的成功の自信の表れの結果の言説であり、明確なアジアの価値に基づいたものとは言いがたい。[39] アジア諸国の経済成長も程度の差はあれグローバル経済も取り入れた市場経済の結果であり、その根底には自由権が存在する。また人権の政治利用や二重基準の批判は、人権侵害の問題自体を解決しない。また文化的背景への考慮は、人権の解釈の次元の問題であり、人権自体への懐疑とはならない。

人権の普遍性の国際的理解は、相対主義の議論で揺らいではいない。アジア諸国も人権の普遍性を確認した１９９３年のウィーン人権宣言に合意しており、国連憲章や世界人権宣言の尊重、そして国際人権両規約の批准を働きかけている。

しかし、人権そのものを否定する言説と行動も生じている。上述した２００１年のアメリカ同時多発テロのように、過激で不寛容な価値観を持つ原理主義的テロ組織が、欧米に対する「聖戦」の名目で、超国家的で柔軟なネットワークを駆使したテロ活動で、主に中東各地やアフリカ、欧米諸国に地政学的脅威を与えている。例えば、ナイジェリアのテログループ「ボコ・ハラム」は、「西洋式の非イスラーム教育は罪」という意味を持つスンニ派の過激派聖戦戦闘グループであり、２００９年以来ナイジェリア政府との闘争を続けている。

さらにはＩＳＩＳのように、人権を否定する過激思想をもとに、領域を支配するテログループが登場した。ＩＳＩＳの指導者は、全世界のイスラーム教徒の指導者としてのカリフを名乗り、イラクとシリアで実効支配の領域を確保した[40]。ＩＳＩＳは、過激なイスラーム教解釈で人権概念はもちろんのこと、近代国家や国際社会の規範を否定し、各地で抵抗勢力に非常に残虐な暴力を加え、イラク北部とシリア北部に支配を急激に広げた。ＩＳＩＳの進出は、油田地帯の占領と原油の販売で獲得した資金にも拠ったが、その人的資源である戦闘員は、イスラームの過激思想に影響された中東、北アフリカ、欧米からも集まった若者であり、２０１４年時点では約半数がイラクとシリア以外の外国からの戦闘員であったという[41]。

タリバンやＩＳＩＳのような人権を否定する過激主義の拡大を抑えてきたのは、大国の軍事力である。タリバン政権は、２００１年同時多発テロ後のアメリカによる対テロ戦争で駆逐された。ＩＳＩＳは米露、そしてシリア軍による攻撃で、２０１８年８月時点では、シリアでの支配地域は３％未満とかなり劣勢となっている。[42]

普遍的人権を否定する過激思想への力の対処は、しかし大国による地政学的国益に基づくがゆえの効果と限界を持つ。シリア内戦をめぐり、地政学的に対立していたアメリカとロシアは、シリアのＩＳＩＳ打倒という目的で一致した。ただ、それは共同軍事行動とはならず、領空における事故防止などの協議は行ったものの、ロシアはシリア政府軍とともに闘い、一方アメリカは有志連合を率いており、空爆も掃討作戦も米露はまったく別の作戦行動である。またＩＳＩＳへの空爆という名目で、ロシアが実際には反アサド反乱軍を攻撃しているとも言われている。

◉歴史的不正行為の現代的是正——道徳としての人権

冷戦の終結は、政府や市民が地政学的影響から比較的自由に、過去の不正に直面、対処しやすい環境を生み出した。１９９０年代には、植民地支配での失政や抑圧、先住民の抑圧、過去の紛争における暴力などについて、被害者本人が証言し、被害者の子孫、被害者の属する民族の代表が集団として加害者側に謝罪・賠償を請求し始めた。これらの過程は、過去の政治的抑圧や暴力を、現代の人権概念が拠って立つ道徳に基づいて、遡及的に断罪するものであった。また、これらの過程は、日米英仏独などの政府の謝罪と、時には何らかの補償を導き出そうとした。[43]

しかし過去の不正の是正、謝罪・賠償請求の動きは、人権の道徳面を過度に強調し、法の支配を揺るがす危険もあり、国際秩序や国家間関係に新しい課題を与えた。その顕著な例が、奴隷制・植民地支配への謝罪賠償要求と日韓慰安婦問題に代表される戦後補償問題である。

◉奴隷制・植民地支配への謝罪問題

冷戦後、非同盟諸国運動の動きもあり、国際社会では、奴隷制や植民地主義の制度自体などを包括的に是正しようとする声が拡大した。国連主催の２００１年の「反人種主義・差別撤廃世界会議（ダーバン会議）」が合意したダーバン宣言は、奴隷、奴隷制度、奴隷貿易および植民地主義などが、人道に対する罪であるとの認識を示し、犠牲者の尊厳回復の方法の検討を促した。[44] 実現しなかったが、アフリカ、アジア諸国は、謝罪と権利尊厳回復、そして過去の奴隷制について奴隷の子孫への補償をも要求した。

植民地や奴隷貿易などの過去の不正義は、近代国際法では不法とはならず、補償の法的根拠はない。権利主体も不明確である。実際、旧宗主国や主要先進国は、いくつかの個別のケースでの謝罪を除けば、こうした要求に応えなかった。アメリカは２００１年の会議から退席した。２００９年のダーバン再検討会議では、奴隷制に対する謝罪と補償要求の議論が再燃したが、アメリカ、カナダ、ドイツ、オーストラリアなどの先進国は不参加であった。

歴史の不正の是正の強行は、国内的混乱と国際的緊張を招く。ジンバブエ大統領が、２０００年に植民地主義の補償の名の下に実施した白人の土地の強制収用は、食糧危機と経済混乱をもたらし、さらに人権侵害を理由とした欧米の制裁をもたらした。

２００１年８～９月のダーバン会議のときの国際社会の熱狂は、その閉幕からわずか４日後のアメリカ同時多発テロ攻撃と、その後の対テロ戦争によってかなり醒めた。ただ、冷戦後の謝罪と補償請求の一連の動きは、被害者救済の重要性とその多様な措置への理解を高めた。２００５年には国連総会が「重大な国際人権法違反および深刻な国際人道法違反の被害者のための救済と補償措置を受ける権利についての基本原則およびガイドライン」を採択した。[45] ただ、ガイドラインは、被害者のより迅速かつ効果的な救済のための既存の法的義務実施の確認であり、新たな法的義務は生じないとしている。

◉戦後補償問題としての日韓慰安婦問題――過度の人権言説

昨今、特に日韓間で外交問題とまでなった慰安婦問題は、人権言説がもたらす法と道徳の相克を露呈した顕著な例である。慰安婦問題は、戦時中日本軍将兵に性サービスを強要されたとする、韓国や中国など主にアジアの女性被害者への、謝罪と償い、そして和解をめぐる問題である。

被害者側は、この問題を現代の道徳観に基づいて、女性の人権問題として議論し、日本の法的責任の下、国家謝罪と国家補償を要求してきた。しかし、日本の法的責任は確立していない。強制連行証拠公文書の不在、戦時における公娼制の合法性、外交交渉での解決（１９６５年日韓請求権協定）、そして司法の諸原則（時効、国家無答責原則、外交的保護権）などのためである。

被害者支援団体は、日本政府のアジア女性基金を通じての道義的償いを、法的責任不在ゆえに拒否した。法的根拠のない国家補償請求は、道義的象徴として主張されるようになり、それは妥協を許さぬ道徳的に絶対化された人権の言説となった。

しかし、そうしたいわば道徳的に絶対化された人権言説は、皮肉にも一部の被害者の救済を阻んだ。被害者支援団体は、基金の道義的償いを望む被害者本人の声を抑圧し、悪いことには道義的償いを受け取った一部の被害者を、公に批判した。さらにそうした過激な人権の言説は、慰安婦問題を、複眼的に研究する学問研究の自由をも脅かす。慰安婦問題を当時の植民地支配や家父長制から解明した朴裕河は、被害者である朝鮮人慰安婦が直面した強制の複雑性を明らかにした[46]。朝鮮人慰安婦の日本軍将兵への、いわば「愛国」的「同志」的奉仕に表れた強制の複雑性である。しかし被害者支援団体はこれを被害者の名誉毀損と解釈し、朴を民事刑事で訴えた。朴は、植民地的家父長的構造的支配下にあった朝鮮人慰安婦が、「意に反して」でも「同意して」でもなく、「状況として他に選択がなく、抵抗もできないので仕方なく」慰安を行ったことを示唆したのであり、強制自体は否定していない。

道徳的に絶対化された人権言説は、国際的にも広まった。支援団体が、国家補償請求運動の象徴として、ソウルの日本大使館前に建てた外交条約上問題のある慰安婦像は、アメリカ各地にも建てられた。韓国系アメリカ人コミュニティが、その政治的プレゼンスの向上を目指した動きや、冷戦後活発化した国際人権ＮＧＯとの草の根的連携が後押しとなった。そうした連携は、旧日本軍に強制連行された20万人の少女、という歪曲、単純化された道徳的言説を、日本に反論の余地がないほど、欧米各国社会に浸透させた。人権はその不可侵性のために、道徳的側面を強調しやすく、ゆえに批判も受けにくい。

行き過ぎた人権言説は、韓国政府の対日強硬姿勢に影響する。被害者側による韓国政府への働きかけは、１９６５年協定を堅持してきた韓国政府の姿勢を変えた。左派の盧武鉉政権は慰安婦問題は、１９６５年協定では未解決と２００５年に判断した。韓国憲法裁判所判決は、２０１１年に、慰安婦の賠償請求権に関する１９６５年協定の解釈論争を解決する外交努力を、韓国外交通商部（現在の外交部）に課した。２０１３年からの朴槿恵保守政権も、被害者の望む誠実な謝罪と補償を日本に求め、それは防衛・外交関係の日韓協議の一部中断となった。日韓秘密軍事情報保護協定は２０１２年６月、締結直前で韓国がキャンセルした。日韓関係は膠着状態に陥った。

また韓国政府は、慰安婦問題での行き過ぎた言説を、対日姿勢全般を強硬化する手段とした。韓国政府は、近年の日本との国力格差縮小、そして政治的経済的重要性を相対的に高めつつある隣国中国への傾斜の中で、日本に対して外交的ポジションで優位に立とうとしていた。その過程では、慰安婦問題のみならず、植民地や日中戦争など他の歴史認識問題において、中国といわば共闘し、日本に対する対抗姿勢を強めていた。

しかしアメリカの地政学的懸念が、この事態を緩和した。北朝鮮の核・ミサイル問題や中国の台頭への日米韓の一致した協力に基づく対応を望んだアメリカは、日韓の共通の同盟国として、双方に慰安婦問題を含む歴史認識問題の解決を促した。結果として、日韓政府は、慰安婦問題に関して２０１５年12月に合意し、長年の懸案であった補償問題を政治決着させた。北東アジアの地政学的緊張が、慰安婦問題をある程度沈静化させたと言える。

２０１５年合意後は、日韓両政府の政治的安全保障上の関係は一時的に通常に戻った。しかし道徳的に絶対化された人権言説は続いた。支援団体は、２０１５年の合意は、被害者の声を反映せず、法的責任を不明確にしていると反発し、公館前の慰安婦像の韓国政府の移設努力の約束に反して、慰安婦像を釜山の日本総領事館横に建て、海外にも像を建て続けている。情報化時代の今日、道徳的に絶対化された人権言説は強大である。ソフトパワーの重要性が示すように、国益追求のための国力とその行使の効果は、「国の『物語』」によっても左右される。[47] 人権は訴えやすい「物語」を生み出せる。

２０１８年には、韓国政府がすでに１９６５年日韓請求権協定で解決済みと判断してきた戦時徴用工への賠償を、韓国の大法院（最高裁）は認め、被告の日本企業に賠償を命じた。大法院は、日本の植民地支配の不法性を明らかにしていない１９６５年請求権協定は、賠償請求権を適用対象としていないと解釈し、原告の賠償請求権を認めたのである。２０１９年に日韓関係は安全保障面も含めて再び危機を迎えている。これは日本のみならず、韓国の国益をも脅かしている。

人権の道徳的絶対化が、弊害を起こすほどに強力になった背景には、冷戦終結による進歩主義的ユートピアの幻滅と、グローバリゼーションによる国家機能（民主主義や再分配機能）の低下による国民国家の正統性の弱体化がある。[48] しかし、人権の名の下に展開された人権運動の現実は、特定のアイデンティティ集団の利益を代弁するアイデンティティの政治の側面を持った。それは公衆、公益のための統治機能は持たなかった。

◉人権規範の趨勢

近代ヨーロッパ以来、人権概念は誕生し、国民国家とともに漸進的に普遍化してきた。第二次世界大戦後に、基本的人権は国際的規範となり、民族自決権は植民地独立による主権国家誕生を促進した。しかしこうした普遍化の過程は、時に武力衝突と人権侵害をもたらした。さらに、米ソ冷戦対立の下、自由権と社会権は東西陣営に分かれて理解され、人権はイデオロギーとして地政学的対立激化に寄与した。しかし、東西両陣営間の人権の共通理解が、冷戦終結の遠因ともなった。

ポスト冷戦期には、基本的人権の普遍性が確認され、人権がいよいよ地政学的対立を超えた平和な時代に寄与する期待が、短期間ではあるが存在した。しかし、人権は、人権自身が内包する矛盾と国家との規範的矛盾とを解消できず、そうした矛盾は、国際秩序を不安定化し、結局、地政学の継続的な影響が、矛盾を調整してきた。バルカンやアフリカなどの民族主義の紛争は、多数の犠牲者を出した。対応策としての人道的介入は、大国の意思と能力を伴わない限り、不成功に終わった。内戦状況の非人道的結果に対応した規範、国家主権を再定義した「保護する責任」や、人権面からの「文民保護」も、各国の国益や主権の下で、理念としても実践としても十分な成果を上げていない。移行期正義は理念、実践ともに司法に傾き、しかしその司法の行き過ぎによる行き詰まりがある。

また最近では、クリミアの民族自決の名の下での国境変更が、第二次世界大戦以来の領土保全原則を脅かしている。

人権自体を否定するイスラーム過激主義のテロの解決は軍事力頼みで、それが自由権を侵害し、憎悪の連鎖によるテロを煽った。歴史的不正の是正運動の中で、過度に道徳的に偏り、時に人権を濫用し、過激化する人権言説は、国際法体系への脅威と国家間関係の緊張をもたらした。

人権規範は21世紀の地政学に新たな展望を開けるのだろうか。自由主義的国際秩序を通じて人権を支えてきたアメリカの国力は、人権国家でも民主国家でもない中国に比べて相対的に低下している。またトランプ政権のアメリカ自身が、アメリカ第一主義を強め、２０１８年6月に国連人権理事会から離脱した。人権規範の価値を体現してきた欧州諸国では、アラブの春の皮肉な帰結となったシリア内戦の多数の難民に直面し、排外主義が広がっている。国際機関の力の限界は、南シナ海で力による領域変更を行おうとする中国による常設仲裁裁判所の判決拒否や、シリア内戦への国連不介入にも表れる。

人権規範の趨勢は過渡期と言えよう。人権規範の歴史が示すことは、人権規範が、地政学との複雑な作用反作用や、国際組織の制度化を通じて、試行錯誤の中で漸進的に進展し、その制限に説明責任を課するほどの規範的基盤となってきたことである。しかし、人権は、時に地政学の政策的道具になり、また、法を超越した絶対的道徳として濫用されることで、国家間関係を不安定化させた。現在国際社会が直面する人権の多様な危機は、地政学への人権の効果の見極め、国際機関の役割と限界、そして人権の規範力とその濫用の危険性などを見極めながら対処するべきと言えよう。

注

（１）細谷雄一（２０１２）『国際秩序——18世紀ヨーロッパから21世紀アジアへ』中央公論新社、１２１-１３７頁。

（２）同、１４３-１４６頁。

（３）Ignatieff, M. (2003) *Human Rights as Politics and Idolatry*, p. 64, Princeton, NJ: Princeton University Press.

（４）Wallensteen, P. (2015) *Understanding Conflict Resolution. 4th edition*, London: SAGE Publications.

（５）武内進一（２０１６）「第一章　冷戦後アフリカの紛争と紛争後——その概観」遠藤貢編『アフリカ潜在力２　武力紛争を越える——せめぎ合う制度と戦略のなかで』京都大学学術出版会、45頁。

（６）大沼保明（１９９８）『人権、国家、文明——普遍主義的人権観から文際的人権観へ』筑摩書房、19頁。

（７）百瀬宏（１９９２）「序章　ＣＳＣＥの歩み（一九七五-八五）」百瀬宏・植田隆子編『欧州安全保障協力会議（ＣＳＣＥ）——１９７５-92』日本国際問題研究所。

（８）青木國彦（２００３）「共産党宣言からヘルシンキ宣言へ」『カオスとロゴス』第24号、ロゴス社、２００３年12月。

（９）Kofi, A. A. (1999) "Two Concepts of Sovereignty," *The Economist*, September 16, 1999.

（10）Kofi, A. A. (2000) *We the Peoples: The Role of the United Nations in the 21st Century*, p. 48.

（11）Canada, Department of Foreign Affairs and International Trade. (2000) *Frredom from Fear: Canada's Foreign Policy for Human Security*.

（12）ICISS. (2001) *The Responsibility to Protect*.（http://www.iciss.ciise.gc.ca）

（13）篠田英朗（２０１２）『「国家主権」という思想——国際立憲主義への軌跡』勁草書房。

（14）2005 World Summit Outcome. A/RES/60/1. October, 24 2005.

（15）Report of the Secretary-General. (2009) "Implementing the Responsibility to Protect," January 12, 2009.

（16）Greenberg, S. B., Boorstin, R. O. (2001) "People On War: Civilians in the Line of Fire," *Public Perspective*, November December 2001: 18–19.

（17）Meron, T. (2000) “The Humanization of Humanitarian Law,” *The American Journal of International Law*, 94(2): 240.
（18）UNICEF, The Paris Principles. Principles and Guidelines on Children Associated with Armed Forces or Armed Groups. February, 2007.
（19）UN Security Council. (2019) “Conflict-Related Sexual Violence Report of the Secretary-General,” March 29, 2019. S/2019/280.
（20）UN General Assembly Security Council. (2016) “Children and Armed Conflict,” April 20, 2016. A/70/836–S/2016/360.
（21）Cohen, D. K. (2016) *Rape During Civil War*. Ithaca, NY: Cornell University Press.
（22）遠藤貢（２０１６）「序章　紛争を抑止し和解を進める知恵を探る」遠藤編、前掲書、６–７頁。
（23）武内、前掲書、46頁。
（24）移行期正義は、軍事独裁政権後の文民政権への体制移行において、チリやアルゼンチンの真実和解委員会の制度として始まった。それは紛争解決後の社会にもあてはまるようになった。本論文では後者の移行期正義を論ずる。
（25）Tricia, D. O., Payne, L. A., and Reiter, A. G. (2010) “The Justice Balance: When Transitional Justice Improves Human Rights and Democracy,” *Human Rights Quarterly*, 32(4): 980–1007.
（26）篠田英朗（２００３）「平和構築の法支配アプローチ——戦略的視点からの整理」『広島平和科学』25巻、２１４頁。
（27）藤原広人（２００７）「国際刑事司法過程と平和構築——紛争後社会の集合的記憶形成を手がかりとして」城山英明・石田勇治・遠藤乾編『紛争現場からの平和構築——国際刑事司法の役割と課題』東信堂。
（28）UN Commission on Human Rights.（2006）“Study on the Right to the Truth, Report of the Office of the United Nations High Commissioner for Human Rights,” February 8, 2006. E/CN.4/2006/91: para 55 and 59.
（29）篠田英朗（２０１３）『平和構築入門——その思想と方法を問いなおす』ちくま新書、１５５頁。
（30）例えば北アイルランド、フィリピンのミンダナオなど。冷戦後、独立闘争の末に独立したのはエリトリア、東ティモール、ボスニア・ヘルツェゴビナ、クロアチア、南スーダンなど少数である。
（31）廣瀬陽子（２０１４）『未承認国家と覇権なき世界』ＮＨＫ出版。

（32）ユーゴスラヴィアとソ連の解体の場合は、ウティ・ポッシデティス原則に基づき、連邦内の共和国の既存の境界線の尊重として解決された。同、１５９頁。
（33）同、２４１-２４２頁。
（34）Address by President of the Russian Federation. Vladimir Putin Addressed State Duma Deputies, Federation Council Members, Heads of Russian Regions and Civil Society Representatives in the Kremlin. March 18, 2014.
（35）Report of the Senate Select Committee on Intelligence, "Committee Study of the Central Intelligence Agency's Detention and Interrogation Program," December 9, 2014. 113th Congress 2nd Session. S. Report 113-288.
（36）Statement from Director Brennan on the SSCI Study on the Former Detention and Interrogation Program. December 9, 2014.
（37）池内恵（２０１５）『イスラーム国の衝撃』文春新書。
（38）例えば、１９９３年のウィーン世界人権会議の準備として開かれたアジア太平洋諸国の地域会議で出されたバンコク宣言。
（39）Ignatieff, *op. cit.*
（40）池内、前掲書、13-16頁。
（41）池内、前掲書、１３７-１４２頁。
（42）Syrian Observatory for Human Rights. (2018) "Syrian Govt Forces Bomb Southern Badiya Desert to Draw Out Islamic State Jihadists," August 6, 2018.
（43）例えば、１９４２年のユダヤ人迫害についてのシラク大統領の１９９５年の公式謝罪、クリントン大統領のハワイ先住民族の自決権はく奪についての１９９３年の謝罪、エリザベス女王のマオリ族への１９９５年の謝罪、アメリカのアエトナ保険による奴隷の生命保険についての２０００年の謝罪などである。
（44）UN General Assembly. (2002) "Report of the World Conference against Racism, Racial Discrimination, Xenophobia and Related Intolerance, Durban, 31 August–8 September 2001," January 2002. A/CONF.189/12.

(45) UN General Assembly. (2006) "Basic Principles and Guidelines on the Right to a Remedy and Reparation for Victims of Gross Violations of International Human Rights Law and Serious Violations of International Humanitarian Law : resolution/adopted by the General Assembly," March 21, 2006. A/RES/60/147.

(46) 朴裕河（２０１４）『帝国の慰安婦――植民地支配と記憶の闘い』朝日新聞出版。

(47) ジョセフ＝ナイ（２０１８）「ソフトパワー――政権が損なう米の魅力」「地球を読む」『読売新聞』２０１８年４月29日。

(48) ジョン・トーピー（２０１３）『歴史的賠償と「記憶」の解剖――ホロコースト・日系人強制収容・奴隷制・アパルトヘイト』藤川隆男・酒井一臣・津田博司訳、法政大学出版会。

第5章

国際協力という可能性
――グローバル・ガバナンスと地政学

詫摩　佳代

1　地政学と保健ガバナンス――歴史的な視点から

◉国際協力とパワーバランス

今日の国際社会は主権国家システムの下、主権国家間の主権の尊重、平等、内政不干渉を原則としており、基本的に統治や行政は国単位で展開される。他方、グローバリゼーションの進展、国家間の相互依存関係の進展の結果、難民や感染症、地球温暖化など国境を越える問題が多く出現してきた。これらの問題に対処するために現在では、国際機関の設立や国際会議の招集などを通じて、国際協力が展開されている。そしてこの国際協力において、国際社会のパワーバランスや大国の地政学的考慮は非常に重要である。超大国アメリカは、第二次世界大戦直後には新しい国際秩序の基盤として、経済や食糧、保健といった機能別の組織の設立を主導した。また冷戦期には、西側の結束を固める目的で、積極的に国際協力事業に関与してきた。現在も各種国際協力事業はアメリカの財政に大きく依拠している。アメリカは国連の専門機関の多くに関して、最大の分担金を負担していることに加え、国連予算の22％、国連ＰＫＯ予算の28・5％を負担している。

　このような中で、２０１７年１月にアメリカ合衆国第45代大統領に就任したドナルド・トランプはいくつかの国連の専門機関を含め、国連の分担金を削減する予定だとアナウンスした。[1] これに続き、トランプ大統領は、２０１７年４月には国連人口基金（ＵＮＦＰＡ）への資金の打ち切りを表明し、２０１７年６月には地球温暖化に関するパリ協定、同年10月にはユネスコからの脱退をそれぞれ表明した。２０１８年２月にトランプ政権は２０１９年度予算を発表し、その中で、国連とその関連の予算項目である国際関係予算の約３分の１を削減すると発表した。[2] 国連のスポークスマンは、国連が今後、国際社会の平和の維持や人権の保護など、その本質的な仕事を続けることが難しくなるだろうと懸念を吐露した。[3]

　他方、近年台頭が目覚ましい中国はその影響力を高める目的で、積極的に国際協力に関与する姿勢を示している。２０１３年秋には一帯一路構想の下、アジア・太平洋諸国の経済・開発協力を促す目的で、アジアインフラ投資銀行（ＡＩＩＢ）の設立を主導した。一帯一路構想の下では、関係諸国の保健協力も重視され、世界保健機関（ＷＨＯ）との間に度々協定を結んで、中国製医薬品の活用やアフリカでの保健衛生インフラ整備に尽力している。

今まで国際協力を支えてきたアメリカの態度の変化、中国の関与の拡大の中で、今後、グローバル・ガバナンスはどうなっていくのか？　本稿は、グローバル・ガバナンスの中でも、保健協力に焦点を当てて、この問いを考えていく試みである。数あるグローバル・ガバナンスの中でも保健協力は、各国の地政学的考慮やパワーポリティックスと歴史的に深くかかわりあってきた。とりわけ第二次世界大戦前夜、日本やドイツは国際連盟を脱退した後も、保健協力にとどまり、連盟の保健事業は国際協調が衰退していく中で、その最後の砦としての機能を期待された。今、再び、国際社会のパワーバランスが変化し、国際協調の衰退が囁かれる中で、保健協力は国際協調の砦としての役割を果たしうるのだろうか？　多くのヒントが詰まっている歴史を紐解きつつ、このような問いに挑んでいきたい。

以下、各節の概略である。国際保健協力は歴史的にパワーポリティックスや各国の地政学的考慮と深くかかわりあってきた。とりわけ１９３０年代以降、国際社会が戦争に向かって歩みを進めていく中で、保健協力は日本とドイツを国際社会にとどめておくための最後の砦としての役割が期待された（第1節）。第二次世界大戦後、新しい国際秩序の確立に際してアメリカは、保健や食糧などの機能的協力をその基盤と位置づけ、国連設立に先駆けて専門機関の設立を主導した。その一つとして設立されたＷＨＯの活動は、冷戦下の米ソの地政学的な考慮に左右されつつも、米ソの専門家の協力の下、着々と効果を挙げた（第2節）。そのアメリカは戦後、二国間援助や様々な既存の枠組みを通じて、保健協力に深く関与してきた（第3節）。他方、近年台頭が目覚ましい中国は、２０１３年に打ち出された一帯一路構想の下、保健協力への関与を強めている（第4節）。

保健協力の分野において、中国の潜在力には注目が集まっているが、他の先進国と比較した際、その影響力と技術力にはまだまだ発展の余地が見られる。そのため、さしあたり、保健協力はアメリカの動向に影響を受けることが予想される。アメリカの態度に変化が見られる中、国際保健協力が国際協調の砦となりうるために必要なことは何だろうか。第5節以降では、このような視点に立ち、国際保健協力の行方を検討する。

●高まる保健協力のインセンティブ

核軍縮や地球温暖化、人権の保護など、国境を越える問題が多く存在する中、保健協力を際立たせる特徴があるとすれば、それはどの国も比較的協力しやすいことにある。一般に主権国家システムの下で国家は、国益の増大が期待できる場合にのみ、国際協力に関与するのであって、国家の行動に強い規制をかけられたり、明確な利益が期待できない場合には、積極的に協力しようとはしない。たとえば、核兵器が国際社会から全廃されることは客観的に見て望ましいが、実際には、自国の安全保障上、核兵器の有用性を認識する国々が少なくなく、よって核軍縮のガバナンスは容易ではない。2017年、核兵器禁止条約が採択されても締約国が圧倒的に少ないのはそのためである。他方、どこでどのような感染症が起きているのか、その危険が自国にどれほど迫っているのかを知ろうとする際、一国の努力には限界があり、国際協力に依拠した方が効率的に「感染症から国を守る」という国益に資することとなる。こうしたインセンティブにより、主に大国が自国の国益を確保するという観点から積極的にガバナンスの構築に関与してきた。そのことが、多種あるグローバルな課題の中でも、比較的早くに保健協力の枠組みを形成してきた一方で、保健協力と地政学の深いかかわりを生み出してきた。以下、その経緯を時代順に見ていく。

◉植民地統治が生み出した保健協力

19世紀、ヨーロッパ帝国諸国がアジアやアフリカへ進出する中で、コレラなどの感染症が蔓延し、国際管理枠組みの必要性が認識されるに至った。多くの感染症の中で、とりわけ大きなインパクトを社会に与えたのがコレラであった。コレラとはコレラ菌によって引き起こされ、激しい嘔吐と下痢によって著しい脱水症状に至る病気である。現在でもアフリカ、アジア、アメリカ大陸を中心に、一定程度患者が見られるが、症状に応じて経口輸液や抗生物質を投与すれば回復する。[4] 他方、19世紀においては致死率が50～70％にも達した。[5] コレラはもともとベンガルのデルタ地域に古くから存在した風土病であったが、イギリスの貿易ルートとヒンズー教の巡礼者の動きに伴い、１８３０年代にはアジアからヨーロッパ全域に広がり、19世紀半ばには南北アメリカやアフリカ南部にまで達し、世界的流行病となった。[6]

フランス、ドイツをはじめとする多くのヨーロッパ諸国は、インドからヨーロッパへコレラが持ち込まれるのを恐れ、イギリスに対して、適切な処置を講じるよう要請した。[7] これに対してイギリスは、その経済的権益を海外植民地との貿易によって支えられていたため、海港検疫による経済的損害を回避するべく、ヨーロッパ諸国が主張する検疫強化には反対の意向を示していた。[8] 各国の温度差を埋め合わせる目的で、１８５１年に第１回国際衛生会議がパリで開催されたが、イギリスはその立場を崩さなかった。

１８６９年に地中海と紅海を結ぶスエズ運河が完成すると、ロンドンとムンバイ（インド）を結ぶ航路は、ケープタウンを経由する従来のルートに比べて、その距離が41％削減された。１８７５年にイギリスがスエズ運河株式の約半数を取得すると、スエズ運河で検疫のため足止めされることを経済権益への大きな障壁だと考え、イギリスはあらゆる検疫規制の廃止を主張した。[9] そのため、スエズ運河の開通によって、インドからヨーロッパ、中東へのコレラの感染が一層容易となった。

１８８２年、イギリスがエジプトを保護国化するとその翌年、エジプトでコレラの流行が始まった。ヨーロッパ諸国は、エジプトからヨーロッパへの感染拡大を懸念し、[10] その懸念どおり１８８４年には、南フランスの地中海を臨むマルセイユとトゥーロンでコレラが流行した。このような事態に対し、何らかの国際的合意を形成する目的で、１８８５年にローマで第６回国際衛生会議が開催されたが、イギリスの反対により、合意形成には至らなかった。[11]

１９０３年にようやく史上初の国際衛生協定が締約された。この協定の下で、加盟国は領域内でコレラとペストが発症した際には（１９１２年に黄熱病が付け加えられる）、互いに通知すること、港など感染症の出入り口となる箇所で検疫を実施し、感染している船、疑わしい船などを分類した上で、感染している船への対処法が定められた。またスエズ運河での検疫や、巡礼者を乗せた船に対する措置なども含められ、規定に違反した場合には罰金を課すことも規定された。このほか、この協定を運用するために国際機関を設立することも提唱され、１９０７年パリに国際公衆衛生事務局（ＯＩＨＰ）が開設された。[12]

◉第一次世界大戦中のマラリアとインフルエンザ

　第一次世界大戦中、マラリアがバルカン半島を中心に猛威を振るった。マラリアとは寄生虫プラスモディウムを有する蚊が人を刺すことによって感染する。[13] 感染すると高熱を出し、インフルエンザのような症状を呈する。大戦前に確立された国際枠組みはコレラ、ペスト、黄熱病という特定の感染症を対象とするものにとどまり、第一次世界大戦期の様々な感染症には対処できなかった。

　バルカン半島をブルガリアからギリシャに向かって流れるストゥルマ川の流域には、マラリアの原虫が生息していた。１９１５年、イギリス、フランス、イタリアの60万人の部隊がセルビア軍を援護する目的でストゥルマの谷を下り、湿地に幕舎を設営すると以降、各陣営ではマラリアによる死者が急増した。１９１７年には、ギリシャのサロニカの病院にマラリアの患者兵士６万人以上が収容され、英仏の軍は麻痺状態に陥った。このような事態に対して、軍は対蚊パトロール隊を組織したが、ストゥルマの谷付近は常に敵軍の監視と砲撃の下にあり、対策には限界があった。終戦後、感染した兵士たちが本国へ送還され、それによってバルカン半島からヨーロッパの各地へ感染が拡大した。本来マラリアが流行することのない、北方のドイツ海岸や北極海に位置するロシアの都市アルハンゲリスクでも流行した。[14]

マラリアと並んで、スペイン風邪も猛威を振るった。１９１８年初頭、アメリカのカンザス州ハスケル郡で新型のインフルエンザが発生し、ウイルスは州を東に横断し、陸軍基地へと広がった。米陸軍基地からフランスへの兵士の移動に伴い、ヨーロッパにも感染が拡大し、南米、アジア太平洋、アフリカへとウイルスが蔓延した。老人と子どもが犠牲になる普通のインフルエンザとは異なり、死者の大半が20代・30代の若者だったこともあり、人類史上、最大規模の死者を出した。[15] 正確な死者数を把握することは困難であるが、ある統計によると１９１８～23年の間に世界で約７５００万人が犠牲になったとされる。[16]

◉国際連盟保健機関の設立

感染症の流行は第一次世界大戦後も続いた。最も深刻であったのは、大戦後のヨーロッパで蔓延したチフス（発疹チフス）である。チフスとはシラミによって媒介される感染症であり、高熱・発疹を伴い、戦争、貧困、飢餓など社会的悪条件下で流行することが多い。現在、多くの先進国では発生が見られなくなったが、アフリカの刑務所など、衛生状態の悪化を原因としてチフスの感染が見られる地域もある。[17] もともとセルビアとロシアの風土病であったが、戦争中、東ヨーロッパとロシアで不衛生・低栄養状態が温床となって感染を拡大し、終戦後は兵士や難民の移動、ロシア革命や内戦から逃れる人の波に乗って、東欧にチフスが拡大した。ポーランド保健省は赤十字とＯＩＨＰに支援を依頼したが、支援に足りるだけの資金や人材を用意できなかった[18]。

そこで白羽の矢が立ったのが国際連盟であった。１９２０年１月に発効した国際連盟規約では、その23条で病気の予防と撲滅に取り組むことを規定しており、チフスの流行に対して、適切に対処することが求められた。連盟の初代事務総長に就任したエリック・ドラモンドは、連盟の既存の部局では対処しきれないので、保健問題専門の部局を設置する方向性を示した。こうして１９２０年４月に開催された連盟主催の国際保健会議では、国際連盟に常設の保健機関を設立すること、ポーランドのチフスに対処するために国際委員会を設置し、ポーランドに派遣することが決定された。計画は承認されたものの、資金を集めるのに時間がかかり、１９２１年２月に、ようやく感染症委員会が結成され、ポーランドに派遣された。

ポーランドにおいて感染症委員会は、国境線沿いや交通の要衝に衛生施設を設置し、旅行者、列車、住民に対して感染の有無を確認し、感染者に対しては衛生的な方法でシラミの駆除と治療を行った[19]。感染症委員会の活動の結果、ポーランドの状況は大幅に改善され、委員会の活動は国際的に賞賛され、委員会の活動を下に、１９２１年８月に国際連盟保健機関（ＬＮＨＯ）暫定保健委員会が設立された。

●政治対立を超えた協力とその限界

設立後のＬＮＨＯの活動は関係国の地政学的考慮や、パワーポリティックスと密接にかかわり合う面もあった。第一の事例は、ロシアをめぐる問題であった。１９２１年８月にＬＮＨＯ暫定委員会が設置された際、その最初の議題は、感染症委員会の活動をロシアにも拡大するか否かについてであった。ロシアはチフスの発生地であったが、連盟に加盟しておらず、ポーランドをはじめとする近隣諸国と緊張関係にあった。そのような政治的な事情と感染症委員会派遣の必要性が天秤にかけられたのである。結局、ＬＮＨＯ保健部長のルドヴィク・ライヒマンのイニシアティブで、１９２１年11月にロシアに感染症委員会が派遣された。委員会は国際連盟の難民高等弁務官として、捕虜の帰国やロシア難民の支援を行っていたフリチョフ・ナンセンの協力を得ながら、ポーランドと同様の事業を展開し、状況の改善に大きく寄与した。[20]

　国際連盟の保健事業が関係国の地政学的考慮や、パワーポリティックスと密接にかかわりあった第二の事例は、ドイツをめぐるものであった。第一次世界大戦で敗戦国となったドイツは、近隣国の反対もあり、国際連盟に加盟できなかったが、保健協力においては事情が異なった。１９００～20年の間にドイツが受賞したノーベル医学生理学賞は12に及んでおり、19世紀以降、この分野に貢献してきたドイツを保健協力から除外することは、あまりにも非合理的であった。ライヒマンらＬＮＨＯの高官たちは早いうちからドイツとの協力関係を模索し、たとえば専門家会議にベルンハルト・ノホトら、ドイツ人研究者を招待していた。このような動きに対して、フランス、ベルギーなどドイツと関係が芳しくない加盟国は、会議への参加を拒否することもしばしばあった。[21]

　しかし、１９２５年にロカルノ条約が締結され、１９２６年にドイツが国際連盟に加盟すると、ヨーロッパ国際関係は協調の時代に入った。保健協力もその影響を受け、１９２６年以降はたとえばドイツのノホトが率いる研究所と国際連盟が協力して、マラリア対策の人材育成事業を展開するなど、保健事業はドイツと連盟の重要な連結点となり、その機能は、１９３３年にドイツが国際連盟に脱退を通告した後も続いた(22)。政治的対立や緊張にもかかわらず、ロシアやドイツが保健協力に参画できたのは、ライヒマンら国際官僚たちの功績でもあった。

日本に関しても、国際保健協力は同様の機能を果たした。国際連盟の常任理事国となった日本は、ＬＮＨＯの事業を通じて、アジアにおける衛生先進国であることを世界にアピールし、国際的なステイタスの向上を図ろうとしていた。たとえば１９２５年には国際連盟主催のスタディーツアーを日本で実施したり、同年にシンガポールに設置されたＬＮＨＯ極東支部シンガポール感染症情報局副次長のポストを長く維持した。日本はドイツと同じく、１９３３年に国際連盟に脱退を通告したが、その後も保健協力にはとどまり、その関係は１９３８年まで続いた。連盟の事務総長も日本を国際連盟に引き戻す上で保健事業を重視し、保健協力を通じた日本との交渉を試みた(23)。

対立が激化する中でも、各国が比較的合意に達しやすい保健協力は、国際協調の最後の砦としての役割を期待されたが、残念ながら第二次世界大戦が始まると、日独と国際連盟の関係は完全に絶たれてしまう。国際保健協力には専門事業としての側面と、国家間協力としての二つの側面があり、二つの側面のパワーバランスが事業の行方に大きな影響を及ぼす。当時の保健協力は、帝国諸国を中心とする国家の裁量が大きく、関係国の政治的対立を超えて専門事業を遂行できるほどの強靭さは兼ね備えていなかった。

大戦が始まると、ＬＮＨＯの下には、連合国からマラリアやチフスなどの感染症情報、難民キャンプの衛生情報などを求めて１５０件以上の問い合わせが寄せられた。ＬＮＨＯに残っていた二人の専門家レイモンド・ゴーティエとイブ・ビローは組織の存続を賭けて、押し寄せる問い合わせに真摯な対応を続けていた。たとえば、ゴーティエとビローは終戦までほぼ途切れることなく、感染症週報を発行し、その中で発疹チフス、腸チフス、赤痢、ジフテリア、結核、マラリアなど多様な感染症情報を盛り込み、連合国陣営に届けていた[24]。１９４４年５月には、アメリカのワシントンＤ.Ｃ.にＬＮＨＯの分局として保健研究支局を開設し、ＬＮＨＯと連合国の協力拠点となった[25]。

2　戦後の保健協力

◉戦後国際秩序の構築と保健協力

１９４５年春に国際連合設立のために開催されたサンフランシスコ会議では、戦前の国際保健事業の有用性が確認され、経済および社会的国際協力が促進されるべき分野の一つとして、国連憲章に「健康（Health）」を明記すること、既存の国際保健事業を軸に、国連の下に唯一の国際保健機関を設立することが決まった。これ以降、国際保健機関設立に向けた動きは、アメリカのイニシアティブの下進められていった。アメリカは第一次世界大戦のスペイン風邪の経験から、戦後、再び同様の事態が起きることを未然に防ごうと考えていた。それに加え、国際保健協力を国連の主要な事業の一つに位置づけることが、戦後のアメリカ社会、そして国際社会における平和と繁栄につながるという期待もあった。この時期のアメリカは保健、食糧、経済・金融など専門的協力事業を戦後の国際秩序の基盤と位置づけ、国連に先駆けて専門的国際機関の設立を主導していた。たとえば１９４３年の連合国食糧農業会議では、国連食糧農業機関（ＦＡＯ）の設立が合意され、翌１９４４年のブレトン・ウッズ会議では、国際復興開発銀行（ＩＢＲＤ）と国際通貨基金（ＩＭＦ）の設立が合意された。アメリカのイニシアティブは、保健問題への適切な取り組みが戦後の国際社会の平和と安定に寄与するという期待に裏づけられたものであった。[26]

◉地政学的考慮のぶつかり合い

１９４６年６月にＷＨＯ憲章起草のための、国際保健会議がアメリカのニューヨークで開催された。すべての人の健康を確保する目的で、国連の下に唯一の国際保健機関を設立しようという点において、多くの参加者は一致していた。他方、その機関に自国の国益や地政学的考慮を反映させようという動きが見られ、会議は難航した。最初の議題は、敗戦国や非自治地域など、国連に加盟していない国のＷＨＯへの加盟をどうするかという問題であった。アメリカはＷＨＯをユニバーサルな機関にするべく、ＷＨＯ憲章に署名するすべての国に加盟の道を開くべきだという立場を維持していた。他方、イギリスやソ連をはじめとするいくつかの国は、国連非加盟国のＷＨＯへの加盟に慎重な意向を示していた。アメリカはこの点を譲らず、結局アメリカの意向を反映して、国連加盟国のみならず、ＷＨＯ憲章に署名したすべての国に加盟への道が開かれることとなった。これに関連して、国際保健機関の名称も議論された。イギリスは加盟国を国連加盟国に限定する意図で「国連保健機関」を提案したが、加盟国を国連加盟国に限定するべきではないとの反対にあい、「世界」保健機関という名称に決まった。

非自治地域の加盟資格も問題となった。当時はアジアやアフリカを中心に、多くの地域が植民地支配下に置かれていた。また、日本やドイツなど、旧枢軸国に関しても、主権を回復していない地域がいくつかあり、これらの非自治地域が加盟するための資格として、「準加盟資格」が提案された。これは分担金の支払いなど、正式加盟国とほぼ同じ権利と義務を享受するものの、世界保健総会で投票権がないという資格である。この提案に対し、当時まだ植民地を有していた国々は反発し、当該非自治地域に関して「責任を有する国」の承認があって初めて、非自治地域は準加盟資格を申請できるものとされた。

イギリスはこれに納得せず、非自治地域に準加盟資格を認められた場合にも、当該地域に対して「責任を有する国」から代表を派遣できる仕組みを模索した。これに対し、世界保健会議に唯一、アフリカの主権国家として参加していたリベリア代表は、非自治地域の土着の人物が代表として派遣される仕組みを提案した。会議ではイギリスとリベリアの攻防が見られたが、結局リベリアの提案どおり、準加盟資格を認められた地域は、現地の土着の人物を代表として派遣すべきことが明記された。植民地システムを内包していた国際連盟とは異なり、国連の下では設立後早々、民族自決の原則が実現されつつあった。

会議では冷戦の始まりを受けて、ソ連グループ（ソ連、ウクライナ、ベラルーシ）とほかの連合国の立場の違いが顕在化した。当初21カ国が批准すれば、ＷＨＯ憲章が発効し、ＷＨＯが設立される予定であったが、ソ連は国連加盟国の過半数である26カ国の批准を提案した。会議が膠着状態に陥ることを恐れた英米は、この提案を受け入れ、よってＷＨＯの設立は、会議から2年を要することとなった。このほか、ソ連グループは、ＷＨＯ執行理事会でも国連安全保障理事会（安保理）と同様、常任理事国を設けるべきだと提案したが、強い反対にあい、実現には至らなかった。

ＷＨＯの本部をどこに設置するかという議論にも、ソ連グループとほかの連合国の間で対立が顕在化した。イギリスは、ＷＨＯが国連本部と緊密な関係を図りつつ、事業を進める必要があるとして、アメリカのニューヨークに本部を設置することを強く促した。アメリカは表立ってはニューヨークを支持しなかったものの、ＷＨＯへの自国の影響力を確保する上でも、ニューヨークに本部を置くことを好都合だと考えていた。他方、ソ連グループはニューヨーク案について、アメリカのＷＨＯへの影響力が大きくなることを懸念し、１９４８年にフランスのパリに本部を置くことを提案した。結局、本部の所在地に関しては結論に達せず、１９４８年にスイスのジュネーブに決定された。

ＷＨＯ憲章は会議の終盤、１９４６年７月22日に61カ国によって署名され、憲章が26カ国によって批准された１９４８年４月７日にＷＨＯは設立された。以上見てきたとおり、ＷＨＯは関係国の地政学的考慮や、パワーポリティックスと密接にかかわりあいながら設立された。本来、中立性が要求されるＬＮＨＯの活動は戦時中、連合国を大きく助けるものであったし、ＷＨＯの地域分権化や組織構造には、英米の意見が反映された。他方、それを覆すような動きも見られた。準加盟資格をめぐるイギリスとリベリアの攻防で、後者に軍配が上がったことからは、当時においてすでに、反帝国主義の動きが、植民地システムを固持しようとする勢力より優勢になりつつあったことを示している。またそもそも、ＷＨＯ設立に向けた下準備を担ったのは、ＬＮＨＯの国際官僚たちであった。ＷＨＯ憲章の序文には「健康」の定義として、「単に病気にかからない状態ではなく、身体的、精神的、社会的に健全な状態」と記されているが、これは国際連盟の経験に基づき、ＬＮＨＯのゴーティエが起草したものであった。このように専門家たちを中心とする高度専門事業としての側面と、主権国家間のパワーポリティックスとしての側面のせめぎあいの中で、戦後の国際保健協力は築かれたのであった。[27]

◉アメリカの冷戦戦略とマラリア根絶事業

設立後まもなく、ＷＨＯが主要課題として取り組んだのはマラリアであった。第一次世界大戦と同様、第二次世界大戦でも地中海沿岸やアジアを中心に、マラリアの流行が見られた。戦時中にはクロロキンという抗マラリア薬とならんで、ＤＤＴという殺虫剤もマラリア対策として使われた。戦後のアメリカでもこの手法が継続され、１９５４年にアメリカでマラリアが根絶されると、アメリカは南北アメリカ大陸でのマラリア根絶を目指すようになった。[28]１９５５年の世界保健総会でアメリカは、ＷＨＯ

が世界規模の根絶事業を展開すべきことを提案した。[29] アメリカが世界的な根絶事業に熱心であったのは、単純にマラリアによる被害や死者を減らしたいという思いに加え、冷戦の最中にあって、ソ連の第三世界への支援に対抗し、西側の結束固めと勢力拡大のために有利だという期待があった。[30]

このようなアメリカの支持を背景に１９５５年、ＷＨＯのマラリア根絶プログラム（MEP：Malaria Eradication Program）が始まった。プログラムはＤＤＴの散布と抗マラリア薬クロロキンの使用を通じて、マラリアの根絶を目指すものであった。[31] アメリカは１９５８年～66年の間に、マラリア根絶の目的で合計28カ国に直接支援を提供し、ＷＨＯにも資金を拠出し、その額は合計で４億９０００万ドルにも上った。

プログラムを通じて、１９６０年までに11カ国でマラリアの感染をなくし、12カ国でマラリアの罹患率が急落した。他方、プログラム開始から間もなく、抗マラリア治療薬クロロキンとＤＤＴが効かない症例が確認された。強い薬剤を使用することで、薬に耐性を有する蚊が出現したのだ。またＤＤＴが振りかかった穀物を食べた雌牛は脂肪組織にＤＤＴを蓄積して、その成分が牛乳の中に分泌されるなどして、市民の食生活も汚染されていった。多くの研究者がＤＤＴの危険性を指摘したことを受けて、当時のジョン・Ｆ・ケネディ米大統領はＤＤＴや同系統の化合物の使用を、段階的に廃止していく方針を定めた。このため、ＷＨＯではプログラムを遂行していくための資金が得られなくなり、１９６９年の世界保健総会でＭＥＰの中止が宣言された。[32]

◉ソ連の対抗策としての天然痘根絶事業

当時、アメリカと対立していたソ連は、アメリカがマラリアに注力していることに対抗して、天然痘の根絶に向けたプログラムを提案した。ＷＨＯ設立後、一度も世界保健総会に代表を派遣してこなかったソ連が、初めて１９５８年の世界保健総会に代表を派遣し、その席でワクチンの接種による天然痘根絶計画を提案した。当時のソ連では近隣のアジア諸国から天然痘が持ち込まれ、天然痘が流行していなかった中央アジアで天然痘の流行が始まっていたため、国際協力によって天然痘の広がりを抑えたいという思いがあった。

これに加え、ソ連としては、保健事業でアメリカに対抗しうるイニシアティブを取りたいという思いもあった。提案は承認されたものの、多くの先進国――その多くは西側諸国であったが――はソ連が提案したプログラムに資金を供与することを拒否したため、計画はなかなか具体化されなかった。自らの提案がなかなか具体化されないことについて、ソ連代表は毎年の世界保健総会でその不満を漏らした。[33]

１９６０年代に入り、膠着状態を好転させる契機となったのが、皮肉にもアメリカの動きであった。当時のアメリカはベトナム戦争によって国際的信頼を大きく失墜させており、リンドン・ジョンソン米大統領はアメリカへの信頼を回復させる手段として、天然痘に着目した。１９６５年アメリカは正式にＷＨＯの天然痘根絶プログラムへの支持を表明し、[34]こうして１９６７年、ＷＨＯによる天然痘根絶事業が始まった。

◉冷戦を超えた協力

ＷＨＯには天然痘根絶に向けた対策本部が設置された。ソ連はプログラムの提唱者であり、ソ連人がそのディレクターに就任することを期待していたが、指名されたのはアメリカ人のドナルド・ヘンダーソンであった。[35] ソ連はこの人事を快く思わず、ＷＨＯに抗議した。[36] 就任後のヘンダーソンは、ソ連代表とコンタクトをとり、関係が悪化しないように心を砕いたという。その甲斐あってか、プログラム開始後もソ連はプログラムに協力的で、ＷＨＯにワクチンを寄付したが、そのワクチンがＷＨＯの品質テストに合格しなかったときは、直接ヘンダーソンがモスクワを訪問して事情の説明にあたり、気分を害さないように理解を求めた。またＷＨＯのチームにソ連の専門家を雇用したり、[37] 米ソの研究所の共同研究も展開された。[38] プログラムの開始をめぐっては、米ソ対立が反映されたものの、実際のプログラムは、米ソの研究者を含む専門家レベルの協力に支えられて進められた。１９７７年10月にソマリアで最後の天然痘患者が確認され、[39] その後2年間の監視期間を経て、１９８０年5月ＷＨＯは天然痘の根絶を宣言した。[40]

◉ポリオをめぐる米ソの協力

ＷＨＯの下で、天然痘の次のターゲットとされたのがポリオであった。ポリオは20世紀初頭、多くの産業国家で、子どもの身体麻痺を引き起こす病気として恐れられた。天然痘と同じく、人にしか感染せず、媒介物が存在しないため、ワクチンの接種によって有効に感染を予防できるという特徴がある。ポリオとの闘いにおいて転機となったのは、１９５０年代以降のワクチンの開発であった。

１９５０年代以降、不活化ワクチン（IPV：Inactivated Polio Vaccine）についで生ポリオワクチン（OPV：Oral Polio Vaccine）が開発され、定期接種されることにより、多くの国でポリオ患者は激減した。最初に登場したのはアメリカのピッツバーグ大学のジョナス・ソークによって開発されたＩＰＶであり、１９５５年に治験の結果、アメリカ政府の認可を得た。[41] ＩＰＶは安全で有効であるが、注射で接種するため、医療関係者でなければ接種ができず、高価であるという問題点があった。

他方、同じくアメリカのシンシナティ大学のアルバート・セービンは弱毒化されたポリオウイルスを用いたＯＰＶの開発に取り組んだ。ＯＰＶは経口なので、誰でも簡単に、多くの人に接種でき、またＩＰＶに比べて安価であるという利点があった。他方、ＯＰＶの安全性と有効性を証明するためには、数百万人の被験者が必要だったが、アメリカではすでにＩＰＶの接種を受けた人がほとんどであったため、被験者となれる人が多くはなかった。他方、当時のソ連ではポリオ患者が急増しており、スターリンの死後、ソ連の当局者はポリオ患者の増加を憂慮して、国際協力を模索するようになっていた。特にソ連のウイルス学者ミハイル・チェマコフは簡単でより安価なＯＰＶに着目していた。アメリカ国務省は当初はソ連との協力に慎重な姿勢を貫いていたが、ＯＰＶの開発にあたって米ソの協力の必要性を認識し、セービンの訪ソを許可した。こうして１９５６年以降、ＯＰＶの実用化に向けたチェマコフとセービンの協力が始まった。

１９５９年ソ連とその衛星国では、チェマコフの強い働きかけにより、アメリカで開発されたＯＰＶ

ワクチンの初の大規模臨床実験が実施された。治験の結果、ＷＨＯはＯＰＶの有効性を認め、その後、ＷＨＯによるポリオ根絶プログラムの中では、ＯＰＶが主に用いられた。ＯＰＶは冷戦の最中にあって、米ソのウイルス学者の協力の下、実用化されたのであった。[42] このようにＷＨＯの事業は、度々関係諸国の地政学的考慮やパワーポリティックスの影響を受けてきたが、それに翻弄され続けたわけではなく、それを静かに打ち返すような動き——冷戦下での米ソ専門家たちの協力——も確かに見られた。

3 アメリカと国際保健協力

以上見てきたとおり、専門家たちを中心とする高度専門事業としての側面と、主権国家間のパワーポリティックスとしての側面のせめぎあいのなかで、国際保健協力は築かれてきた。そして特に後者の側面に関して、圧倒的な影響力を行使してきたのがアメリカである。

◉多様なチャンネルを通じた関与

アメリカは戦後において、国際保健協力の牽引役として、主に財政面で深く関与してきた。ＷＨＯによるマラリア撲滅事業、天然痘撲滅事業はいずれもアメリカの資金なしには、そもそも不可能であったことを踏まえれば、アメリカが保健協力に大きく貢献してきたことは——たとえ、それが政治的な理由に基づくものであったとしても——否定することはできない。

国際保健協力への拠出のチャンネルは大きく二国間支援と多国間支援の二つから成る。二国間支援は政府開発援助（ＯＤＡ）の中の保健向け拠出（ＤＡＨ）を通じて拠出されている。２０１４年度、アメリカのＤＡＨは１２０億ドルであり、これは第二位のイギリスの3倍の額である。[43]

他方、多国間支援ではＷＨＯとグローバルファンドを通じた支出が挙げられる。ＷＨＯの予算は１９４の加盟国からの分担金と加盟国、非国家アクターからの自発的拠出金の二種類の財源から構成される。加盟国の分担金は国連の分担金と同様、主に当該国の経済規模によって決まり、アメリカは戦後一貫して、最大の分担金を負担してきた。他方、たとえばＷＨＯが発表した安全性が高く、有効だとされる医薬品リストにアメリカの製薬会社が強く反発した際など、ＷＨＯの政策がアメリカの意向と相対立する際には、アメリカは分担金の支払いを拒んできた。[44]

アメリカによる多国間支援のもう一つのチャンネルがグローバルファンドである。グローバルファンドは２０００年のＧ８沖縄サミットで設立が提唱され、２００２年設立に至ったエイズ、マラリア、結核を対象とする基金である。グローバルファンドの最高意思決定機関は、政府、非政府、市民社会、ＮＧＯ、プライベートセクターなど、多様なグループからの代表で構成されており、保健協力におけるハイブリッド枠組みとして注目されてきた。[45] 他方、このようなハイブリッドな性格は表面的なものにとどまり、実際には、アメリカと特別に近しい関係にある。たとえば財政面でも、設立後13年の間にグローバルファンドが受けた資金総額の約3割がアメリカから拠出されたもので、その額は国別では一位である。グローバルファンドの意思決定にも、アメリカは大きな影響力を有してきた。毎年のグローバルファンドの会議に際しては、その議題に関してアメリカが独自の見解をまとめて公表しており、その内容と会議での決定内容は、ほとんど相違が見られないという。さらにアメリカは、ジュネーブのアメリカ領事館にグローバルファンドとの連絡係を2名配置し、ジュネーブに本部を置くグローバルファンドとの継続的な連携を図っている。[46]

◉関与のインセンティブ——ＰＥＰＦＡＲを通じた考察

総じて、アメリカは二国間、多国間双方のチャンネルを通じて、既存の国際保健協力の枠組みに大きく貢献してきた。それではアメリカが保健協力に関与するインセンティブとは何なのか？　本項では、アメリカの国際保健協力のチャンネルとして、近年存在感を高めてきているアメリカ大統領エイズ救済緊急計画（ＰＥＰＦＡＲ：The U.S. President's Emergency Plan for AIDS Relief）を通じて考えてみたい。

１９８１年に初のエイズの症例が確認されて以降、アメリカの政府高官たちは常にＨＩＶ／ＡＩＤＳの国際的・国内的なインパクトに注意を払ってきたが、２００３年はじめ、当時のジョージ・Ｗ・ブッシュ大統領のもとで打ち出されたイニシアティブはその規模において、前例のないものであった。２００３年はじめ、ブッシュ大統領は来る5年間の国際的なＨＩＶ／ＡＩＤＳ対策の資金として１５０億ドルを支出すると発表し、ＰＥＰＦＡＲはアメリカ国内で超党派の支持、ＮＧＯの幅広い支持を集めて成立した。その後の5年間で当初の１５０億ドルを優に上回る額が国際的なＨＩＶ／ＡＩＤＳ対策に投入され、5年計画が終了する２００７年5月には、活動をその後も継続すること、来る5年用の活動資金として、２００３年に用意した資金の2倍にあたる３００億ドルが計上された[47]。

ブッシュ大統領がＰＥＰＦＡＲの設立を宣言した２００３年はじめは、イラク戦争直前の時期にあり、また財政的にも余裕がない中で、なぜ大規模なＨＩＶ／ＡＩＤＳ対策のイニシアティブが打ち出されたのか、様々な憶測が飛び交った。実際、ＰＥＰＦＡＲの活動には、アメリカの様々な思惑が関係していたと言われている。

第一に、ＰＥＰＦＡＲを通じて、多国間主義の牽引役としてのアメリカのイメージを改善することである。当時はイラク戦争の時期にあって、安保理決議なしでイラク戦争に踏み切ったアメリカに対しては、単独主義という批判が高まっていた。そのような中にあって、アメリカのイメージを改善する狙いがあったと言われている。

アメリカがＰＥＰＦＡＲを打ち出した第二の背景は、保健問題の安全保障化によるものである。冷戦後、「安全保障」が国を敵国の侵略から守るという狭い意味から、国民一人ひとりの安全、経済・社会分野の安全をも含む広義のものと理解されるようになった。そのような中で、ＨＩＶ／ＡＩＤＳを含む保健問題も安全保障問題と認識されるようになった。２００１年9月の同時多発テロ以降は、天然痘ウイルスを用いたテロの危険性も懸念されたし、自国の兵士がＨＩＶ／ＡＩＤＳに感染することで、防衛に支障をきたすことも懸念された。こうして２０００年1月の国連安保理では、当時のクリントン大統領のイニシアティブで、ＨＩＶ／ＡＩＤＳが初めて議論され、ＨＩＶ／ＡＩＤＳの蔓延が個人の生きる権利と広く市民と社会への脅威であると認識された。２０００年７月の安保理では、クリントン大統領が、ＨＩＶ／ＡＩＤＳは今やアメリカの安全保障への脅威であると述べ、採択された安保理決議１３０８では、ＨＩＶ／ＡＩＤＳが世界の安全保障を脅かす前に、必要な行動をとることが勧告された。

ＰＥＰＦＡＲ設立の第三の背景は、アメリカの製薬産業を通じた経済権益の確保である。ＨＩＶ／ＡＩＤＳに対しては一般的に、コンドームの普及など予防に重点を置くものと、抗レトロウイルス薬（ＡＲＶ）治療の提供など、治療に重点を置くアプローチがあるが、ＰＥＰＦＡＲは設立以来、アメリカの主要な製薬会社の薬を用いて、治療に重点を置いた取り組みを行ってきた。ＰＥＰＦＡＲ自体、アメリカの製薬業界と深いかかわりがある。たとえば、ブリストル・マイヤーズスクイブ、アボット、ファイザーらアメリカの主要製薬会社をメンバーとするロビーグループが結成され、ＰＥＰＦＡＲへの支出について議会に圧力をかけた経緯がある。さらにＰＥＰＦＡＲの事実上の事務局長のポストにブッシュ大統領は、製薬会社イーライ・リリーの前ディレクターを指名した。こうしてＰＥＰＦＡＲは一端では、アメリカの製薬会社の特許と経済権益を守る役割を果たしてきた[48]。

4　中国と保健協力

◉外交ツールとしての保健協力

保健協力の分野は長く、アメリカをはじめとする西欧諸国が中心的に、資金や技術提供を行ってきた。そのような慣行を覆すように、中国は２０００年以降、保健協力への関与を強めている。中国の関与は人々の健康に寄与することはもちろん、経済のパートナーであるアフリカとの関係強化においても、一帯一路構想を実現していく上でも、重要なツールと見なされている。

１９４９年建国以来、中国は外交関係を強化する手段として、あるいは国際的影響力を高める目的で、保健協力を重視してきた。冷戦期の中国とソ連の間には、医学教育の交流が盛んであったし、１９５０年代末から60年代にかけては、アジア、アフリカ、ラテンアメリカとの関係を強化する目的で、中国は医療チームを派遣するなど、保健外交に力を入れてきた。１９７２年５月からは中華人民共和国がＷＨＯの中国代表を務め、１９７８年にＷＨＯとの間で、協定が締結されると、当機関との協力も本格化した。ＷＨＯとの協力は、中国がその国際的影響力を高めたり、自らの構想を実現する上で、重要な手段と位置づけられてきた。２００６年12月には中国政府の指名の下、香港のマーガレット・チャンがＷＨＯ事務局長に就任し、中国はＷＨＯ執行理事会の理事の議席を度々獲得したり、西太平洋地域局の主要な会議も主催してきた。ＷＨＯと協力するために媒体として、中国国内にＷＨＯコラボレーションセンターを設置してきた。２０１８年時点で64のＷＨＯコラボレーションセンターがあり、感染症・非感染症の予防、プライマリーヘルスケアの促進等に関して、ＷＨＯと中国の協力拠点となっている。[49] 中国はその経済力の向上に伴い、分担金の額も着実に増え、２０１８～19年のＷＨＯの分担金の割合はアメリカ（22％）、日本（９・６％）についで第3位（７・９％）である。[50]

◉一帯一路構想と保健協力

２０１３年、習近平国家主席の下で打ち出された一帯一路構想は、古代シルクロードに沿って、アジアから中東、ヨーロッパに至る60カ国以上を緩やかに組み込む巨大な開発計画である。構想が実現すれば、世界の人口の約7割、世界のＧＤＰの約３割、世界の資源埋蔵量の約7割を網羅することとなる。構想は陸、海上の二つのシルクロードからなり、どちらのルートもアジア・アフリカを横切り、中国とヨーロッパを結び、貿易の拡大、天然ガスのパイプライン、高速道路や鉄道の建設、インフラの整備等を通じて、地域の経済発展を促すための長期的なプロジェクトである。[51]

一帯一路構想は保健協力にも注力している。２０１４年の西アフリカでのエボラ出血熱の大流行に際しても、一帯一路構想の下、中国は積極的に対応してきた。アフリカと中国は深い経済交流を続けており、西アフリカでのパンデミックは中国経済に直接的な打撃を与えるのみならず、１００万人以上いるとされる現地の中国人への影響も懸念された。中国は１９６３年に初めてアルジェリアに医療チームを派遣して以来、すでに30年以上の間に、多くの医療チームをアフリカに派遣してきた実績があり、このほか、マラリア予防・治療センターや病院を開設するなど、対アフリカ保健外交に力を入れてきた。２０１４年８月８日、ＷＨＯがエボラ出血熱に関し、公衆衛生上の緊急事態を宣言して以降、中国は約１２００人の専門家を西アフリカに派遣し、現地での治療センターの開設や、現地の治療スタッフの育成に尽力した[52]。

２０１７年１月には習近平国家主席がＷＨＯを訪問し、当時のチャン事務局長と会談し、一帯一路構想の下、公衆衛生上の緊急事態、中国製の薬やワクチンの活用に関する協定を締結した[53]。２０１７年８月には、関係国の保健大臣、ＷＨＯ事務局長らを招き、一帯一路ハイレベル保健会合を開催した[54]。会議終盤で発表されたコミュニケでは、感染症の予防や公衆衛生上の緊急事態への対処、保健政策やワクチンの研究開発に関して協調していくことが確認された[55]。

●中国の潜在力の行方

感染症の予防にはワクチンの接種が効果的であるが、欧米産のワクチンや薬は高価で、途上国では高嶺の花であることが多い。その点、中国産のワクチンは欧米産のものに比べて随分安価で、品質が確保されれば、グローバルヘルス市場で大きな潜在力があるとされている。中国は２０１２年以降、ＧＡＶＩアライアンス（The Global Alliance for Vaccines and Immunization）との協力関係を強化してきた。ＧＡＶＩは２０００年の世界経済フォーラムの年次総会（ダボス会議）で発足した組織で、出資国、国際機関、財団、民間企業、研究・技術機関や市民社会団体等、多様なアクターがパートナーシップを確立し、途上国の子どもたちへの予防接種の支援と、世界のワクチンギャップの改善を目指している。[56]

２０１３年末、ＷＨＯは中国の成都生物制品研究所が製造した日本脳炎のワクチンを承認し、その１年半後、当ワクチンを用いてＧＡＶＩアライアンスがラオス、カンボジア、ネパールで日本脳炎のワクチンキャンペーンを展開した。[57] ワクチンに加え、中国は抗マラリア薬やＨＩＶ／ＡＩＤＳ治療に用いられる抗レトロウイルス薬の主要成分の生産国でもあり、[58] また感染症対策に注力しがちな欧米とは異なり、長期的な視野で保健衛生インフラの投資に積極的であることからも、中国は国際保健における成長株として注目されている。ＷＨＯのチャン前事務局長も、ＷＨＯの品質調査を通過できれば、中国はワクチン供給市場において大きな潜在能力があると述べている。[59]

他方で、その関与はあくまで地政学的考慮と経済目的に動機づけられたものであり、世界第二位という中国の経済力を勘案すれば、他の先進国と比して中国の投資は決して十分とは言えない。たとえばグローバルファンドへの２００３〜16年の支払い金額は、61カ国中19位であるし、[60] ＧＤＰで中国は日本にずいぶんの差をつけて世界第二位であるにもかかわらず、ＷＨＯへの投資額は日本より少ない。また、２０１８年、中国の製薬会社で狂犬病の不正ワクチンが製造されていたことや、中国産の高血圧治療薬バルサルタンに発がん性物質が混入し、日本をはじめとする数カ国が自主回収したことからも、中国製の医薬品の質に関しては、度々社会問題となってきた。今後、中国が保健協力の分野で影響力を行使できるか否かは、財政支出と中国製医薬品の品質の向上にかかっていると言える。

5 国際保健協力の行方

そうなると、今後の保健協力の行方はアメリカの動向にかかってくる。アメリカは様々なチャンネルを通じて、国際保健協力に関与してきた。それは第3節で見たとおり、世界のリーダーとして、すべての人の健康という国際公益の実現をリードするという自負に加え、自国の安全保障、経済的繁栄というアメリカの国益のために関与せざるをえない事情が存在するからである。それはトランプ大統領の下でも大きくは変化しておらず、今後もアメリカの当分野への関与は続いていくものと思われる。

◉国際協調主義の衰退？

トランプ大統領は就任早々、地球温暖化に関するパリ協定、ユネスコからの脱退を表明し、このことは、戦後、アメリカを中心として築かれてきた国際協調の衰退を国際社会に印象づけた。しかし、その詳細を見てみると、必ずしも国際協調からの完全なる撤退を予兆させるものではなく、歴史的に根深い問題を抱える事案であったり、アメリカの政策にそぐわなかったりという理由によるものであることがわかる。

たとえば、パリ協定に関してトランプ大統領は、２０１９年11月国連に対して正式に離脱を報告し、世界に衝撃を与えた。しかし、野党民主党はこれを批判、２０２０年大統領選に向けた主要な候補は、パリ協定への復帰を訴えており、選挙の行方によっては復帰もありうると予測される。

ユネスコ脱退に関しても、国連との決別を意味するものではなく、ユネスコの政策がアメリカの外交方針にそぐわないという理由によるものであった。ユネスコは１９４５年11月に設立された際、第二次世界大戦後のヨーロッパにおける脱ナチズムを促進することを主な任務としていた。冷戦が始まるとアメリカはユネスコを、共産主義プロパガンダに対抗して、言論の自由を表明するための装置として重視した。他方、１９６０年代以降、ユネスコの加盟国が増えると、新興独立国の支持を背景に、ユネスコが自立的な政策を展開するようになり、アメリカと対立を深めていった。たとえば１９７４年には、イスラエルが「エルサレムの歴史的特徴」を変えようとしたことを理由に、ユネスコはイスラエルに制裁を下した。１９８３年12月には、当時のレーガン大統領が「ユネスコの政治化」を理由にユネスコからの脱退を表明した。[61] ２００３年、当時のブッシュ大統領の時にアメリカはユネスコに復帰したが、２０１１年11月、ユネスコがパレスチナを正式加盟国としてその加盟を認めたことを受けて、オバマ大統領はユネスコへの支出を停止することを表明した。[62] このようにユネスコとアメリカの対立は、イスラエルの処遇をめぐる長年のユネスコとアメリカの対立の延長線上に理解されるべきものであり、アメリカと国連との決別を予兆するものではない。

最後にもう一つ、トランプ大統領の下でアメリカとの関係が悪化した事例を紹介しておく。２０１７年４月にトランプ大統領はＵＮＦＰＡへの資金を打ち切ると発表した。ＵＮＦＰＡは１５０カ国以上で家族計画と母子保健に取り組んでいる国連の基金であり、２０１５年度においてアメリカは国連加盟国の中で第4位の額を負担していた。アメリカは１９８４年、当時のロナルド・レーガン大統領が大統領令メキシコ・シティ政策を発した。これはＮＧＯが家族計画やリプロダクティブ・ヘルスのオプションの中に、中絶を用いたり、中絶を提言したりする場合、そのＮＧＯに対して政府支出を禁止するというものである。一番最近では、ジョージ・Ｗ・ブッシュ大統領の下で実施されていたが、オバマ大統領の下で廃止されていた。２０１７年1月、就任早々のトランプ大統領は、世界各国で人工妊娠中絶を支援するＮＧＯへの助成を禁じる大統領令に署名した。[63] ＵＮＦＰＡはＨＩＶ／ＡＩＤＳ対策や家族計画で中絶を女性の権利として認める方向で活動を展開しており、メキシコ・シティ政策を強化する意向を示したトランプ大統領は、基金の活動がアメリカの政策にそぐわないことを理由に、資金提供を打ち切ったのであった。

◉アメリカが国際保健協力にとどまる理由

国際保健協力に関しても、トランプ政権の下でいくつかの変化が見られた。たとえば２０１８年度予算において、トランプ政権はアメリカの二国間ＨＩＶ／ＡＩＤＳ支援プログラムにおいて8億ドルの削減を発表し、[64] 国内外から強い非難を浴びた。他方、政権によるとこれは保健協力全般への熱意の低下を意味するものではなく、政策の転換によるものだという。たとえばトランプ大統領は、２０１７年12月1日の国際エイズデーに際して、これまでのＰＥＰＦＡＲを通じてアメリカの取り組みをたたえ、トランプ政権としては、引き続きＨＩＶ／ＡＩＤＳのコントロールへの投資を継続すると述べた。[65]予算の削減は熱意の消失を意味するものではないといい、２０１７年９月の国連総会にて当時のティラーソン国務長官は、ＰＥＰＦＡＲを通じた、より費用効果の高いプログラムの開始を発表した。[66]

　このように変化は見られるものの、依然、アメリカが保健協力の枠組みにとどまる理由がいくつか存在する。第一は、引き続き、安全保障上の理由から、保健協力の必要性が高いためである。ＨＩＶ／ＡＩＤＳに加え、エボラ出血熱や鳥インフルエンザのような突発的な感染症への対処も安全保障上の懸念事項として認識されている。２０１７年９月の国連総会にて、トランプ大統領はアフリカの首脳たちとの会談の中で、グローバル・ヘルス・セキュリティ・アジェンダ（ＧＨＳＡ）を促進するためのイニシアティブを強化すると述べた。ＧＨＳＡは２０１４年、当時のオバマ大統領のもとで打ち出された５年計画のイニシアティブで、エボラや鳥インフルエンザなどの流行を発生源で封じ込めるための、各国の対応能力の向上を目指すものである。パンデミックが起きた場合には、発生国の特定の地点で感染拡大を食い止めることが鍵となり、各国は国際保健規約に記載されている各国の義務に即して行動することが求められる。しかし、多くの開発途上国では保健衛生インフラの不備などにより、義務を適切に果たせずにいる。西アフリカを中心に甚大な被害をもたらした２０１４年のエボラ出血熱はそのような事情も大きく関係していた。[67]

　ＧＨＳＡが対象とする公衆衛生上の危機は、必ずしもエボラのように自然に発生するものだけに限定されず、炭疽菌を用いたテロなど、人為的なものも含まれ、[68]テロ対策の観点からもアメリカの安全保障にとって必要なプログラムである。ＧＨＳＡには２０１８年時点で日本、アメリカを含む60カ国以上が加盟しており、２０１７年10月の会議では、当初5年計画として設置されたＧＨＳＡを２０１９年以降も２０２４年までさらに5年延長することが決まった。ＧＨＳＡはアメリカのイニシアティブであるものの、ＷＨＯやＦＡＯ、国連国際防災戦略事務局（ＵＮＩＳＤＲ）や欧州連合（ＥＵ）など、関連の国際機関との連携も図られている。[69] ２０１９年度の予算において、ＧＨＳＡ向けの予算が増額されたことからも、[70] トランプ政権がＧＨＳＡを自国の安全保障という観点から重点を置いていることがうかがえる。

　アメリカが依然、国際保健協力の枠組みにとどまる第二の理由は、政権与党以外からの圧力を無視できないことである。政策決定における大統領の権限は大きいものの、政権与党以外の勢力が政策決定に及ぼす影響力は、無視できない。たとえばアメリカのブッシュ政権は、ＰＥＰＦＡＲ設置当初、製薬会社の利益を守る目的で、ジェネリック医薬品と呼ばれる後発医薬品を使用しない方針をとっていた。ジェネリック医薬品とは、新薬の特許期間終了後に作られる薬で、成分・効能は新薬と変わらないにもかかわらず、その価格はアメリカの大手製薬会社の薬の約3分の1である。ジェネリックの安全性と有効性はＷＨＯによって証明済であり、ＨＩＶ／ＡＩＤＳの患者の多くが開発途上国にいる状況下で、ジェネリック医薬品の需要が高まっており、実際、国連やＷＨＯのプログラムでは多く使用されている。ジェネリックを使用しないというアメリカ政府の姿勢に対しては、アメリカ国内のＨＩＶ／ＡＩＤＳ活動家、ＥＵの医薬品関連部門などから強い抗議を受けた。後者は抗議の一貫として、アメリカが主催したジェネリックに関する国際会議をボイコットした。このような圧力を受けて、結局ブッシュ政権は条件つきでＰＥＰＦＡＲにおけるジェネリック薬の使用を認めるに至った。[71] また２０１７年初頭、トランプ政権が２０１８年度大統領要求案を発表し、その中で外交・海外援助費の大幅削減を発表した際には、民主党議員にとどまらず、中心的な共和党議員からも反対の発言が相次いだ。アメリカでは予算編成権を持つのは議会であるため、与野党からの批判を受けて結局、２０１８年度の保健協力関連予算は２０１７年度からほぼ横ばいが確保された。[72] ２０１９年度予算案に関しても、アメリカ国内のグローバリストや国連支持のリベラリストは異議を唱え、議会で共和党のリーダーたちがこの削減を支持しないように要請した。[73] このようにアメリカが引き続き保健協力の先導者であることを望む勢力は国内外に存在し、その影響を無視できないことが第二の理由である。

◉強まる独自路線

以上見てきたとおり、今後のアメリカはその国益にかなうかぎりにおいて、国際保健協力の枠組みにとどまり続けるものと思われる。他方で、その関与のあり方は、必ずしもＷＨＯなど既存の国際機関を通してではなく、独自のイニシアティブを打ち立て、それを通じたものになろう。２０１７年以降、トランプ政権はＷＨＯへの大幅な分担金の削減を表明し、[74] 代わりにＰＥＰＦＡＲやＧＨＳＡなど独自のイニシアティブを通じた関与に重点を移している。独自路線を強める動きは様々な問題点を生み出している。アメリカの分担金の削減や未払いにより、ＷＨＯは深刻な財政的危機にあるし、アメリカが

ＨＩＶ／ＡＩＤＳに注力することは、数多く存在する保健課題の中で、特定の課題にお金が集まるという問題を生み出している。

このほかにも、独自路線が強まれば、アメリカ特有の宗教観・モラル観がグローバルな保健政策に影響を与えてしまうという問題点も懸念されている。その一つはＨＩＶ／ＡＩＤＳに関するものである。ＨＩＶ／ＡＩＤＳのコントロールには上述のとおり、予防と治療の大きく分けて二つの方法があり、前者に関しては節制、貞節、コンドームの使用という三つの方策（ＡＢＣ政策：Abstinence, Be faithful, use Condoms prevention strategy）がとられている。アメリカは宗教上の理由から節制と貞節に重点をおいて取り組んできた。国内外の圧力を受け、ＰＥＰＦＡＲではコンドームを配布してきたが、セックスワーカーや同性愛者など、特定のハイリスクの集団にその対象を限定してきた。また、学校での性教育には従事しないとの方針も維持しており、青少年への性教育やコンドームの配布などはプログラムから除外されてきた。グローバルなレベルでは予防の中でも特にコンドームの促進が有効だとされており、アメリカ独自の方針が感染の拡大を招くのではないかと懸念されている。[75]

中絶に対するアメリカの特異な姿勢の影響も懸念されている。上述のとおり、トランプ政権は、従来のメキシコ・シティ政策の規定を一歩進めて、アメリカから資金を受けているＮＧＯに、アメリカ以外から得る資金に関しても中絶にかかわる事業には使用してはならないと定めた。[76] 開発途上国や紛争地域では、安全な中絶方法にアクセスできない場合、妊娠中絶するために危険な方法をとることが多い。ＷＨＯは年間２１００万人以上の女性が開発途上国で危険な中絶をしており、妊産婦死亡の約

13％を占めると推定している。[77] 開発途上国や紛争地域では、中絶が女性の命を守るための手段である中、中絶に関与するプロジェクトへの政府支出を打ち切るという方針は、世界の多くの女性の命を危険に晒すことにつながると懸念されている。

6 保健協力は国際協調の砦となりうるのか？

国際保健協力は、国際社会の中で展開されるかぎり、関係国の地政学的考慮やパワーポリティックスの影響を受けざるをえない。そのような性格を所与のものととらえつつも、ＷＨＯ憲章に記された国際保健協力の目標――すべての人の可能な限り最高水準の「健康」を確保すること――を適切に果たしていくことが人類の目指すべき方向だと言える。

今まで保健協力を支えてきたアメリカの独自路線が進む中、保健協力の本来の目的を果たしていくことはできるのだろうか？　その際、鍵となるのは二つである。第一は、国内の世論、市民社会からアメリカの政策担当者への働きかけである。アメリカは保健協力に自国の利益のためにかかわってきたところもあるが、他方で、世界の超大国としてその豊富なリソースを活用して、保健協力を先導していかねばならないという規範も、市民社会を中心として根強く存在する。そして今日の国際社会では、その外交政策決定において世論や市民社会、人権団体からの影響は免れえない。実際、そのような圧力によって政策の変更を余儀なくされてきたことは、上述のジェネリック医薬品をめぐる動きからも明らかである。トランプ政権によるＨＩＶ／ＡＩＤＳ対策資金の削減を受けて、国内外の市民社会から様々な批判が寄せられている。たとえばカイザー家族財団はそのような削減により、２０２０年までには２７０万人の人々が治療から遠ざけられるだろうと予測した。[78] 世界の超大国として保健協力を先導していかねばならないという規範の下、いかに市民社会がコミットメントの重要性を政府に訴えかけていけるかが第一の鍵だと言える。

第二の鍵は、アメリカの動向にかかわらず、安定的に国際保健に関する財源を確保する仕組みを作ることである。最大の分担金負担国であるアメリカからの支出削減を受けて、ＷＨＯのテドロス事務局長は、ＷＨＯという一組織を超えて、グローバル・ヘルス全体で財源の問題を考えるべきであり、その際、たとえばユニセフのように市民から寄付金を募るなりして、安定的な財源を確保する仕組みを作るべきだと述べた。[79] この構想は言ってみれば、保健協力の財政的自立性を確保することで、国際協調の砦にしようという構想である。

本稿で見てきたとおり、国際保健事業は、専門家たちを中心とする高度専門事業としての側面と、主権国家間のパワーポリティックスとしての側面という、二つの側面を備えている。１９３０年代、世界が戦争に向かう中で、国際保健事業は国際協調の砦としての役割を期待されたが、その役目を適切に果たすことができなかった。戦後、長い時間をかけて、保健協力はその専門性と規模を拡大し、高度専門事業としての側面を十分高めてきた。国際官僚や各国の研究者たちの間には、共通の規範と専門知識をベースとしてネットワークが形成されていった。そのような専門家集団のネットワークは、冷戦下でアメリカとソ連の政府高官たちが激しく対立し合う中でも、天然痘やポリオの撲滅を目指して、静かな、しかし力強い協力と取り組みを続けた。安定的な財源を確保し、保健協力における専門性と自立性を一層高めることができれば、たとえ大国の首脳たちが国際協調から遠ざかろうとしても、保健協力は国際協調の砦として、変わりゆく国際秩序の中で、大きな役割を果たしうるかもしれない。

注

（1）"Trump Budget Cut Bid Would Make It 'Impossible' for U.N.: Spokesman," *Reuters*, May 24, 2017.
（2）"Trump's UN Budget Cuts Funding; Some Agencies Would Get Zero," *New American*, February 14, 2018.
（3）*Reuters, op. cit.*
（4）国立感染症研究所ウェブサイト。
（5）脇村孝平（２００２）『飢饉・疾病・植民地統治――開発の中の英領インド』名古屋大学出版会、32頁。
（6）小川眞里子（２０１６）『病原菌と国家――ヴィクトリア時代の衛生・科学・政治』名古屋大学出版会、２２１頁。
（7）脇村、前掲書、２２４-２２５頁。
（8）小川、前掲書、２３９頁。
（9）同、29-30頁。

（10）同、２３２–２３６頁。
（11）Howard-Jones, N. (1975) *The Scientific Background of the International Sanitary Conferences 1851-1938*, pp. 56–57, Geneva: World Health Organization.（Norman Howard-Jones〔１９８４〕『予防医学のあけぼの――国際衛生会議［１８５１–１９３８］の科学的背景』室橋豊穂訳、日本公衆衛生協会）
（12）Ibid. at 85.
（13）ディアムイド・オドノヴァン（２００９）『病気と健康の世界地図』千葉百子訳、丸善、68–69頁。
（14）ソニア・シャー（２０１５）『人類五〇万年の闘い――マラリア全史』夏野徹也訳、太田出版、１２１–１２５頁。
（15）ジョン・バリー（２００５）『グレート・インフルエンザ』平澤正夫訳、共同通信社、11–12頁。
（16）“The World’s Deadliest Outbreaks: Interactive Map Shows the Human Cost of Flu, Bubonic Plague and Ebola Globally since 541,” *Daily Mail*, October 10, 2014.
（17）国立感染症研究所ウェブサイト。
（18）Borowy, I. (2009) *Coming to Terms with World Health: The League of Nations Health Organisation 1921-1946*, pp. 43–45, New York: Peter Lang.
安田佳代（２０１４）『国際政治のなかの国際保健事業――国際連盟保健機関から世界保健機関、ユニセフへ』ミネルヴァ書房、27頁。
（19）Borowy, Ibid. at 49–51.
（20）Ibid. at 77–79.
（21）Ibid. at 116.
（22）Ibid. at 116.
（23）安田、前掲書、第２章。
（24）Borowy, 前掲書、４３１頁。
（25）安田、前掲書、１１１頁。

(26) Takuma, K. (2017) "The Diplomatic Origin of the World Health Organization: Mixing Hope for a Better World with the Reality of Power Politics," 首都大学東京都市教養学部法学系『法学会雑誌』57巻第2号。

詫摩佳代（２０１８）「国連システムの構築におけるトランスナショナルネットワークの役割——戦時食糧協力からの一考察」日本国際政治学会『国際政治』１９３号。

(27) Takuma, Ibid.

(28) Siddiqi, J. (1995) *World Health and World Politics: The World Health Organization and the UN System*, p.141, Columbia, SC: University of South Carolina Press.

(29) シャー、前掲書、３１２–３１３頁。

(30) Staples, A. (2006) *The Birth of Development: How the World Bank, Food and Agriculture Organization, and the World Health Organization changed the World, 1945-1965*, pp.166, 170, Kent, OH: The Kent State University Press.

(31) Migiro, K. (2016) "Timeline: The Long Road to Malaria Eradication," *Reuters, Science News*, June 8, 2016.

(32) シャー、前掲書、３３２–３３３頁。

(33) Henderson, D. A. (2009) *Smallpox: The Death of a Disease – the Inside Story of Eradicating a Worldwide Killer*, pp. 61–64 New York: Prometheus Books.

(34) Manela, E. (2009) "A Pox on Your Narrative: Writing Disease Control into Cold War History," *Diplomatic History*, 34(2): 308–309.

(35) Henderson, Ibid. at 101.

(36) Manela, Ibid. at 311–312.

(37) Henderson, Ibid. at 102.

(38) Manela, Ibid. at 312.

(39) Henderson, Ibid. at 38.

(40) 国立感染症研究所ウェブサイト。

(41) W・スワンソン（２０１２）「冷戦下に生まれた生ワクチン」日経サイエンス編集部『別冊日経サイエンス』１８８号、１４０頁。

(42) 同、１４２-１４３頁。

(43) Clinton, C., Sridhar, D. (2017) *Governing Global Health: Who Runs the World and Why?*, pp. 26–28, New York: Oxford University Press.

(44) Ibid. at 90–91.

(45) Global Fund. “Country Coordinating Mechanism,” The Global Fund Audit Report, February 25, 2016.

(46) Clinton, Sridhar, Ibid. at 112–113, 159.

(47) Dietrich, J. W. (2007) “The Politics of PEPFAR: The President’s Emergency Plan for AIDS Relief,” *Ethics & International Affairs*, 21(3).

(48) Ibid.

(49) Xu, J., Liu, P. and Guo, Y. (2011) “Health Diplomacy in China,” *Global Health Governance*, 4(2).

(50) Tang, K., Li, Z., Li, W. and Chen, L. (2017) “China’s Silk Road and Global Health,” *Lancet*, 390(10112).

(51) Ibid.

(52) “China Plays Bigger Role in Global Health Landscape,” Xinhua, January 26, 2017.

(53) Röhren, C. (2017) “Why China Could Be a Game Changer for Global Health: With Its Growing International Integration, China is Becoming a Major Actor in Global Health Issues,” *The Diplomat*, April 22, 2017.

(54) Tang, Li, Li and Chen, Ibid.

(55) Speech by Sidibe, M. “Belt and Road High-Level Meeting for Health Cooperation: Towards a Health Silk,” UNAIDS, Augst 18, 2017.（ウェブサイト：http://61.49.18.65/Beltandroadforumforhealthcooperation.html）

(56) ＧＡＶＩウェブサイト。

(57) Xinhua, Ibid.

（58）Röhren, Ibid.
（59）Xinhua, Ibid.
（60）Global Fundウェブサイト掲載記事、“Global Donors”.
（61）“The U.S. Has Left UNESCO Before. Here's Why,” *Time*, October 12, 2017.
（62）“U.S. Cuts UNESCO Funding after Palestinian Vote,” CBS, November 1, 2011.
（63）“Donald Trump Drastically Expands ‘Global Gag Rule’ On Abortion,” *Huffington Post*, May 15, 2017.
（64）Gerson, M. (2017) “Trump Wants to Gut America's Progress Against AIDS,” *Washington Post*, November 30, 2017.
（65）“With American Leadership, We Are on the Brink of Controlling AIDS,” White House, December 1, 2017.
（66）“President Donald J. Trump Proclaims December 1, 2017, as World AIDS Day,” White House, November 30, 2017.
（67）安田佳代（２０１６）「国際感染症レジームの変容と課題」『国連ジャーナル』２０１６年秋号、42-46頁。
（68）“Securing Global Health through U.S. Leadership,” White House, October 23, 2017.
（69）ＧＨＳＡウェブサイト。
（70）“Statement from the Press Secretary on the Global Health Security Agenda,” White House, March 12, 2018.
（71）Dietrich, Ibid.
（72）グローバルファンド日本委員会「米トランプ政権における世界の三大感染症対策予算」２０１８年６月１日。
（73）“Trump's UN Budget Cuts Funding; Some Agencies Would Get Zero,” *New American*, February 14, 2018.
（74）“Ethiopia's Tedros Faces Challenges as New WHO Chief,” *Voice of America*, May 26, 2017.
（75）Dietrich, Ibid.
（76）“Trump's ‘Mexico City Policy’ or ‘Global Gag Rule’: Questions and Answers.,” Human Rights Watch, February 14 2018.
（77）*Huffington Post*, Ibid.
（78）Gerson, Ibid.

（79）*Voice of America*, Ibid.

第Ⅲ部

地域で考える

第6章

プーチンのグランド・ストラテジーと「狭間の政治学」

――ロシアと地政学

廣瀬　陽子

1　ロシアにとって不可欠な地政学

旧ソ連、そしてその継承国であるロシアは、地政学を時代の状況に応じて政治、外交に援用し、地政学的な国際戦略を実践してきた。そして、地政学はソ連・ロシアの影響力拡大を理論的に支えてきたと言える。

ソ連解体後、新生ロシアは政治的にも経済的にも混乱し、国内を支えることすらままならない状態に陥り、対外的な拡大を考える余裕はなかったと言ってよい。だが、２０００年にウラジーミル・プーチンが大統領になり、強いロシアの復活が目指されるようになったとき、地政学は再びロシアで重要な位置を占めることになった。そして、プーチン時代のロシアの地政学をリードしてきたのが、プーチンのブレーンとも称されてきたアレクサンドル・ドゥーギンであった。

　本章では、まず現在のロシアの地政学の指針となっているドゥーギンの地政学について解説し、それと呼応するプーチンのグランド・ストラテジーがいかなるものかを提示する。さらに、それらロシアの地政学によって苦しめられている国々の「狭間の政治学」を概観し、ロシアの地政学的外交政策の一例としてウクライナ危機を検討する。そして、ロシアの地政学的思考とグランド・ストラテジーに照らしながら、ロシアの地政学的な外交政策の有り様を概観してから、最後にロシアが目指す今後の地政学的世界像を展望する。

2　ドゥーギンの地政学

◉ロシアの外交志向

　イリヤ・プリツェルは、ソ連解体後のロシアをとりまく空間を、ロシアを中心に同心円を描く形で三つのサークルに分類した（図表6-1）。第一のサークルがＣＩＳ（独立国家共同体）諸国[1]、第二のサークルが旧ソ連に近接するユーラシア大陸の国々であり、第三のサークルがロシアからは一番遠いアメリカ・西欧諸国である。[2]このような分類は、ロシアの外交を考える際に有益だ。新生ロシアでは、これら

図表6-1　プリツェルのソ連解体後のロシアをとりまく空間の分類

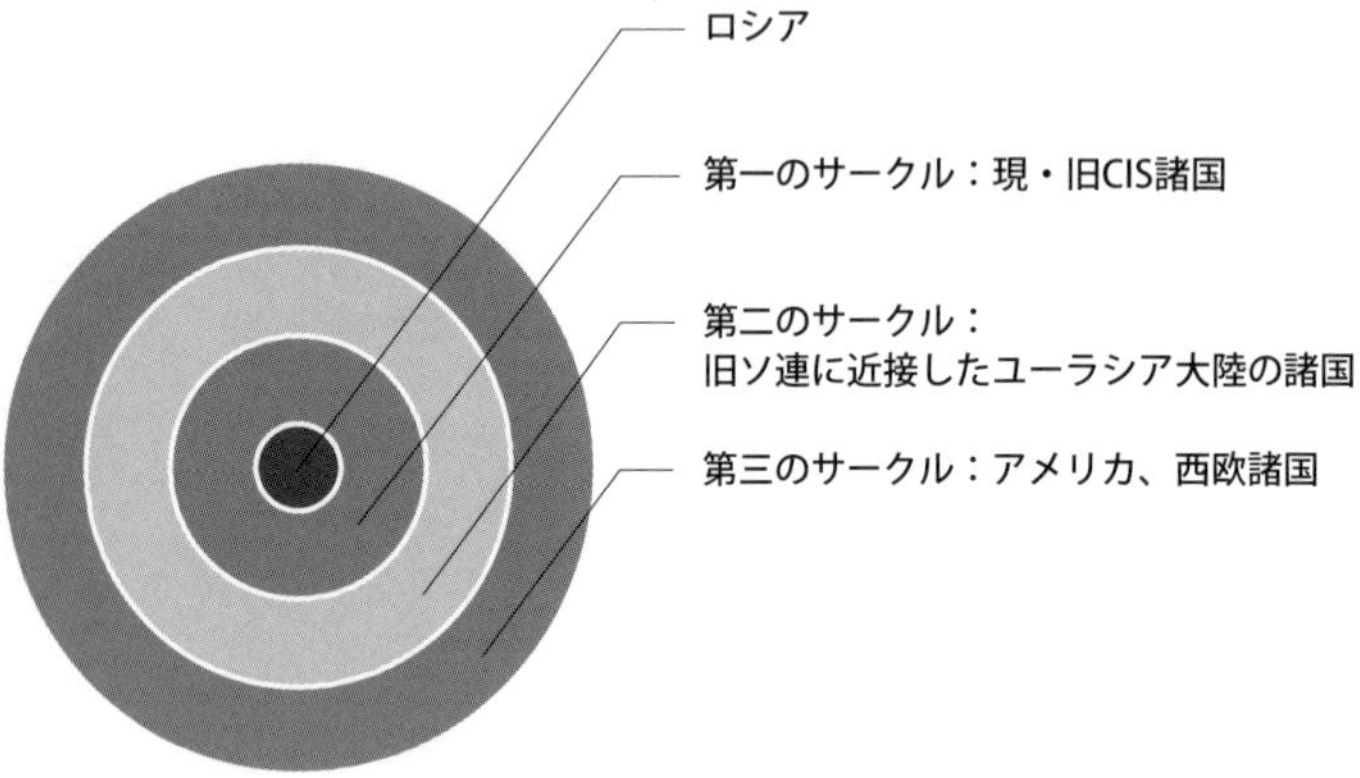

（出所）筆者作成

の領域のどこに外交の重点を置くかということで、様々な議論がなされたからである。

　紙幅の関係で、その詳細を論じることはできないが、「ユーラシア主義」を主張する論者は第一のサークルを重視し、第三のサークル、つまり欧米と対決するために第二のサークルとの関係維持を図ろうとする一方、「大西洋主義」を掲げるリベラル系の論者は欧米との関係を最も重視し、第一、第二のサークルに該当する諸国とも友好関係を維持してゆくべきだとした。簡単に言えば、ユーラシア主義は欧米と対抗しつつ、ユーラシアに外交の力点を置き、旧ソ連諸国やアジア諸国との連携を目指す方針であり、大西洋主義は親欧米路線であると言える。また、それらの間で力点のバランスが少しずつ異なる中間的な議論も多く出された。

　最終的にロシアが目指すことになったのはユーラシア主義であるが、その背景には、ソ連解体によってソ連の欧州部が独立し、ロシアの重心がアジア寄りに移動したという地政学的背景に加え、冷戦が終結した後も続いた北大西洋条約機構（ＮＡＴＯ）の東方拡大をはじめとした反ロシア的な政策をアメリカなどがとり続け、冷戦的な雰囲気が維持されたという事実がある（図表6-2、6-3も参照）。

だが、ロシアのユーラシア主義の誕生は、ロシア革命後の時代に遡る。ロシア革命でソ連から去った亡命知識人が１９２０～30年頃に提唱したもので、ブルガリアのソフィアでニコライ・トルベツコイ公らが１９２１年に出版した論集において、ロシア国民を「ヨーロッパ人ともアジア人とも異なるユーラシア人」と規定し、特にヨーロッパ文化を批判して、ロシア独自の歴史的発展の道を説いたのだった。

そして、ソ連解体後のロシアにおいて、ユーラシア主義をよりロシア的に発展させたのがドゥーギンである。

◉ドゥーギンの地政学の議論

ドゥーギンは地政学、哲学、政治思想などを専門とする、モスクワ大学などで教鞭もとっていた学者である。政治アナリスト、ストラテジストとしても知られ、また、１９９８年に当時のロシア下院議長ゲンナジー・セレズニョフに顧問に任ぜられた後、政治にも深く関与するようになった。２００２年には自らユーラシア党を設立するなど、政治家としても活動しており、様々な顔を持つ。そして、プーチンの戦略はドゥーギンの地政学の理論に支えられてきたと言ってよい。

ドゥーギンの主な議論はドイツ地政学を完成させたと言われているカール・ハウスホーファーの主張

図表6-2　ソ連時代のソ連と周辺国

（注）各国名に「ソヴィエト社会主義共和国」が付随する。
（出所）筆者作成

図表6-3　現在のロシアと周辺国

（出所）筆者作成

を援用している。ハウスホーファーの議論は「ランドパワー地政学」と言われており、それは五つのテーゼ、すなわち①生存圏（レーベンスラウム）と国家拡大理論、②経済自給自足論（アウタルキー）、③ハートランド理論に基づくランドパワー・シーパワーの対立、④統合地域論（パンリージョン）、⑤ソ連とのランドパワー同盟による世界支配、に集約される。特に、世界をブロックに分け、米ソ日独などが各地域で主導的な立場を確立し、秩序を維持するべきであるとし、それらをまとめるのはドイツであると主張していること、ソ連とのランドパワーによる世界支配も謳っていることなどは、ドゥーギンの議論と極めて類似している。また、後述するドゥーギンの枢軸理論は、１９４０年にハウスホーファーが発表した大陸ブロック論そのものであると言え、ドゥーギンがハウスホーファーの影響を極めて強く受けていることは間違いない。なお、ハウスホーファーの主張の一つである生存圏と国家拡大理論はアドルフ・ヒトラーやナチス党にも影響を与えたと言われている。

　ドゥーギンは多くの著作を出版しているが、最も有名なのが『地政学の基礎――ロシアの地政学的未来』（未邦訳）である[3]。同書はロシアにおける地政学に関する最初の総合的な書籍であり、科学的かつ体系的に、歴史を詳細に扱いながら地政学の基礎を説明し、また地政学的な思想と現実の問題を広く網羅しつつ、ロシアの地政学的な教義を策定した。ロシアにおいて、様々な意思決定を行うために、政治家や外交官、軍人、警官はもとより、学者やアナリスト、起業家や投資家など多くの分野のエリートの必読書とされ、ソ連軍参謀本部大学校はじめ、多くのロシアの教育機関で教科書として使われてきた。

それでは、本書の主張はどのようなものなのだろうか。

◉生き残るためのフィンランド化

本書の中心的主張は、アメリカおよび大西洋主義のユーラシアにおける影響力を失わせ、ロシアが併合や連携を通じてユーラシアにおける影響力を再構築していくべきだというものである。そして、ロシア人の世界統治のための闘争は未だ終わっておらず、ロシアは反ブルジョア・反米革命の舞台であり続けているとし、「西洋主義、アメリカの戦略的支配、リベラルな価値による支配の拒否」を共通の敵に対する基本原則としてユーラシアの帝国が構築されるべきだと主張する。その目的を実現するためには、軍事力の役割は比較的小さく、ロシアの特務機関による破壊、不安定化、誤報・偽情報の洗練されたプログラムが果たす役割が大きいとされ、他国に攻撃や圧力を仕掛けるためにはロシアの天然ガス、石油、天然資源などの強固かつ有効な活用が望まれるとされる。これら手段は、後述する「ハイブリッド戦争」の本質に大きくかかわるものである。そして、本書が提示するロシアの最大の課題は全欧州の「フィンランド化」であるという。

「フィンランド化」とは、冷戦時代に独立を維持しながらも、国際的な中立を堅持しつつ、ソ連の影響下にあったフィンランドとソ連の関係になぞらえて、自由民主主義や市場主義を維持しながらも共産主義勢力の影響下に置かれる状況を示したものである。冷戦時代、フィンランドはアメリカによるマーシャル・プランやNATOに参加せず、中立を維持すると同時に、国内でも自己検閲を行い、メディアも政治もソ連が承認すると思われた価値観を保持することで、ソ連に対抗しない意思を示した。それにより、フィンランドは独立を維持し、共産主義化やワルシャワ条約機構への加盟圧力から逃れることができた。だが、フィンランドがソ連に従属していると見なされ、「フィンランド化」という言葉は西側世界で否定的に用いられた。[4] だが、ソ連と国境を広く接し、かつてロシア帝国に支配された歴史もあり、またソ連に敗戦していた北欧の小国・フィンランドが独立を守るためには、「フィンランド化」は必要悪だった。フィンランドにとって「フィンランド化」は、国際環境の現実から出発した小国的英智の所産（ブリタニカ国際大百科事典）にほかならず、西側からの否定的反応にフィンランドは抗議をしてきた。そして、フィンランドにとって「フィンランド化」の歴史とは、冷戦史そのものであった。[5] 他方「フィンランド化」は、１８７１年から１９４５年までのデンマークの対独姿勢や第二次世界大戦終了までのスイス政府のナチス・ドイツに対する政策など、フィンランド以外の類似の国際的な行動様式にも一般的に用いられる。また、２０１３年末以降混乱が続くウクライナ危機をはじめとした、大国が絡む様々な危機の解決案として、度々「フィンランド化」が議論されてきた。

つまりドゥーギンは、全欧州諸国が政治・経済体制は現状を維持しながらも、ＮＡＴＯを脱して軍事的に中立となり、ロシアの影響下に置かれる状況を達成したいのである。

◉ドゥーギンの具体的な構想

前述『地政学の基礎――ロシアの地政学的未来』において、ドゥーギンが描いたロシアをユーラシアの大国にするための構想はかなり具体的である。モスクワ・ベルリン枢軸、モスクワ・テヘラン枢軸、モスクワ・東京枢軸という三つの主要枢軸を形成しつつ、アメリカの影響力が排除され、「フィンランド化」された友好的な欧州地域との関係を強化するという考えがその基盤となる。さらに、アメリカを攻撃するためには中南米との関係も重要であり、ユーラシア・プロジェクトは中南米との関係とも関連するという。

以下では、同書におけるドゥーギンの対ユーラシア政策に関する主張について重要なポイントをピックアップし、ロシアが特に重視しているはずの旧ソ連地域に関する政策について、実態を踏まえて少し踏み込んで見てゆこう。なお、ドゥーギンの議論では、ある国を国の大小、存在価値などによって解体すべきであるというような持論が展開される。それらの判断は必ずしも一般的に受け入れられるものではないが、かつて支配していたことなどの歴史的背景やロシアの地政学的願望などを背景に議論が展開されているため、正否は抜きにしてロシアの見方として理解していただきたい。

モスクワ・ベルリン枢軸

欧州地域における政策の基軸をなすのがモスクワ・ベルリン枢軸である。ドゥーギンはドイツとの友好関係と協力を極めて重視し、そのためにもロシアの飛び地である「カリーニングラード州」（図表6－4）をドイツに返還することすら提案する（ただし、現在のロシアの国際戦略、特にＮＡＴＯに対する戦略において、カリーニングラードは極めて戦略的に高い重要性を持っている。カリーニングラードにおける軍備拡充に

図表6-4　ロシアの飛び地カリーニングラード

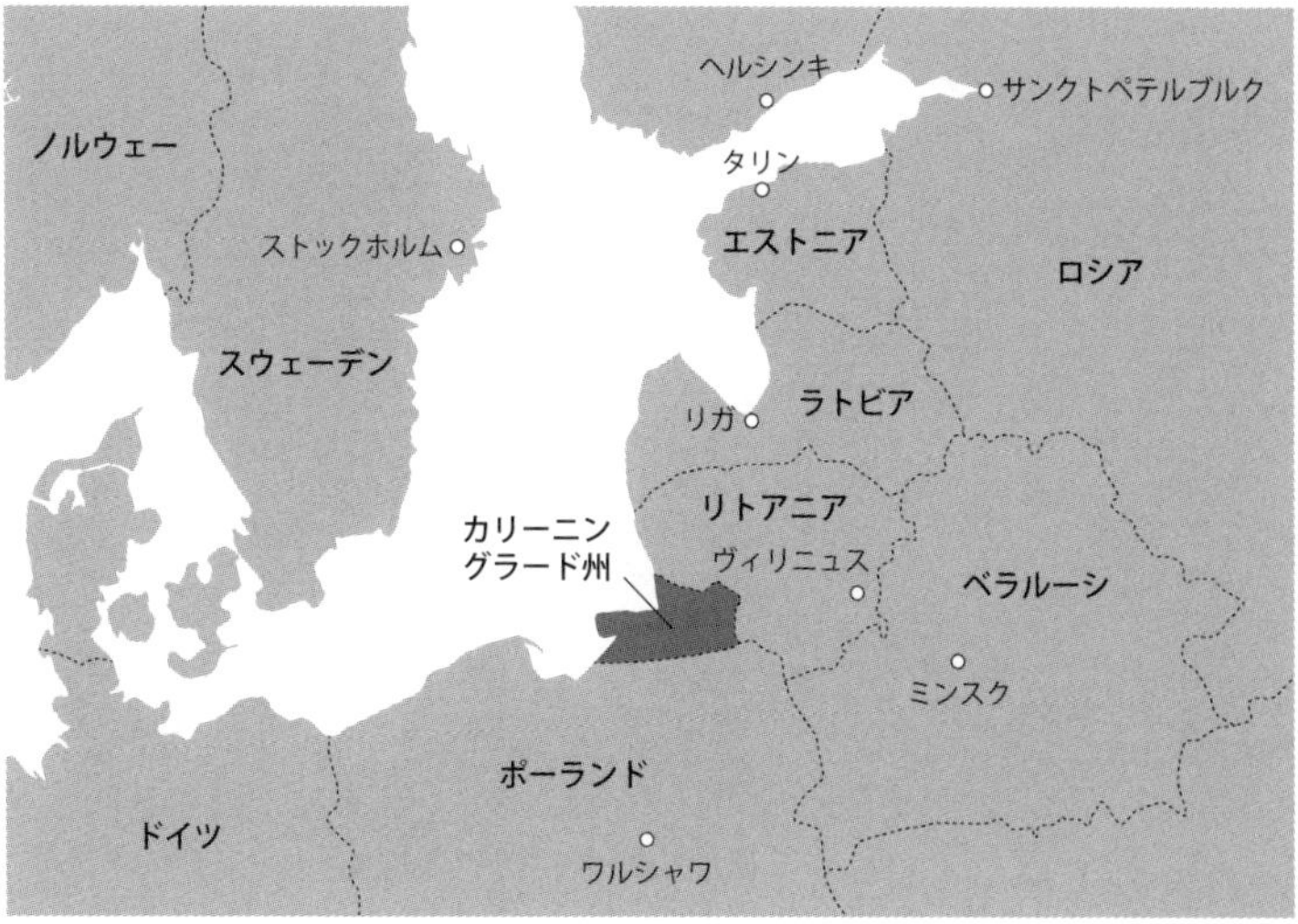

（出所）筆者作成

よりポーランドやバルト三国を直接脅かすことができることから、ＮＡＴＯに対して最も効果的な牽制が可能だと考えられており[6]、また、ドイツも返還要求をしていないことから、現在のロシアがカリーニングラードを放棄する可能性は皆無だと筆者は考える）。ドイツとの協力は、西欧と中欧に影響力を及ぼす上で極めて重要で、特に中東欧諸国のプロテスタントとカトリックの国家およびバルト三国に対するドイツの影響力は不可欠だと考えられているのである。

さらに、その他の対欧州戦略で特筆すべきなのは以下の点である。まず、フランスは、ドイツと同様に強い「反大西洋主義」の伝統を持っており、仏独ブロックの形成が望まれるという。他方、イギリスは欧州から切り離されるべきだとしており、ロシアがイギリスのＥＵ離脱を支援・歓迎していることと辻褄があう。さらにフィンランドは脆弱であるため、ロシアの一部になるべきだとする。より具体的にはフィンランド南部はロシアのカレリア共和国と合併し、北部はムルマンスク州に統合されるべきだという。そして、バルト三国については、エストニアはドイツの影響圏に入るべきであり、ラトビアとリトアニアはユーラシア・ロシア影響圏で「特別の地位」を与えられるべきだという。

ポーランドは「特別の地位」を付与されるべきだとする一方、ウクライナはロシアに併合されるべきだという。ウクライナは国家として確たる意味を持たず、特定の文化、普遍的な重要性、地理的特質、民族的排他性もない一方、その領土的野心はユーラシアを脅かしており、ウクライナがロシアの緩衝地帯とならないのであれば、その独立は認められるべきではない、というのがその理由だという。そして、ルーマニア、北マケドニア（本文では「マケドニア」と記されている）、ボスニア・ヘルツェゴビナのセルビア系地域、ギリシャという東方の正教集団は、「第三のローマ」であるモスクワと連携し、合理的個人主義の西側を拒否すべきであるとする。

モスクワ・テヘラン枢軸

そして、中東、コーカサス、中央アジアについては、モスクワ・テヘラン枢軸を基軸に、「反大西洋主義」に基づくユーラシア大陸版ロシア・イスラーム同盟を形成することとその重要性を強調する。本地域の政策においては、イランとの関係が最も重要となる。

その上で、ロシアとイランに挟まれた南コーカサスのアルメニアは戦略的基地としての特別な役割を担っており、モスクワ・エレヴァン・テヘラン枢軸を形成する不可欠なアクターであるとする。後述のように、アルメニアはその地政学的・歴史的条件の故に、ロシアに背くことはできず、ロシアに依存することは不可避なのであるが、他方でロシアにとってもアルメニアはコーカサス唯一の親露国であり、極めて重要な存在なのである。

他方、反ロシア・親欧米路線を長年貫いてきたジョージア（グルジア）については解体されるべきであり、同国のアブハジアおよび統一オセチア（コーカサス山脈をまたいで分布するオセット人はロシアの北オセチアとジョージアの南オセチアに分断されてきたが、それを統一することが想定されている）はロシアに編入されるべきであるという。ジョージアは、アブハジア、南オセチアという二つの未承認国家（国際法的に認められた親国家の主権がまったく及んでおらず、国家としての要件を備えているものの国際的な国家承認を得られていないため、主権国家とは言えないエンティティ[7]）を抱えているが、両者はロシアの庇護を長年受けてきただけでなく、２００８年のロシア・ジョージア戦争を経て、ロシアが国家承認し、さらに数カ国がロシアに続いたという事実があり、事実上、ロシアの一部と化している。ジョージアはもとより、国際社会がアブハジア、南オセチアの独立を許容していないとは言え、ドゥーギンのジョージアに対する主張は事実上実現しているとも言える。

また、アルメニアと敵対的な関係にあるアゼルバイジャンについては、解体されるか、イランに属するべきだと述べる。なお、イランの北部にはアゼルバイジャン共和国の2倍以上のアゼルバイジャン人が居住していると言われており、イランは分断されているアゼルバイジャン人の統合運動を恐れ[8]、例えばアルメニアとアゼルバイジャンの間の「ナゴルノ・カラバフ紛争」でも、イスラームを信仰するアゼルバイジャンではなく、キリスト教国のアルメニアを支援するなど、アゼルバイジャンには敵対的な姿勢が目立ってきたという事実がある。そのため、中東やその周辺地域に対する政策においてイランを最も重視するロシアが、アゼルバイジャンを踏み台にしてイランの利益に配慮するというのは合理的にも見えるが、現実には石油・天然ガスを有し、多くの西側企業が操業しているアゼルバイジャンが、アメリカと厳しい関係にあるイランに統合されることを西側社会は許さないはずだ。西側諸国にとっては、ロシアとは逆に、アゼルバイジャンおよびジョージアこそが、ロシアの拡張主義と中東のイスラーム過激派の動き、そしてイランの勢力を封じ込めるための戦略的緩衝地帯なのである。また、近年はロシア自身も、地政学的に重要なアゼルバイジャンを精力的に取り込もうとしているように見える。

そして、ロシアと歴史的に黒海における覇権闘争を展開してきたトルコについては、アメリカや中国のように、ロシアにとって「危険な存在」であるとドゥーギンは位置づける。そのため、ロシアがアルメニア人やクルド人、そしてその他のトルコ内のマイノリティを利用してトルコ内に「地政学的ショック」を生み出す必要があると論じる。ドゥーギンが主張する最善のシナリオは、トルコを解体し、アゼルバイジャンと合わせ、ロシア、イラン、アルメニアの3カ国で分割したいというものだ。だが、トルコがＥＵ加盟に積極的であった頃ならともかく、最近のトルコがむしろ反欧米色を強め、ロシアとの関係を深めていること、ロシアの中東政策やエネルギープロジェクトにトルコの協力が不可欠なことを考えれば、このような議論はまったく非現実的である。

他方、ドゥーギンの主張では南北コーカサスと中央アジア（旧ソ連を構成していたカザフスタン、ウズベキスタン、キルギス、タジキスタン）はロシア領と見なされている。だが、それは当然事実とは異なり、南コーカサス諸国も中央アジア諸国もれっきとした主権国家であり、ロシア領ではありえない。ただ、反露政策をとるジョージア、中立政策をとるアゼルバイジャンやトルクメニスタンを例外としつつも、同地域に対するロシアの影響力が極めて強いことは特筆すべきであろう。

モスクワ・東京枢軸

そして、対アジア政策はモスクワ・東京枢軸を中心に展開される。まず、日本については、北方領土（本書では、クーリル諸島と記載）を返還することで、対露友好ムードを醸成する一方、反米主義を煽り、日本の政治をロシアが操作するべきだと主張する。欧州や中東における政策で枢軸をなすとしていたドイツやイランとは協力関係を謳う一方、日本に関しては政治を操作し、封じ込めるというスタンスがとられていることに注目すべきであろう。日米同盟に楔を打ち込むことはロシアにとって有益である一方、日本との協力がロシアの対アジア戦略にあまり有利には働かないと考えている様子が見て取れる。

また、ソ連時代に強い影響力を持っていたモンゴルについては、ロシアの戦略的同盟国として、ロシアに併合されるべきだと述べる。他方、ドゥーギンはロシアの地政学的利益の脅威だとして中国の存在を極めて危険視しており、出来うるかぎり解体するべきだと主張する。その手始めにチベット・新疆・モンゴル・満州という、反中地域とロシアが歴史的に影響力を持ってきた地域をロシアにとっての「安全保障ベルト」すなわち対中緩衝地帯にするべきだと述べる。特に、新疆とチベットがなければ、中国がカザフスタンやロシアのシベリアに影響力を及ぼすことが困難になるとして、それら地域を奪うことが、ロシアの地政学的利益に極めて重要であると主張する。さらに、中国に対抗するために、インド、ベトナムなどとの関係を強化することが肝要であるとする。

このようにドゥーギンは、徹底した反米姿勢をとる一方、トルコ、中国を封じ込めつつ、小国を取り込んだり、緩衝地帯に位置づけたりして、ロシアがユーラシア大陸における大国となるシナリオを描く。だが、現実を考えれば、ロシアがウクライナ危機後に国際的な孤立を深めてきた中、中国やトルコとの連携は不可欠となっており、他方、今のロシアに他の地域を併合する経済的、政治的余力はなく、国際社会もそれを許すはずがない。実際、２０１４年にロシアはウクライナ領だったクリミアを併合したが、国際社会はそれを認めておらず、未だに対露制裁が続いている状況だ。

当然、プーチンをはじめとした政策担当者もドゥーギンの主張が非現実的であることは重々承知のはずだ。それでもドゥーギンの著作が学ばれているのは、このような地政学的思考を理解し、好機があれば柔軟に戦術を変えてそのチャンスをものにする力を備えておくためであると思われる。実際、ロシアが悲願であったクリミア奪還を果たすことができたのは、ウクライナの混乱に乗じて極めて短期間に対策を講じることができたからであった（後述）。

3　プーチンのグランド・ストラテジーと「狭間の政治学」

前項において、ロシアの地政学的教科書とされているドゥーギンの著書からロシアの地政学の根本的な考え方を理解した。本項ではそれが実際にどのような形で政策として生かされているのかをプーチンのグランド・ストラテジーから読み解き、また現実にグランド・ストラテジーがどのように実践されてきたのかをウクライナ危機を事例に考える。またそのプロセスで、ウクライナ危機を理解する上で不可欠な「狭間の政治学」という考え方についても述べる。

◉グランド・ストラテジー

２０００年からロシアの政治を事実上握ってきた戦術家のプーチンは、外交に「グランド・ストラテジー（Grand Strategy）」を駆使してきた。グランド・ストラテジーとは、外交の基本をなす大戦略である。その達成のために、プーチンはその時々の状況に即応して様々な「戦術・手段（Tactics, Instruments）」を効果的に組み合わせて用いることに長けてきたと言われる。[9] プーチンにとってのグランド・ストラテジーは、「勢力圏（Sphere of Interests）」の維持である。ロシアが考える勢力圏とは、第一義的には旧ソ連領域、つまり前述の「第一のサークル」であり、少なくともバルト三国を除いた領域については、欧米の影響力を何としても排除することが最低限の目標となる。第二義的なロシアの勢力圏は、冷戦時代の旧共産圏と旧ソ連諸国以外の友好国（反米度が高ければ高いほど望ましい）、そして地球温暖化による海氷の融解で戦略的意義が高まった「北極圏」などの新領域である。つまり、旧ソ連地域を勢力圏として堅持しつつ、欧米への対抗力を高めるために歴史的に縁のある地域や、欧米のお膝元などの戦略的意義の高い地域への影響力を強めていくことがプーチン外交の主軸だと言える。

プーチン時代のロシアは、アメリカによる一極的世界に反発し、中国とタッグを組みつつ多極的世界を実現し、自らもその一極を担うことを国際政治における重要な基本戦略として追求してきた。中国はロシアにとって警戒すべき相手ではあるのだが、アメリカによる一極的支配を崩すという最重要の目的のためには、中国は重要なパートナーになるのである。ここで留意すべきことは、ロシアにとっては多極的世界の実現も、勢力圏の維持があってこそ成り立つということである。つまり、勢力圏の維持はロシア外交のすべての根幹をなしていると言えるのだ。

グランド・ストラテジーを達成・維持するために、プーチンは以下、8点に集約される戦術・手段を外交において巧みに用いてきた[10]。

①外交とビジネス——ソ連時代から関係が深い旧ソ連諸国を、ロシアの勢力圏に維持しておくために有効な手段とされている。ロシアは意に適わない国に対し、査証発給拒否や禁輸措置を講じることで、相手にダメージを与えることができる。

②情報とプロパガンダ（メディア操作）——２０１６年のアメリカ大統領選挙でも、ロシアは様々な

情報とプロパガンダを有効に使って干渉したと騒がれた。近年ではインターネットを駆使してフェイク・ニュースを大量発信するトロール部隊の暗躍も増えている。ただ、メディアを活用した情報戦術は決して目新しいものではなく、ソ連時代から多用されてきた。

③政治家のすげ替えや教会の利用——反露的思考を持つ指導者・政治家はクーデターなどを利用して失脚させ、親露的な者にすげ替える。クーデター支援や様々なレベルでの長短期的な政治的干渉などによって達成が目指される。ロシア正教会を利用することもあり、信仰や人的要素から相手国の内政を揺るがしていく。

④反対勢力・市民社会・過激派の支援——反体制派や不安分子を経済面、技術面で支援し、内政の不安定化を図る。

⑤破壊活動・テロリズム——暗殺など不可解な事件の多くにロシアが関与していると考えられている。２０１８年にはかつてロシアとイギリスでダブルスパイを行っていたセルゲイ・スクリパリとその娘ユリアに対する神経剤「ノビチョク」による暗殺未遂がイギリスで発生した。それを受け、イギリスがロシア人外交官を追放し、それに多くの西側諸国が追従し（ロシアも対抗措置をとった）、ロシアの脅威が世界に改めて認識されることとなった。

⑥経済・エネルギー戦争——①の外交とビジネスとも重複するが、旧ソ連諸国の中でエネルギー非産出国は、石油・天然ガスの多くをロシアに依存している場合が多い。政治的にロシアに従順でない場合、ロシアはエネルギー価格を釣り上げたり供給を停止したりする。ほかに、相手国の輸

出産品に対して禁輸措置を講じて、相手国を追い込むこともある。

⑦凍結された紛争や未承認国家、民族間の緊張の創出や操作――ロシアは「凍結された紛争」を意図的に創出し、また解決を阻止してきた。「凍結された紛争（Frozen Conflict）」とは、停戦合意ができていながらも、領土の不法占拠や戦闘や小競り合いの散発が継続し、「真の平和が達成されない状態」を指す。ただし、２００８年のロシア・ジョージア戦争や２０１６年のナゴルノ・カラバフをめぐるアゼルバイジャンとアルメニアの４日間戦争などに見られるように、「凍結された」紛争は再燃可能性が高いため、近年では「引き伸ばされた紛争（Prolonged Conflict / Protracted Conflict）」などと呼ばれることが増えた。それらの際に、ロシアは相手国内に存在する分離主義勢力（未承認国家を構成）を支援することで、あえて民族間の緊張を生み出し、情勢を不安定化させてきた。この戦術は、ジョージア、モルドヴァ、ウクライナなどで特に効果的に用いられた。

⑧正規・非正規の戦争（サイバー攻撃、特殊部隊や民間軍事会社（ＰＭＣ）の利用、プロパガンダ、政治工作）――正規・非正規の戦争を巧みに組み合わせる戦法は欧米諸国が言うところの「ハイブリッド戦争」（後述）に代表される。ハイブリッド戦争とは、宣戦布告をせず、正規軍、特殊部隊や民兵を駆使し、宣伝工作、情報操作、政治・経済工作など異なる手段を組み合わせた現代的な作戦形態であり、ロシアがウクライナ危機で用いたとして有名になった。同様の手法をＩＳＩＳ（イスラーム国）も用いていることから、「21世紀型の戦争」とも言われる。

このように、ロシアは多様な手段を複雑に絡めながら、勢力圏の維持に腐心してきた。旧ソ連諸国を束ねるだけでも困難であるが、ウクライナ、ジョージア、モルドヴァなどが親欧米路線をとり、ＥＵやＮＡＴＯへの加盟を目指してきたことは（ただし、モルドヴァは、基本的にＥＵ加盟は望むものの、ＮＡＴＯ加盟の意思は一貫して持たず、軍事的には中立を維持しようとしてきた）、ロシアの勢力圏構想において大きな障害となってきた。そのため、ロシアはこれら八つの戦術・手段を巧みに用いて、それら諸国を勢力圏内にとどめようとしてきた。その結果が、２００８年のロシア・ジョージア戦争や２０１３年末から現在にも続く一連のウクライナ危機などの混乱なのである。

ロシアが旧ソ連諸国をつなぎとめる装置としたかったＣＩＳがほとんど機能しない中、それに代わる旧ソ連諸国を勢力圏に置くための装置として、ロシアはユーラシア連合（後述）を提案したとも考えられるだろう。ユーラシア連合はつい最近始まったプロセスではなく、ソ連解体後の旧ソ連領域における様々な試みの流れの上に成り立っているのである。

◉「狭間の政治学」

前述のロシアのグランド・ストラテジーは、旧ソ連諸国の、特に資源などを持たない小国にとって極めて有効に機能する。本節では、それを理解する上で重要な、「狭間の政治学」という概念を説明したい。

ユーラシアの小国は欧米とロシアの狭間にある「狭間の国家」であり、大国間のバランスをとる必要がある。そのバランスのとり方に失敗すると、大きな懲罰を受けることになってきた。

顕著な例が、旧ソ連諸国だ。ロシアの勢力圏から抜け出そうと欧米への接近を図ったがために、大きな懲罰を受けたのが、ジョージアでありウクライナであった。モルドヴァもその一例だと言えよう。反対にロシアの顔色ばかり見て、親欧米という本心を隠してきたアルメニアのような国もある。アゼルバイジャンのように天然資源など経済リソースを持つ場合は、外交的な自由度をかなり獲得でき、バランスをとることも容易になるが、経済リソースを持たない狭間の国の場合は、その政治的安定は極めて低くなる。「狭間の政治学」の難しさが近年、如実に明らかになった一方、狭間の国々を見ることで、世界全体が見えるということもはっきりとわかってきた。旧ソ連諸国をめぐる政治は、国際政治の縮図だとも言える。

「狭間の政治学」を実践することを余儀なくされてきたジョージアやウクライナの近年の出来事には、必ず背後に欧米とロシアの対立関係が見てとれ、最近では、新たなプレイヤーとして中国の存在感が高まりつつある。つまり、ジョージアやウクライナという小国の政治をじっくり見ることで、世界政治を理解できるのである。

狭間の政治学は連動する。たとえば、旧ユーゴスラヴィアのコソヴォ（２００8年2月に独立宣言）に対する欧米諸国による国家承認プロセスは、明らかにロシアを刺激し、結果、ジョージアやウクライナ情勢に連動した。何故か。それらは、冷戦時代にそれぞれユーゴスラヴィア、ソ連の一部をなしていたが、「国際社会」はそれらの連邦解体に際し、「Uti possidetis（ウティ・ポシデティス）」という原則を採用した。それは、各連邦内の共和国レベルの既存の境界線を尊重する、つまり、それらの境界線の引き直し・変更は認めないという原則である。この原則に基づけば、かつての連邦構成共和国内の自治共和国（たとえば、コソヴォやアブハジアなど）や自治州（たとえばナゴルノ・カラバフや南オセチアなど）は独立を最初から否定されていることになる。つまり、原則論では、少数民族の分離独立は一貫して否定されたのだった。そして、そのことこそが、分離独立を目指した地域の「未承認国家」化を不可避にした。武力による国境の変更は認めないという国際原則がある中で、広範な武力行使、虐殺や追放が行われた未承認国家の独立を承認することは、それらの「虐殺の結果を追認」したことになるため、国際社会が連邦構成共和国より下位のレベルのエンティティの独立承認に動かなかったのはある意味当然であった。

実際、ユーゴスラヴィア解体からしばらくの間は、コソヴォにもこの原則が適用され、コソヴォの独立はまったく想像できないものであった。１９９０～97年頃、国際社会はコソヴォ問題を「セルビアの国内問題」として、それに一切かかわろうとしなかったのだが、やがてセルビアを悪玉として、コソヴォの独立を支援する動きがアメリカを中心に強まっていったのだった。他方、ロシア、中国はじめ、国内に分離主義勢力を抱える国はコソヴォの独立が自国に影響をもたらすことを恐れた。また、ロシアなどはアメリカが「Uti possidetis」の原則を破って勝手気ままに特定エンティティの独立を支援することも許容できなかった。だからこそ、欧米諸国のコソヴォに対する国家承認は、２００８年のロシア・ジョージア戦争勃発の要因の一つとなっただけでなく、[11] 同戦争後にロシアは欧米に対する意趣返しのため、ジョージアのアブハジアと南オセチアに対して国家承認を行ったのである。

また、狭間地域の「革命」の背景には革命の輸出があった。セルビアのスロボダン・ミロシェビッチ元大統領を追放した青年運動「オトポール！」が、旧ソ連の「カラー革命[12]」に革命の輸出をし、それらすべてに欧米からの、特にアメリカ政府やソロス財団に代表されるＮＧＯなどの経済的、技術的支援があった。「カラー革命」の影響は、「アラブの春」にも及び、世界規模で影響力を持ったと言える。

ユーラシアの小国は、地理的に欧州とロシアの狭間に位置し、政治的にはアメリカの要素も加わって、欧米とロシアの間で、どちらに接近するかの選択を常に迫られ、選択によって多くの制約や試練を甘受せねばならない傾向が強く見られる。主権国家でありながら、政治的な自由が制限されてきた旧ソ連諸国の独立後の政治動向は、ロシアの対外政策の影響を色濃く受けてきたのである。

◉ロシアの地政学的思考の果実――クリミア併合

プーチンのグランド・ストラテジーが最も顕著に実現されたのが「ウクライナ危機」であり、とりわけその第二段階にあたるロシアによる「クリミア併合」であろう。

２０１３年11月からの反政府行動「ユーロマイダン」に端を発するウクライナの混乱は、翌２０１４年２月後半の武力化とヴィクトル・ヤヌコーヴィチ大統領（当時）の失脚および事実上の亡命でピークを迎えたかのように見えたが、その後、ウクライナ領のクリミアがロシアに編入され、続いてウクライナ東部で分離独立運動が起こり、内戦に発展した。２０１５年２月以来、一応の停戦が維持されてい

図表6-5　ウクライナ危機の展開

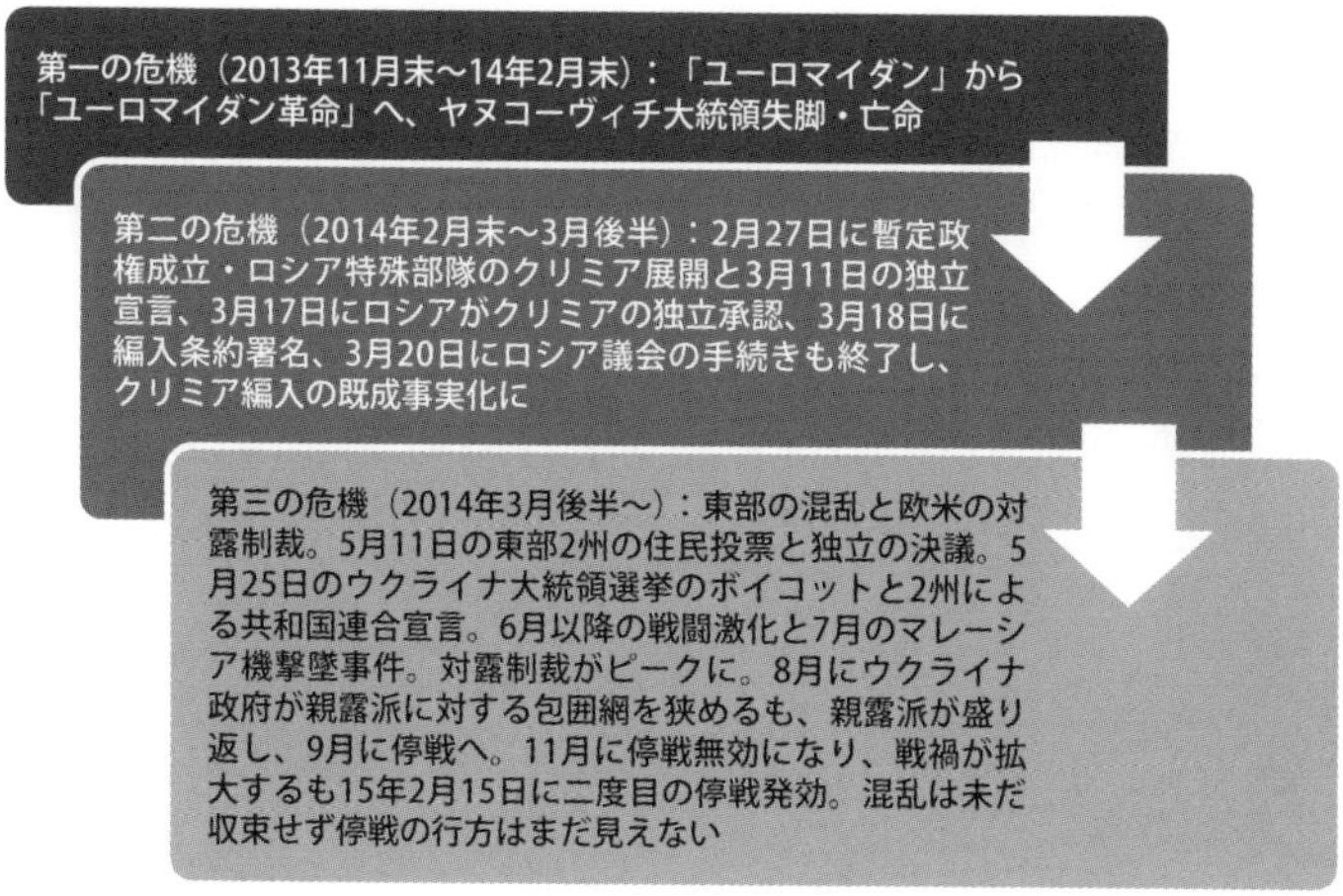

（出所）筆者作成

るものの、情勢は極めて不安定であり、小規模の戦闘や混乱が続いている。この一連の状況はしばしば「ウクライナ危機」と称されるが、それは上述のように三つの段階を経て展開されてきた。その展開をまとめたのが図表6-5である。

　このようにウクライナ危機は三つの危機が、まったく途切れることなくつながって展開されてきたが、一つの流れと見ることはできない。第一の危機はロシアによるものではなく、逆にアメリカの煽動が背後にある一方、ロシアはその展開に衝撃を受け、なんらかのアクションをとらざるをえなくなって、第二・第三の危機に介入したからである。欧米のメディアでは、第一の危機もロシアが行ったという論調が主流だったが、アメリカの関与を思わせる多数の動きがあっただけでなく、バラク・オバマ大統領（当時）本人が、CNNでのインタビューで、アメリカがウクライナの政権移行に関与していたと述べたことや、盗聴され、暴露されてしまったビクトリア・ヌーランド国務次官補（当時）の発言などから、アメリカの関与があったとされる見解はかなりの力を持っている。

他方、第二、第三の危機の首謀者はロシアだと言えるが、第三の危機については、ロシアは最初から首謀者だったわけではなく、途中から本気で関与していったという事情がある。しかし、第二の危機、すなわちクリミア併合は、長年の準備をしながら好機をうかがっていた様子が見て取れる。そこで、ここではクリミア併合を詳細に検討する。

ウクライナ第一の危機が終わるや、２０１４年2月27日から28日にかけて、謎の武装集団（リトル・グリーンメン）がクリミアに侵攻し、空港や市庁舎などの重要拠点を占拠した。武装集団は、最新式の装備で極めて俊敏に動き、先鋭部隊のように思われたのだが、軍隊章が外されていて、所属がわからないようにされていた。ウクライナや諸外国が、最初からロシアの特殊部隊だと断定する一方、当初、プーチンは「地元の自警団」だとして、ロシアの関与を否定した。

しかし、クリミア併合後の4月17日のテレビ対談で、プーチンはロシアの関与を正式に認めた。ここで注意したいのは、ロシアの武装集団がクリミアに展開したのは、ソチ五輪とパラリンピックの間の中休み期間であり、最終的な併合はパラリンピックの閉会後であったということだ。プーチンが肝いりで誘致したソチ五輪を成功させたかったことを考えれば、第一の危機にロシアが関与したとは考えづらい一方、それ以後の展開は五輪の日程を考慮して計画されたと言えそうだ。

◉ロシアにおけるクリミアの意味

ここで、ロシアにとっての歴史的、地政学的に重要なクリミアの意味を確認しておこう。

同地はロシア系住民が約６割を占め、また多くの国民が「歴史的な大失策」と考えている１９５４年の当時のニキータ・フルシチョフ第一書記によるクリミアのウクライナへの委譲という歴史的経緯もあり、多くのロシア人がクリミアをロシアの一部だと考えてきた。

さらに、１７８３年のロシア帝国によるクリミア編入時にエカテリーナ二世の命により、クリミア南部のセヴァストポリには黒海艦隊が創設され、以後、当地の軍事的意義が極めて高かったことも重要だ。１９４８年以降、セヴァストポリは、ロシア・ソヴィエト連邦社会主義共和国の特別市とされたが、クリミアのウクライナへの移管後も、モスクワとソ連国防相が直轄し続けていた。ロシアにとって、不凍港が持つ意味は極めて大きく、冷戦期はもちろん、ソ連解体後もセヴァストポリを維持することは重要な課題であり続けた。特にＮＡＴＯ拡大で、黒海沿岸国のうち３カ国がＮＡＴＯ加盟国となり、ＮＡＴＯの艦隊も黒海に入ってくるようになると、黒海艦隊の重要性はさらに高まり、ロシアはセヴァストポリの貸借権を死守してきた。

だが、反露・親欧米路線の指導者だったヴィクトル・ユーシチェンコ大統領（２００５〜10年）は、ロシアのセヴァストポリ貸借権が２０１７年に契約期限を迎えた後は契約を延長しないとしていた。それでも、ヤヌコーヴィチが２０１０年に大統領に就任すると、「ハリコフ条約」が結ばれ、同条約に基づき、ロシアはセヴァストポリの貸借権を２０４２年まで延長してもらうのと引き換えに、海軍基地の租借代として毎年９８００万ドルを支払うとともに、天然ガスを１トンあたり１００ドル割引することとなった。そのような中でヤヌコーヴィチが失脚し、次政権が反露的になると見越したロシアは、セヴァストポリを保持するための対応に迫られたと言える。

そして、クリミアはロシアへの編入をめぐる住民投票を二度の日程前倒しにより、ソチのパラリンピック閉会日である２０１４年３月16日に行った。住民投票は多くの不正に満ちたものであり、クリミア・タタール人がボイコットをしただけでなく、軍事的脅威の下で行われ、民意を反映したものとはとても言えなかったが、それでも、投票結果を受け、クリミア議会は翌17日に独立した主権国家「クリミア共和国」としてロシアへの編入を求める決議を採択した。同領内でのウクライナの国家機関の活動停止や国有資産（軍、鉄道、ガス石油関連会社など）の接収などを盛り込んだだけでなく、標準時間もロシアの首都モスクワに合わせ、通貨もルーブルに変更することが決められ、ロシアとの一体化が進められていった。なお、軍港がある南部のセヴァストポリ市はモスクワ市やサンクトペテルブルク市と同様の特別の地位を与えられたが、セヴァストポリの議会もロシアへの編入を要請する決議を採択した。

◉「クリミア共和国」の独立宣言

ウクライナ暫定政権（当時）と欧米諸国は住民投票と独立宣言を批判し、本国・ウクライナの合意無しの独立およびロシアへの編入は無効だと主張したが、ロシアとクリミア政権側は、コソヴォの先例を引き合いに出して、合法だとする強気の姿勢を崩さなかった。

他方、名目的には「ウクライナの領土保全を支持する」と言いながら、実質的にはクリミア掌握を進めてきたロシアは、クリミアの独立宣言を受け、同地の実効支配を確定する動きを迅速に進めた。プーチンは、3月17日、クリミア自治共和国と特別市のセヴァストポリを合わせた「クリミア共和国」を主権国家として承認する大統領令に署名し、18日には同氏が「クリミア自治共和国とセヴァストポリ特別市から編入要請を受けた」とロシア上院に伝えるとともに、クリミアをロシアに編入する意向を正式に表明し、クリミアのセルゲイ・アクショーノフ首相[13]とともに編入に関する条約に署名した。

ここで注目したいのが、最終目的である「編入」の前に、あえてクリミアがウクライナから独立宣言をし、ロシアが独立を承認したという体裁がとられたことだ。そうすれば、ロシアとクリミアが対等な主権国家として編入を決定したとして、ロシアが強硬にウクライナの領土を奪い取ったのではないと主張できるからだ[14]。

クリミア編入の一連のプロセスは、19世紀の国際政治への回帰、第二次世界大戦以後初の非合法な領土獲得などと称され、国際社会に大きな衝撃をもたらした。欧米諸国はロシアの行為が「国際法違反」であると激しく非難し、制裁も発動した。だが、プーチンはクリミアのロシアへの編入を決した住民投票は、民主的手続きと国際法に沿っていると主張する一方、これまで国際法を理解してこなかったのは欧米のほうだと嘲笑する。しかし、一時でも「未承認国家」化することで、主権国家と「主権国家」同士の大人の対話を演出する今回の手法が、今後の国際政治においても使われていく可能性は否定できまい。

他方、ロシアはクリミア編入で大国意識を強め、プーチン大統領の支持率も近年で最高の約86％にまで到達した。

◉ロシアの主張

ロシアへのクリミア編入は上述のとおり、非常に短期間に、ほとんど血を流すことなく行われ、住民投票や国家承認などを巧みに組み合わせて「合法性」を偽装した形で決行された。

それでは、クリミア併合について、ロシアはどのような立場をとっているのだろうか。ロシアが主張しているのは、「自国民保護」の立場であり、ジョージアに侵攻したときと同じ論理だ。[15] ロシアは、ウクライナのロシア系住民がウクライナでずっと弾圧されてきたとした上で、クリミアが住民投票の結果、ロシアへの編入を決定し、ロシアに編入を要請してきたことから、ロシア系住民を守るためにクリミア編入を決行したとしている。

そして、この一連のプロセスに関し、プーチン大統領は2014年3月18日の演説[16]で、ウクライナ暫定政権の違法性とそれによるロシア系住民への弾圧があったことを大前提に、以下のように自己正当化を図った。

第一に平和で自由な意思表示ができる環境を整備し、クリミア住民が自らの運命を自ら決定できるよう支援する必要があったと述べる。そして、欧米がロシアに対して国際法違反だと言っていることに関し、「彼らが国際法の存在を思い出しただけ少しはマシ」とまで述べている。これは、欧米がこれまでコソヴォなどで「例外論」を使ってきたことへの皮肉である。

第二に、ロシア大統領は軍をウクライナで使用する権利を議会上院から取り付けたが、厳正に言えば、その権利は行使されていないという主張であり、武力を用いていない以上、国際法には抵触しないとしている。

第三に、クリミアの民族自決権が保障されないのはおかしい、という議論である。特に、クリミアがコソヴォの先例に立脚していることは尊重されるべきだという。このように述べるとともに、プーチン大統領は、欧米のコソヴォに見られるダブル・スタンダードや旧ソ連への「カラー革命」への関与を激しく非難した。

なお、後にプーチン大統領は、クリミアに展開していた武装集団がロシアの特殊部隊であったことを認めたが、[17]当初、クリミアの武装集団は「地元の自警団」であると主張していた。この背景には、プーチン大統領がクリミアの編入を果たすまでは、名目的にでも国際法への違反という批判を回避しようとしたことがあると思われる。

だが、そもそも、ロシアからしてみればフルシチョフによるクリミアのウクライナへの移管は、当時のソ連憲法における憲法違反にほかならなかった。ロシア人はクリミアの割譲をずっと歴史の大きな過ちと認識し、必ず返還されるべき土地だと考えてきた。だからこそ、欧米諸国から制裁を課されようとも、ロシア国民は編入を高く評価しているのだ。それは、かつては高い支持率を得ていたにもかかわらず、２０１２年からの3期目の大統領任期においては、60%程度にまで支持率が低下していたプーチンの支持率が、クリミア編入後に6年ぶりの80%以上の高水準となり、それがしばらく維持されたことからも明らかだ。

他方、クリミアの約6割を占めるロシア系住民もロシアとの統合を夢見ていたという事実がある。特にソ連解体後しばらくは、クリミアの独立運動が激化したため、ウクライナ政府は１９９６年の憲法で、独自の憲法、選挙、予算執行など強い権限を付与された自治共和国の地位をクリミアに付与することで安定化を図った経緯がある。プーチンも、クリミアの人々は、ソ連解体の際に、「自分たちは袋に入ったジャガイモのようにあちらからこちらへと引き渡されたのだ」と話していたのを最近知り、それに同意する、とクリミア編入時の演説で述べている。[18]

なお、ロシア下院は外国の領土編入手続きを簡素化する法案をクリミアの住民投票後に可決し、そこには、実効的な統治権を持つ政府が存在しない外国については、当地の住民投票の結果などに基づき領土を編入できるという内容も含まれていた。ロシアは一貫して併合当時のウクライナ暫定政権を非合法だとして承認していなかったことから、ロシアの法律に照らせば、クリミア編入はあくまでも合法なのである。

◉ロシアの地政学的リベンジ

さて、ロシアのクリミア併合は実に巧みに行われたため、ロシアがクリミア編入を前々から準備していたのではないかという議論があるが、その答えはイエスであり、ノーである。

クリミアのウクライナへの移管を歴史の間違いだとし、奪還すべきだという気持ちがロシア人に強く共有されていたことは間違いない。そして、実際に「いつか奪還しよう」という気持ちをプーチンが持ち、後述の「ハイブリッド戦争」を成功させるために入念な準備をしていたのも事実だ。準備をはじめた時期については、ロシア・ウクライナガス紛争で両国関係が緊張した2006年からという説や、ウクライナとジョージアのNATO加盟が現実的になり、ロシア・ジョージア戦争が起きた2008年からだという説があるが、ともあれ、かなり前からロシアが「政治技術者」などをクリミアやウクライナ東部に送り込み、様々な政治的なプロパガンダを浸透させたり、親ロシア的な人物がより政治の中枢を占めるように工作したりしていたのである。[19] このように前もって「編入」の準備をし、様々な条件が整う時を待っていたのは間違いない。

それでは、何故ロシアはこのタイミングでクリミアを編入したのだろうか。ロシアが、欧米が煽ったと信じている「ユーロマイダン」の結果、欧米ではなくロシアを選んだヤヌコーヴィチが失脚したことは、ロシアの負けを意味した。そこで、ウクライナが混乱に陥っている状況も好機ととらえ、プーチンがクリミア奪還で、欧米に対する意趣返しを果たそうとしたと考えられるのだ。

加えて、前述のように、クリミア現地でも、多数派がロシアへの編入を望む状況が生まれていたのである。

このように、クリミア編入は、地政学的な思考に基づいて、水面下で準備が進められていたとは言え、直接的には長期計画によるものではなく、ウクライナの情勢を受け、短時間のうちに戦略を練り上げたと考えるほうが自然であると言える。だが、結果的に、西側にずっとやられてきたという被害者意識を募らせていたロシアの地政学的リベンジを最も象徴的に達成する出来事となった。

4 ロシアが目指す今後の地政学的戦略

◉ロシアの地政学的外交の現実

以上見てきたように、ロシアでは「地政学」に基づいて戦略、戦術が練られ、実践されてきた。そして、ドゥーギンの著書がプーチンをはじめとしたロシアの中枢を担う人々の教科書となっており、その思想が広く共有されていること、しかし、実際のプーチンのグランド・ストラテジーは、ドゥーギンの思想がベースとなっているとは言え、現実に即した形で構築されており、ロシアの対外政策でリアルに使われてきた。だが、グランド・ストラテジーも万能ではなく、それがロシアにとってポジティブに働くこともあれば、逆もしかりであった。本節では、ロシアの現実の地政学的思考に基づく外交の姿を、ロシアの地政学の思想とグランド・ストラテジーに照らしながら考えてみよう。

◉「ハイブリッド戦争」

プーチン政権はグランド・ストラテジーを「勢力圏の維持」とし、ロシアの勢力圏、すなわち第一義的には（すでにＥＵ、ＮＡＴＯに加盟済みのバルト三国を除く）旧ソ連諸国、そして第二義的には旧共産圏や北極圏を守るためならば、武力行使も厭わず、様々な手段を用いてきた。そしてそれら手段が集約されたのが、ウクライナ危機であったと言ってよいだろう。ウクライナ危機では、「ハイブリッド戦争」という概念が広く知られるようになり、また、「ハイブリッド戦争」にいかに対抗していくかがロシア周辺国の最大の課題となったのであった。

さて、欧米が言うところのハイブリッド戦争について、ここで少し考えておこう。ロシアがウクライナ危機で展開したハイブリッド戦争とは、軍隊章を付けない特殊部隊や民兵を送り込んで展開させ、官庁など要所を占拠し、大規模な正規軍を国境付近に集積して圧力をかけながら、宣伝戦やサイバー攻撃、経済的脅迫、時に融和的な外交などありとあらゆる手段を組み合わせ、住民投票や一方的独立、領土併合や地域の不安定化を実現するというものだ。

だが、ハイブリッド戦争はロシア特有の戦略ではなく、少なくとも紀元前五世紀のペロポネソス戦争にまで遡るとされる。そして、ロシアは欧米こそがハイブリッド戦争を行ってきたと主張するが、近年では、２０１４年にやはり世界を震撼させたイスラーム教スンニ派の過激派組織ＩＳＩＳもハイブリッド戦争を展開していると言われている。[20] ２０１４年6月末にイラク北西部からシリア東部にかけての一帯でイスラーム国家の樹立を一方的に宣言したことで存在感を増したＩＳＩＳは、拉致や虐殺などの残虐行為を広範囲に展開してきたことが世界からの非難を呼び起こしたが、その一方で、「ＩＳＩＳ」が一定の支持を集め、世界からも戦闘員が集まっている要因には、ハイブリッド戦争の成功があると言って良いだろう。

それでは、ロシアはハイブリッド戦争をどのように位置づけているのだろうか。

ウクライナ危機でロシアが用いた手法がハイブリッド戦略であることにはまず異論はないだろう。ロシアは前述のような手段を用い、第一に、ウクライナと欧米の関係をパニックに陥れて機が熟すのを待ち、第二に、ウクライナが欧米から距離を置くように誘導し、第三に、ウクライナと欧米の関係がバランスを失ったときに侵攻するという三つのプロセスを繰り返して徐々にウクライナを手中に収めようとしたという。[21]

前述のように、ハイブリッド戦争はかなり古くから存在していたものであり、またその議論はロシア発でもない。ハイブリッド戦争という概念はアメリカの軍事専門家（フランク・ホフマンなど）によって作られたものであり、ロシアのハイブリッド戦争の理論は、アメリカの理論を再概念化し、軍事戦略とオペレーションにフォーカスしたものだ。[22]しかも、ロシアでは「ハイブリッド戦争」という言葉は基本的に使われておらず、「ハイブリッド戦争」といえば欧米が展開しているものであり、「ロシアは欧米によるハイブリッド戦争の被害者」だという意識が持たれている。ただし、ロシアでは「新世代戦争」、「現代戦」などが最近の戦争の形として理解され、その形態はハイブリッド戦争とほぼ同じものである。そしてロシアにおける「ハイブリッド戦争」はそれ自体が戦略というわけではなく、作戦であり、クリミア併合を経て、軍事コンセプトからロシアの外交政策の理論に準じるものに変わった。[23]

このようにハイブリッド戦争という議論はロシアで生まれたわけではないのだが、クリミア併合後にその約一年前にロシアで発表された論文が注目されるようになった。その論文とは、ロシア軍のバレリー・ゲラシモフ参謀総長が『軍産新報』２０１３年２月27日号に掲載したものであり、新しい戦争の形態や方法を再考すべきだとした上で、二一世紀の戦争のルールは大幅に変更され、政治的、戦略的目標の達成のためには、非軍事的手段には特定の場合には軍事力行使と比較してはるかに有効であることが証明されると主張している。[24]

◉新しくて古い手法

同論文の背景にあるのは「アラブの春」であり、ゲラシモフは、「アラブの春」は戦争ではないため、軍人にとっての教訓がないことは明白だが、その逆も真であり、これらの出来事こそが21世紀の戦争の典型的なスタイルなのだと述べる。さらに氏は、そのような伝統的な手段に加え、標準的ではなかった手段を交えて戦闘を繰り広げる戦法はアメリカも１９９１年のイラクでの砂漠の嵐作戦以降用いてきたとする。そして、ソ連も大祖国戦争（第二次世界大戦）、アフガニスタン侵攻、ソ連解体後のロシアも国内のチェチェン紛争の際には正規軍だけでなく別働隊を利用してきた経緯もあり、多面的な軍事戦略が必要なのは明確であった。しかし、２００８年のロシア・ジョージア戦争の際にロシア国外でのロシア軍の作戦に関し、統一されたアプローチがないことが露呈してしまったことは、ロシアにとって大きな打撃だった。

それを受けて、２００９年に採択された「防衛に関する連邦法」への追加条項によりロシア軍の国外での作戦利用が可能になったが、その活動の方式と手段は明確にされておらず、また関係閣僚レベルでも軍隊の作戦に関する諸問題が解決されなかったという。このような問題を解決するためには、関連省庁の研究機関との合同会議を行うことが必要だとした上で、外国の経験を模倣するのではなく、自らが主導的地位に立つために、軍事科学が重大な役割を持つとされた。だが、軍事理論が予測という機能に支えられていなければ、軍事科学のどんな学問的意見も役に立たないとも論じられており、総合的かつ多くの側面からのアプローチが必要だとしているのである。そして、その非軍事的手段として掲げているのは、政治・情報・心理操作や反対派の利用、経済的影響力の行使など、ロシアがウクライナで行使してきた戦略と合致する。

ゲラシモフの主張は「ゲラシモフドクトリン」と称されることも多いが、その実体はドクトリンからは程遠く、欧米の議論を再構成したものにすぎない。他方、ゲラシモフ論文以外にもロシアでは新世代戦争に関する様々な議論があった。たとえば、１９９０年代に、マフトム・ガレエフ大将は湾岸戦争を事例に、技術発展、特にサイバーや情報戦争が今後の戦争のカギになることを予言していたし、ウラジーミル・スリプチェンコ少将は第六世代の戦争が「非接触型」の戦争になると予言していた。

また、２０１３年12月の論文で、セルゲイ・チェキノフとセルゲイ・ボグダノフは「新世代戦争」を理論的に論じ、非軍事的ツールの重要さを強調していた。[25] そして、彼らが論じた内容が、ウクライナ危機におけるロシアの介入の実態に最も近いとされている。

加えて、元ロシア大統領補佐官のウラジスラフ・スルコフは、ナタン・ドゥボヴィツキーのペンネームで発表した論文で、これからの戦争を「非線形戦争」と呼んだ。非線形戦争では、個々の地域や都市が一時的に同盟を組むが、戦闘中に同盟を解消して新しい相手と同盟を組む、といった様相を呈する[26]。なお、イギリスのジャーナリストであるピーター・ポマランツェフは、２０１４年５月に発表した論考で、クリミアでのロシアのオペレーションを「非線形戦争」と称していた[27]。

このように、ロシアでは「ハイブリッド戦争」という言葉ではないが、様々な議論が展開されていたことがわかる。そして、このような戦争の手法こそがロシア・ソ連の伝統的な戦略だとする主張も少なくない。

たとえば、アルドジル・テルネルは同戦略が何世紀にもわたって成功してきたものであり、プーチンは先制攻撃を避け、むしろ欧米が先に攻撃してくることを狙っているのだと主張する。歴史的にはロシア帝政時代に、ポーランドやスウェーデン、フランス、日本などに対して同戦略が用いられたと言う。加えて、ハイブリッド戦争は１９１７年の一連のロシア革命でもその威力を発揮し、特にバルト三国の併合は同戦略の成果だと言う[28]。

また、ハイブリッド戦争を生み出したのはプーチンではなく、ヨシフ・スターリンであり、プーチンの戦略は既存の戦略の組み合わせであったと主張する者もいる。ウラジーミル・ヴォロノフによれば、プーチンがクリミアとドンバスで[29]展開した戦法は、スターリンが１９２５年にポーランドで展開した戦略、１９２９年に中国との間で勃発した満州での利権闘争、１９３２年の朝鮮半島での工作で用いた戦法の焼き直しであるという。なお、これらスターリン時代の動きは、すべて現在もアクセス可能なアーカイブで確認することが可能となっているという[30]。

これらの議論を考慮すると、実際に起こった事象を詳細に比較する必要もあり、ハイブリッド戦争が完全に新しい戦略であるとは言いづらいが、21世紀型の戦争として現代の最大の脅威になっていることは間違いない。

●ＮＡＴＯへの危機感

ロシアが勢力圏を維持する上での最も重要なポイントが、ＮＡＴＯの拡大を抑えるということである。ロシアはそもそも冷戦終結後もＮＡＴＯが存続しているということに反発しており、さらにドイツを超えてロシアにＮＡＴＯが近づいていることは何としても許容できないと考えている。ＮＡＴＯは冷戦の所産であり、ロシアは冷戦期にＮＡＴＯに対抗してソ連が主導していたワルシャワ条約機構を解体したことから、ＮＡＴＯの存在そのものが欧米諸国の反露政策の象徴であるととらえている。

また、東西ドイツ統合の際に、ミハイル・ゴルバチョフ大統領（当時）は、東西ドイツを統一するのと引き換えに、ドイツをＮＡＴＯの最東端とする、つまり、ＮＡＴＯの東方拡大は行わないという確約を得ていたと主張しており（ただし、欧米はこのようなディールがあったことを認めていない）、その事がまた、ロシアの被害者意識を強めている。そして２００４年、ついにソ連構成国であったバルト三国（エストニア、ラトビア、リトアニア）がＮＡＴＯおよびＥＵに加盟してしまった。

ロシアは、ＥＵ加盟は容認できても、ＮＡＴＯ加盟は許容できないという立場をとっていた。ロシアの影響圏を欧米に奪われるだけでなく、ロシアの間近にＮＡＴＯの基地や防衛システムなどが設置される可能性が高いからだ。そのため、バルト三国のＮＡＴＯ加盟以後は、旧ソ連諸国のＮＡＴＯ加盟を目指す動きに極めて神経質に反応するようになっていった。

そして、それが２００８年のロシア・ジョージア戦争につながる。同戦争は、ジョージアの親欧米路線がロシアにとって許容できない範囲になったことに加え、欧米諸国の反露的政策、特にロシアの勢力圏を侵害する動きに対してロシアの堪忍袋の緒が切れたことが原因だと言ってよいが、特にロシアを刺激したのは２００８年前半に起きた二つの動きであった。第一に、２月のコソヴォ独立宣言とそれに対する欧米の多くの国々の国家承認であり、第二に、ジョージアとウクライナのＮＡＴＯ加盟が現実的になっていたことであった[31]。

このようにロシアは旧ソ連の影響圏を守るためには軍事力行使も辞さない姿勢を堅持してきたが、軍事力を行使すれば、欧米はＮＡＴＯの対露政策を強化し、ロシアの周辺国の軍事対策を拡充したり、共同軍事演習を大規模に展開したり、時には、対露経済制裁を発動したりして、ロシアを封じ込めるべく対策をとってきた。だが、欧米がこのような対露政策をとれば、ロシアの被害者意識はさらに募り、強硬姿勢をより強めるという悪循環に陥っていったのも事実である。

◉ユーラシア連合と一帯一路

こうしてウクライナ危機が発生するが、その結果、対露制裁が行われるようになり、ロシアも対抗措置をとって、ロシアはさらに国際的に孤立することになった。ロシアが孤立する中、ロシアは中国との関係に活路を見出す。中国はロシアの地政学的思考によれば、ロシアの勢力圏維持に大きな脅威となる危険な存在である。しかし、ロシアは「アメリカの一極的支配」体制を打ち砕き、多極的世界を構築するという目的の上では中国と利害を共有することができた。その目的の下、限定的に中国と協力することはロシアの理に適っていたのである。

こうして２０１４年以降、中露関係が顕著に深まるようになった。長年妥結できなかったロシアから中国への天然ガス輸出問題でも、価格で相互の譲歩により大規模なディールが成立し、ロシアから中国に天然ガスを輸出するための新規の大規模なパイプライン「シベリアの力」の建設も決まった。「シベリアの力」の一部（ロシアのサハ共和国チャヤンダ・ガス田から中国の黒河に向かう約２２００キロメートル）の運用は２０１９年12月２日に既に開始され、その輸送能力は年間３８０億立方メートルで、２０１８年の中国の天然ガス消費量の約13％を占めるという。今後、ロシアのイルクーツク州コヴィクタ・ガス田から８０４キロメートルのパイプラインを建設し、全長約３千キロメートルのガスパイプラインとして２０２２年に全面開通予定である。

中国はウクライナ問題でもロシアを批判せず（ただし、積極的に支援もしない）、ロシアを政治的、経済的に支援したのである。そして、ロシアと中国は相互のメガプロジェクトでも協力を深めることになった。ロシアの「ユーラシア連合」構想と中国の「一帯一路」構想を連携させることで合意したのである。

ユーラシア連合構想とは、２０１１年10月４日付「イズベスチャ」紙に掲載した「ユーラシアにとっての新たな統合プロジェクト――今日生まれる未来」と題する論文で発表されたプーチンの構想である。

プーチンは、ユーラシア連合について、ソ連解体後に生み出されてきたＣＩＳを筆頭にした、政治的、経済的、軍事的な様々な地域協力組織を基盤として発展した広範な分野を統合した連合体であると説明する。プーチンがユーラシア連合の特に重要な前提と考えているのが２０００年に打ち立てられた「ユーラシア経済共同体（ＥＡＥＣ）」構想であり、そこからロシア、ベラルーシ、カザフスタンによる「関税同盟」を創設し、２０１２年には同三国による「統一経済圏」を発足させ、さらに経済統合を進め、メンバーシップを広げていくと説明していた。そして、次第に共通通貨の発行や就労の自由化を検討しながら、２０１５年までに「ユーラシア経済連合」の発足を目指し（予定通り実現した）、経済的なつながりを基盤としながら、政治や社会の面でも統合を進めていくという予定も明らかにした。そしてこれまでは予定どおりにシナリオが展開している。

プーチンが構想するユーラシア連合は以下のような性格を持つ。

第一に、ユーラシア連合は、ソ連の再生ではなく、国家を超越した巨大な統合体であり、世界の一つの極となって、欧州とアジア太平洋地域を効率的に結びつける橋渡し役となる。

第二に、ユーラシア連合は、旧ソ連地域の今後の統合プロセスの核となるものであり、関税同盟や統一経済空間など、既存の組織を段階的に併合・発展させていく。

第三に、ユーラシア連合は、ＣＩＳと対立するものではなく、両組織は旧ソ連の空間において、それぞれ適材適所の役割を担う。

第四に、ユーラシア連合は外部に開かれた構想であり、他のパートナーの参加を歓迎する。

だが、このような構想は、プーチンがソ連解体を「20世紀最悪の地政学的惨事」だと主張していることもあり、諸外国から「ソ連復活の試み」だと警戒され、「形を変えた帝国主義」だとも評された。それに対し、プーチンは「歴史に葬られたものを復活させる試みは無邪気すぎる」とし、帝国主義的野心を否定しつつ、欧亜を結ぶ架け橋を作り、グローバル化に貢献する意向を強調した上で、「ユーラシア連合」のイメージは、ＥＵ的な地域機構であり、ロシアはその創設によって、国際的な影響力を強めたいだけだと述べてきた。プーチンは、ユーラシア連合が世界経済システムの基盤を構成するものとなると想定した上で、その創設こそが、ロシアが世界において確たる地位を占めることにつながると考えているのである。そして、ユーラシア連合構想は、ロシアのグランド・ストラテジーを体現する計画でもある。ウクライナ危機が起きたために、そのような印象はなくなってしまったが、ユーラシア連合に着手した元来の目的は、ロシアにとって極めて重要ながら反露的な姿勢が際立っていたウクライナをつなぎとめるためだったとする議論もあるほどなのだ。[32]

他方、「一帯一路」構想とは、習近平主席が２０１４年11月に提唱した、大規模なインフラ整備・貿易促進・資金の往来の促進などによって、現代版の海と陸（およびのちに北極圏をターゲットにした氷）のシルクロードを構築する構想である。[33]

こうして、ロシアの勢力圏であるユーラシアは中露のメガプロジェクトのメイン・フィールドとなった。つまり、中国の構想はロシアの勢力圏を侵害することになるため、本来であれば、ロシアは中国の計画をけん制するはずであるが、国際的な孤立がロシアを中国との連携をむしろ必要にした側面もあり、中露はメガプロジェクトで連携・協力することになった。そもそも両プロジェクトはレベルが違っており、「同床異夢」とも言われている。ロシアの計画は国家を対象としたものである一方、中国の計画は地域を曖昧にとらえた漠然としたものだからである。

また、中露はユーラシアでの連携の際に、ロシアは政治・軍事の面で、他方中国は経済の面で主導的役割を果たすという「棲み分け」を図った。実は、中国の近年の中央アジアでの動きは、政治・軍事の側面にも及んでおり、ロシアの許容範囲をゆうに超えているのだが、国際的に孤立し、経済的にも困難な状況にあるロシアにとっては強気に出ることができない状況だ。

さらに、地球温暖化によって北極圏の海氷が融解し、北極圏も新たな地政学的な利害対立の場として注目されるようになっているなか、中露は、北極海航路（ベーリング海峡とロシア沿岸の北極海を通り、東アジアと欧州北部を最短距離で結ぶ航路で、かつて、ソ連にとって重要な戦略拠点だったが、冷戦後は衰退していた）での協力関係も強化している。かつては中国のジュニア・パートナー（弟分）にはなるまいとしてきたロシアだが、最近では、ロシアは中国の下位に位置することを甘受し、また、中国に対して「相対化戦略」をとり、中国に対抗して他の国々と戦略関係を強化して対中バランスを図ろうとしてきたが、それも少なくとも当面は諦め、アジア太平洋方面については中国最優先主義をとるまでに至っている。

そのため、ロシアにとっては本意ではないとは言え、現在の苦境からロシアも中国との関係強化を受け入れており、現状では中露のバランスは保たれており、その関係は当面安泰のように見える。(34)

◉親露国を増やす試み

他方、ロシアは勢力圏外でも、地政学的な影響力を強める動きを示してきた。まず、南米の反米諸国やアメリカの影響力があまり強く浸透していない太平洋諸島の国々との関係を強化し、ロシアは様々な支援を行う一方、軍事協力を密にしてきた。特に南米諸国との軍事協力は、合同軍事演習や兵器の供与など多面的であり、またアメリカを直接脅かす効果も持つ。これらの国々は、国際政治においてもロシアを支える相互依存関係にあり、たとえば、ロシアがジョージアのアブハジア、南オセチアを国家承認したときに追従した若干の国々は、すべて南米、太平洋諸島の国々であった。

また中東・アフリカ・東南アジアでも影響力の拡大に躍起である。中東・アフリカ・東南アジアには、ソ連時代に西側勢力との対抗のためにかなり緊密な関係を築けていた国が多くあったが、冷戦終結後はロシアのそれら地域でのプレゼンスは大いに低下した。ソ連時代はかなりあった海外基地も、現在は旧ソ連圏を除いては、シリアに一つ残っているだけである。だが、このシリアの軍事基地がロシアの地政学的戦略において持つ意味は大きく、それはロシアが2015年以降シリア紛争に介入し続けている理由の一つである。加えて、プーチンは自身が権威主義的指導者であるため、同じく権威主義的指導者のバッシャール・アサドを自らの正当性の維持のためにも守りたいと考えており、また、中東に親露国を少しでも多く維持したいとも考えている。そして、イラン、イラク、トルコなどと連携しつつ、他方、イスラエルとも密接な関係を保持しつつ、中東・アフリカでより強い存在感を示そうとしている。加えて、東南アジアや西アジアでも、ロシアの原子力発電所を売り込んだり、兵器を売り込んだりしながら国家の重要領域に食い込もうと躍起になっており、インドやベトナムとの関係を強化しつつ、周辺国との関係深化にも努めている状態だ。

そして、２０１２年ごろから「東方シフト」を掲げて、アジア諸国との関係を強化する中で、北朝鮮や韓国との関係も強化してきた。特に北朝鮮はかつて中国との関係が緊密だったが、近年の北朝鮮の暴挙によって中朝関係が緊張してくると、ロシアは北朝鮮への支援を強化し、ロシアのプレゼンスは確実に高まった[35]。

しかし、２０１８年にロシアの頭越しに南北朝鮮首脳会談（4月27日）や米朝首脳会談（6月12日）が行われたことで、ロシアは朝鮮半島に対するスタンスを迅速に変えた。ロシアは、韓国との関係を強化しつつ、ロシアのシベリアから北朝鮮、韓国を結ぶ鉄道とガス・パイプラインを設置し（これらの設置計画は以前からあったが、近年の北朝鮮の暴挙でペンディングされていた）、ロシアの経済的、ソフトパワー的な影響力を朝鮮半島全体に行使しようとし始めた。そのロシアの方向性は、韓国の利益にも合致した。

韓国は韓国で、米朝接近があまりに顕著に進んだ場合、米韓同盟に亀裂が入る可能性、またその場合には間違いなく中国が入り込んでくる可能性を考え、ロシアというバランサーを必要とした。そのため、米朝首脳会談直後にロシアで開催中だったサッカーW杯の折に韓国の文在寅大統領が訪露し、プーチンと首脳会談を行って、ロシア・韓国・北朝鮮の経済協力計画の検討や多分野での協力を約束したという経緯がある。

◉ロシアが目指す今後の地政学的戦略

近年のロシアの対外的に目立つ動き、すなわちロシア・ジョージア戦争、ウクライナ危機、シリアへの介入、「ユーラシア連合」構想などは、すべてロシアの地政学的戦略と見事合致する。ロシアの外交戦略は度々国際社会から批判されてきたが、実際のロシアの地政学的戦略は、ドゥーギンの主張から比べればずっとプラグマティックであり、臨機応変な側面もあると言える。例えば、クリミアを例外として、ロシアは領土拡張を望んでいない。ウクライナ危機の際、ロシアがウクライナ東部についても併合を狙っているという論調が多く聞かれたが、それはまずありえない。何故なら、併合をすれば、それだけロシアが守らねばならない国土が多くなり、年金や社会保障、教育、医療やインフラなどをすべて「当地の国民が以前の政府のもとで得ていた満足より大きな満足を感じられるレベル」で提供しなければいけないからである。それはロシアの大規模な経済負担を意味する。

ロシアは自国領土内の極東やシベリアの開発を長年の課題としてきたが、クリミアを併合したことで、これまで極東やシベリアに割り当てていた予算の多くをクリミアに投入しなければならなくなった。これ以上領土が増えれば、ロシアは経済的にもたない。未承認国家についてもロシアは本来であればそれらを併合したいわけではなく、むしろそれを「反ロシア的」な国々の中に残すことにより、反露国への外交カードを維持したいのである。ジョージアのアブハジア、南オセチアを国家承認し、事実上の併合プロセスを進めているのは、コソヴォ問題での欧米への意趣返しであり、反露的傾向を強めるとこうなるという、ジョージアおよび旧ソ連の反露的な諸国への見せしめであり、承認は本来ならば行いたくなかったはずである。

このようにロシアはクリミア奪還を例外とし、決して領土の拡張を目指しているわけではなく、領土については現状維持を図りつつ、いかに効果的に影響力を拡大するかということを目指している。ロシアが目指しているのはソ連の再興ではなく、大国ロシアを再確立していくことだ。そして、旧ソ連地域を中心とした影響圏を確実に確保した上で、多極的世界を構築し、その「一極」を確実に担い、国際的な影響力を増すことを目指していると言えるだろう。

謝辞

本研究は、ＪＳＰＳ科研費JP15KK0130の助成を受けたものであり、訪問研究員として1年研究をさせていただいたフィンランドのヘルシンキ大学アレクサンテリ研究所（Aleksanteri Institute, University of Helsinki, Finland）のご助力によるものである。記して心から感謝申し上げたい。

注

（１）現在はＣＩＳ加盟国ではないジョージアや準加盟のトルクメニスタン、脱退表明をしているウクライナを含む。旧ソ連諸国からバルト三国を除いた国々と考えていただきたい。

（２）Prizel, I. (1998) *National Identity and Foreign Policy: Nationalism and Leadership in Poland, Russia and Ukraine.* Cambridge: Cambridge University Press.

（３）Дугин, А. (1997) *Основы геополитики: Геополитическое будущее России.* Москва: Арктогея. なお、本書はじめドゥーギンの主たる書籍は英語には翻訳されているが、翻訳が極めて悪く、理解が困難である。

（４）欧米社会は特に日本の「フィンランド化」を常に危惧していたという経緯がある。

（５）筆者によるTuomas Forsberg氏（フィンランド・タンペレ大学）へのインタビュー（２０１５年８月）による。

（６）廣瀬陽子（２０１７）「ウクライナ危機の長い影――ロシアとＮＡＴＯ」『国際問題』Ｎｏ．６６７。

（７）未承認国家については、以下を参照されたい。廣瀬陽子（２０１４年）『未承認国家と覇権なき世界』ＮＨＫ出版。

（８）実際は、ペレストロイカ期にごく小さな統合運動が起きたのみで、統合の希望は両国のアゼルバイジャン人からほとんど聞かれない。

（９）ただし、戦争を指導する戦略の下位、また、戦闘を指導する戦術の上位に位置する、「作戦術（Operational Art）」がプーチンには欠けており（ソ連時代にはあった）、それが現在のロシア外交に失策が目立つ原因だという見方もできる。

（10）Starr, S. F., Svante, C. eds. (2014) *Putin's Grand Strategy: The Eurasian Union and Its Discontents.* Stockholm: Silkroad Papers and Monographs. 各項目の解説は筆者による。

（11）ジョージアおよびウクライナのＮＡＴＯ加盟阻止も大きな要因だった。

（12）２００３年のジョージアでの「バラ革命」、２００４年のウクライナでの「オレンジ革命」を指す。両方とも、国民による下からの民主化革命だと言われているが、欧米の政治的、資金的関与があったことは間違いなく、ロシアにとっては深刻な勢力圏の侵害であり、欧米に激しく反発してきた。２００５年のキルギスでの「チューリップ革命」を含める論者もいるが、欧米の影響がほとんどないことなどから、筆者は含めない。

（13）混乱の中でタナボタ的に首相になったが、多くの犯罪歴もある危険人物とも言われる。

（14）クリミア併合をロシアがいかに「合法的に」見せようとし、それでも多くの違法行為が含まれているかについては、廣瀬陽子（２０１４）「ロシアによるクリミア編入——ロシアの論理と国際法」『法学教室』４０６号、44-54頁を参照されたい。

（15）ジョージアのケースでは、アブハジア、南オセチアの住民の約9割がロシア・パスポートを所有していたので、自国民という根拠が一応あると言えるが、クリミアの場合は、ロシア系住民、ないしロシア語話者という極めて薄弱な根拠しかない。

（16）**"Обращение Президента Российской Федерации," марта 18, 2014 г.** (http://www.kremlin.ru/news/20603)

（17）4月17日のテレビ演説による。大統領府のウェブサイトにすべてのやり取りが掲載されている。**"Прямая линия с Владимиром Путиным."** (http://kremlin.ru/news/20796)

（18）注16と同じ。

（19）筆者のウクライナ（キエフ、オデッサ、リヴィウ）でのインタビュー（２０１４年８月末）、および、宇山智彦（２０１４）「変質するロシアがユーラシアに広げる不安——進化する権威主義、迷走する『帝国』」『現代思想　特集——ロシア』42巻10号、１２９-１４３頁。

（20）たとえば、ＩＳＩＳがハイブリッド戦争を遂行していることについてよく引用されている記事として、Confronting Islamic State——The next war against global jihadism. *The Economist*, September 13, 2014.

（21）Goble, P. (2014) Putin's Strategy in Ukraine——Sow Panic, Provoke, Invade and Then Repeat the Process. *Window on Eurasia*. (http://windowoneurasia2.blogspot.jp/2014/11/window-on-eurasia-putins-strategy-in.html)

（22）Fridman, O. (2018) *Russian 'Hybrid Warfare': Resurgence and Politicization*, Oxford: Oxford University Press.

（23）Renz, B. and Smith, H. (2016) "Russia and Hybrid Warfare–Going Beyond the Label," Helsinki: Aleksanteri Papers,

1/2016.
(24) Герасимов, В. (2013) «Ценность науки в предвидении——Новые вызовы требуют переосмыслить формы и способы ведения боевых действий,» *Военно-промышленныи курьер.* февраля 27, 2013.
(25) Chekinov, S. and Bogdanov, S. "The Nature and Content of a New-Generation War," *Military Thought*, October-December 2013.
(26) Дубовицкий, Натан (2014) «Без неба,» *Русский пионер*, марта 12, 2014. (http://ruspioner.ru/honest/m/single/4131)
(27) Pomerantsev, P. (2014) "How Putin is Reinventing Warfare," *Foreign Policy*, May, 5 2014.
(28) Тернер, А. (2014) «Сила России в её коварной кажущейся слабости,» *KM.RU*. October 15, 2014.（http://www.km.ru/world/2014/10/15/barak-obama/749670-sila-rossii-v-ee-kovarnoi-kazhushcheisya-slabosti）
(29) ウクライナ東部のドネツク・ルガンスクあたりの地域をドンバスと呼ぶ。炭鉱で有名な地域である。
(30) Воронов, В. (2014) «Зеленые человечки» Сталина——‹гибридная война› была впервые опробована вовсе не в Крыму,» *Свободная Зона*, Ноябрь 2, 2014.
(31) 廣瀬陽子（２００９）「『新冷戦』議論と米ロ関係改善の展望——グルジア紛争にみる両国の対立と国内要因」『国際問題』ＮＯ．５７９。
(32) 下斗米伸夫（２０１４）『プーチンはアジアをめざす——激変する国際政治』ＮＨＫ出版。
(33) 詳細は、廣瀬陽子（２０１８）『ロシアと中国——反米の戦略』ちくま新書。
(34) 同。
(35) Hirose, Y. (2017) "Russia's North Korea Policy: The Logic and Dilemma of Assisting North Korea," *The ASAN FORUM*, November-December 5(6).
※ウェブサイトの最終アクセス日は２０１８年5月16日。

第7章

「アフリカの角」と地政学

遠藤　貢

1　「アフリカの角」地域をめぐる地政学

アフリカ（ここではサハラ以南のアフリカ）は、近代以降、奴隷貿易、植民統治、冷戦といった外部からの様々な関与の中で、歴史的に様々な政治経済的ダイナミズムの中に置かれてきた。そこで、アフリカを扱う本章では地政学的に今日極めてユニークかつ重要と考えられる「アフリカの角《つの》」地域に焦点をあてて検討したい。

「アフリカの角」地域は、歴史的に様々な外部からの関与にさらされる中で、極めて不安定な政治の軌跡を描いてきた点に特徴がある。植民地期にはイギリスやイタリアの関与があり、冷戦期にもアフリカ域内においては当初はアメリカの影響を受けながら、１９７０年代になるとソ連の影響が強く見られ、ソマリアとエチオピアに社会主義政権が樹立された。冷戦後も、１９９１年にソマリアの中央政府が崩壊して以降は、国連平和維持活動（人道的干渉）とその失敗が強く認識される地域となった。また、２００１年9月11日のアメリカ同時多発テロ以降は、ソマリアのような崩壊国家が、「テロリスト」を涵養する地域の一つとして強い警戒を持って「対テロ戦争」の最前線とも認識されるようにもなった。さらに、２００８年頃から急速にその発生件数が増えることになったいわゆるソマリア沖海賊への国際的な対応が図られ、重要な国際的な航路（シーレーン）の安全を確保するという観点から、この地域における日本を含む先進国の基地建設を含む取り組みが行われてきた。加えて、ジブチにおける中国の軍事基地建設にも見られるように、「インド太平洋」地域をめぐる権益が大きな影響をおよぼす地域として、「アフリカの角」を中心とした地域への関心が急速に強まってきた。

　また、近年においては、「アフリカの角」地域をめぐり、紅海の対岸に位置する中東諸国（特に湾岸諸国）による軍事基地建設などに見られるような進出傾向が強まっていることに関心が向けられている。ここには、「アフリカの角」の対岸にあるイエメン情勢をめぐるイランとサウジアラビアの対立関係を中心とした中東諸国間の緊張関係が投影されている面もある。加えて、エチオピアにおける青ナイルの「大エチオピア・ルネッサンス・ダム（ＧＥＲＤ）」建設をめぐって、下流域のエジプト、スーダンの間での「ハイドロ・ポリティクス」（水資源をめぐる政治）も注目されている。

　こうした新たな動きが現れてきた「アフリカの角」地域をめぐる新たな地政学的展開を、これまでのこの地域の歴史的背景を踏まえながら、以下に述べる新たな視座の下に、主にアフリカ諸国側の視点から分析することを本章の目的とする。

2 「アフリカの角」地域

◉「アフリカの角」概念

「アフリカの角」という地域概念が存在しているものの、この概念が明確にどこまでを指しているかについては、必ずしも研究者の間で共通了解があるわけではない（図表7−1を参照）。この地域について近年著作を著している二人の著名な研究者の地域設定にも違いがある。ケンブリッジ大学のクラッパムは、ジブチ、エチオピア、エリトリア、ソマリア（ソマリランドを含む）に概ね限定した地域概念としてこの地域を描くのに対して、[1] フレッチャースクールのデ・ワールは、比較的広域にこの地域を設定しており、上記4カ国に自らが中心的な研究対象としてきたスーダンと南スーダンを加えた地域としている。[2] 他の研究書においても、ここに記した6カ国にかかわる問題を扱う場合に、「アフリカの角」という地域概念を設定して、その特定の国と地域にかかわる分析が行われる一般的な傾向があると言うことができる。ただし、「アフリカの角」と重なる地域概念として「北東アフリカ」を用いることもあり、「アフリカの角」という地域をソマリ系住民が北東部に居住するケニアをも含む領域として設定

図表7-1　「アフリカの角」概略図

（出所）De Waal, A. *The Real Politics of the Horn of Africa: Money, War and the Business of Power*. London: Polity; 2015: p. 32, Map 3.2をもとに筆者作成

する場合もある。

クラッパムは、「アフリカの角」地域について、研究者それぞれが必要に応じて設定する「枠組み」であるとしているほか、近年イスラームをめぐる政治への関心が強まるにつれて、従来の「サハラ以南アフリカ」と「中東」という地域区分が、歴史的にも深い関係にあった紅海とアデン湾を架橋する関係の復活という視座の必要にも言及している。

おそらく、「アフリカの角」地域をめぐる地政学的課題は、今後こうして「再興」

しつつある地域概念の再編という形で展開していくことが予想される。

◉「アフリカの角」の政治力学の基層

「アフリカの角」は、「サハラ以南アフリカ」における一地域として考えた場合、現状においても、その解決の道筋がつけにくい紛争が多発している地域という特徴を有している。１９９８年に勃発したエチオピアとエリトリア間の国境紛争、崩壊国家ソマリアにおける、特に中南部での政治秩序の実現、そして南スーダンにおける内戦など、いくつもの紛争状況を容易に想起できる。しかもその紛争図式は多様であり、ソマリアの場合には、１９９１年1月のシアド・バーレ政権崩壊後、21年を経過してようやく政府承認を受けることのできる２０１２年にソマリア連邦政府（以下、ＳＦＧ）が樹立されはしたものの、イスラーム主義勢力アッシャバーブによる攻撃が継続的に政府や、アフリカ連合ソマリアミッション（ＡＭＩＳＯＭ）の基地に向けられているだけではなく、北東部のプントランドにはＩＳＩＳ（イスラーム国）に忠誠を誓うソマリア国内の勢力が新たに拠点を形成するなどの動きが継続している。

こうした不安定性を現在の大きな特徴としている「アフリカの角」を、クラッパムは、「植民地化されなかった」アフリカと評価する視座を提起している。ここで念頭に置かれているのは、現在人口が1億人を超えていると推計されているエチオピアである。歴史的にも、今日的にも「アフリカの角」地域における「覇権国」として位置づけるとともに、エチオピアに関して適用した歴史学者のマーカキスによる地政学的な分類[3]を、「アフリカの角」地域にまで拡張して適用している。

具体的には、東にリフト・ヴァレーが位置する高地（概ねエリトリアの首都アスマラの北部から、エチオピアの首都アジスアベバに至る歴史的には「アビシニア」として知られる地域）は「高地の『アフリカの角』における中心地域」として位置づけられる。ここには民族的にはアムハラやティグレが含まれるとしている。その上で、「低地の周辺」として紅海の沿岸地域、ソマリア、エチオピア南東部からケニア北部に連なる地域を位置づけ、この地域はケニア北部からスーダンにつながる多くの民族が居住している地域としている。

また、「周辺」としては「高地の周辺」として、特に民族的にはオロモを中心に、エチオピアの南部諸民族州に属する民族が含まれる地域として位置づけている。

こうした「アフリカの角」における類型化は、この地域に民族関係をめぐり、極めて特徴的で階層的な権力関係を規定してきた側面を示すものであり、その階層化にかかわる政治的なダイナミズムが展開してきている地域としてとらえることがこの地域を地政学的な観点からとらえ直す起点になることを示唆している（図表7-2を参照）。

さらに、この「アフリカの角」地域のダイナミズムを考察する上で、デ・ワールの提起している「政治的マーケットプレイス」という概念[4]は、極めて興味深い。この概念は、現代世界におけるガバナンスの一形態であり、政治が金銭的な支払いや認可と政治的なサービスや忠誠を交換する形態で営まれていることを指している。

特に「アフリカの角」という不安定な地域においては、以下でも検討するように、様々に現象化す

図表7-2 「アフリカの角」における中心と周辺の概略

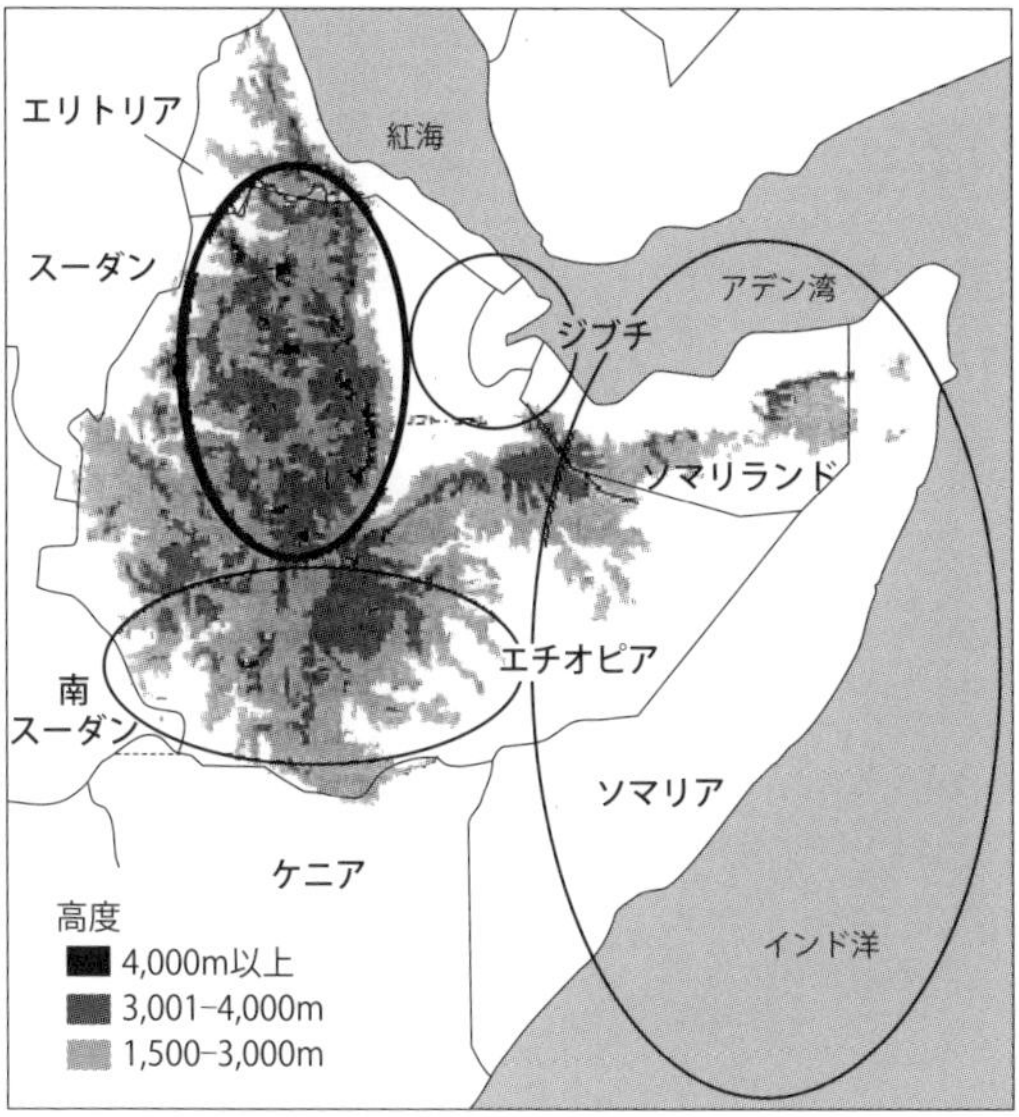

（注）太い楕円が中心地域、細い楕円が周辺。
（出所）Clapham, C. *The Horn of Africa: State Formation and Decay*. London: Hurst; 2017: p. xvi, Map 1をもとに筆者作成

る暴力（ここにはテロリズムや海賊行為なども含まれる）がレント（不労所得）を得るための都合のよい手段になっているということである。デ・ワールは、この現象を、多面的かつグローバル化した「新しいレント主義」として定義し、ここには以下のような五つのレントの要素を見出すことができるとしている。

第一に鉱物資源、第二に援助（人道支援などを含む）、第三に安全保障協力（対テロ、平和維持、警察活動）、第四に政治的・政策的なレント（政治的報酬）、そして第五に犯罪（武器取引、人身売買、海賊行為）である。[5]

3　「アフリカの角」の歴史的背景

◉ソマリ民族の動態

「低地の周辺」の民族の一つであり、まさに「角」地域にその人口分布が特徴的に見られるソマリに着目することから「アフリカの角」の歴史的展開を検討することを始めたい。民族としてのソマリは、文化的、宗教的（スンニ派イスラーム）には一定のまとまりを有してはいたものの、植民地化以前の段階において政治的には統一的なシステムの下に置かれていたわけではなかった。植民地統治期にはソマリは五つ（イタリア領、イギリス領、フランス領、エチオピア、イギリス領ケニア北東部）に分断された。ソマリが居住していた地域にかかわる植民地統治は、19世紀末、エチオピアに加え、ヨーロッパ列強の強い影響力の下に進められた。西からのメネリク2世統治下のエチオピアの進出（1887年のエチオピア西部の都市ハラール占領）を含め、イギリスの保護領としてのソマリランドの樹立（1890年）、フランス領ソマリランド（1888年）の樹立、そしてイタリアと南部のスルタン教国（オビヤ、マジャーティーン）との協定締結による保護領化に加え、名目的に南部の港湾都市の支配権を有していたザンジバルのスルタンとの貸借に関する協定が締結される形で実施されていったのである。

これに対し、1899年からイギリスの保護領となったソマリランドでは、「マッド・ムラー」として知られるソマリの一つのクラン（氏族）であるオガデンの詩人であり政治家だったサイイド・ムハンマド・アブダッラー・ハッサンに率いられ、特にキリスト教改宗への抵抗運動としてエチオピアとイギリスに向けられた抵抗運動が20年にわたり展開した。彼に追随した人々はデルビッシュと呼ばれ、サイイドが19世紀末にメッカに巡礼し、そこで、新たに習得したサリヒーヤ派に属し、クランとしてはサイイドの母方のクランにあたるドゥルバハンテであった。

　サイイドの抵抗運動が従来のクランの枠を超えた性格を帯びたことはこの歴史時点では重要な現象であり、その後のソマリ・ナショナリズムの先駆者としての意味を有しているとの評価も行われている。結果的にデルビッシュは敗れたものの、この抵抗運動はソマリ・ナショナリズムを喚起する歴史的経験として重要な意味を有している。

　１９３０年代から第二次世界大戦後に至る時期は、その後のソマリのナショナリズムの展開にきわめて大きな影響を与える歴史的文脈が形成された。その第一の要因は、１９３４年12月のワルワル事件を契機として開始された第二次エチオピア戦争の結果、１９３６年5月にエリトリア、エチオピアとイタリア領ソマリランドを併合したイタリア領東アフリカが樹立されたことである。１９４１年にイギリス軍を中心とした攻撃によりイタリアは降伏して統治は終結し、一時的にイギリスの軍事統治（以下、ＢＭＡ）下に置かれたが、１９４２年に締結されたイギリスとエチオピア合意によりＢＭＡの統治は継続されることになった。こうしたソマリ居住地の広域統治が実現したことが、植民地統治下で分断されたソマリ民族の糾合を希求する「大ソマリ主義」というアイデアの布石となっていく。実際、戦後のイギリスの労働党政権の下で外相を務めたベビンは、将来の独立に向けた取り組みにおいて国連の信託統治の下で、すべてのソマリ居住地域を統合的にイギリスが管理する提案をしてもいた(6)。

第二に、第一点とは対照的に、ソマリの居住地域は極めて分断的にその「境界」が決定していくという流れである。BMAの統治下でソマリ居住地の中で唯一フランス領ソマリランド（後のジブチ）だけは1942年のドゴールの宣言によりイギリスの統治下には置かれなかったが、ほかはイギリス領となった。そして、長年イギリスとエチオピアの間で争点となってきたエチオピア東部のオガデン地方（クランとしてのオガデンが多く居住していたことに由来する地名）と「指定地域」（以下、RA）と位置づけられてきたイギリス領ソマリランドの南に位置する地域に関しても、居住しているソマリの意向にかかわらず、イギリスの統一ソマリアの方針変更に伴い、エチオピアにこれらの地域の領有権を認める決定がなされた。オガデンについては1942年のエチオピアとの協定などに基づき1948年に領有権の変更手続きが完了し、RAも1954年までにエチオピアの統治下に移った(7)。

そして第三に、1950年に10年を期限として始まった国連の信託統治の下に置かれた旧イタリア領ソマリアの独立に向けた統治を新たに担うことになったのが、イタリアであった。この後信託統治領ではソマリ民族の統一をも掲げるソマリ青年連盟を中心に、脱植民地化に向けた取り組みが行われ、イギリスの保護領ソマリランドでもイサックを支持基盤とするソマリ国民連合を中心として、独立に向けた取り組みがなされた。

信託統治地域に関しては1960年7月1日をもって信託統治が終結する国連総会決議が1959

年12月に採択された。また保護領に関しても１９５９年２月にイギリス植民相のアラン・レノックスーボイドが、独立後ソマリアとの統合を準備している旨の発言がなされ、１９６０年４月には独立要求が正式にイギリス政府に受け入れられた。こうした手続きを経て、イギリス領ソマリランドは１９６０年６月26日に独立を実現し、５日後の７月１日に信託統治の終了を受けてソマリアが独立し、合併条約の下にソマリア共和国が誕生することになったのである。[8]

ナショナリズム（「大ソマリ主義」）の観点から見た場合、共和国独立後の一つの重要な課題は、ソマリが人口比率の60％を超えているイギリス植民地下のケニア北部辺境地区（以下、ＮＦＤ）の帰属に関する問題であった。ＮＦＤの帰属問題に関しては紆余曲折が見られ、英連邦関係相であり、１９６２年７月以降植民地相を兼担するようになったダンカン・サンズは、ＮＦＤの帰属に関しては、ケニアとエチオピアとの関係を勘案する形で、ケニアの州憲法の下で扱う決定を行ったことを公表した。この決定は、ＮＦＤの帰属が、ケニアの枠組みの中で処理される問題という位置づけを与えられたことを意味した。[9]この決定によって、ＮＦＤの分離とソマリア共和国への併合に道は閉ざされる形になり、「大ソマリ主義」の実現可能性は遠のいた。

ソマリの問題を、ケニア側から見ると次のような考察が可能である。ＮＦＤは、今日もダダーブ難民キャンプが存在（35万名規模）するだけでなく、歴史的にソマリ系住民の居住地であり、その高い越境可能性を特徴としている。さらにケニアの歴史の中で様々に翻弄され、また開発から取り残されるだけでなく、多くの抑圧を経験してきた地域でもある。植民地期には、ＮＦＤという名称が一般的に用いられたが、この地域は１９２５年には北部州、１９４７年には北部辺境州、そして１９６３年独立時に北東州と名称が変更されてきた。そして、この地域の住民は独立前の時期には分離を希望していた。独立直後には、編入に抵抗するソマリ系住民による抵抗運動がシフタ戦争（シフタはスワヒリ語で盗賊の意味）の形で展開し、１９６７年までの間に４０００名ものソマリ系住民の犠牲者を出すことになった。また、１９８４年２月10日にはワジールでのワガラ大虐殺として知られる、ケニア軍による武装解除のために空軍基地に集められた５０００名にも上るソマリ系住民のデゴディアの虐殺事件も発生するなど、ケニアにおいては、ソマリの人々は抑圧や排除の対象となってきたのである[10]。

◉「覇権国」エチオピアとその国際関係

エチオピアは、確かに「アフリカの角」地域において、人口規模が最大の国であるが、クラッパムが狭義の「アフリカの角」において規定するような「覇権国」であるかについては、異論も存在する。エチオピア人の研究者であるタデッセは、下流域のエジプトとの間の「ハイドロ・ポリティクス」を念頭に置きながら、「アフリカの角」とその周辺にかかる広域の視点から、域内の「覇権国」が不在の地域という認識を示している[11]。

さて、エチオピアは宗教的にはエチオピア正教会が支配的とも考えられがちであるが、それは、上で触れた「高地の中心地域」に概ね相当するアムハラやティグレが中心的であり、アムハラやティグレの一部や、「低地の周辺」に位置づけられるアファールやソマリを中心に人口の約３分の１はイスラーム教徒である。また、南部諸民族州やガンベラにはプロテスタント教徒も多いなど、宗教的には多様性を有している。

クラッパムの「植民地化されなかった」アフリカという意味において、エチオピアの歴史的に重要な出来事は、１８９６年3月にエリトリアから南下してきたイタリア軍を撃破したアドワの戦いである。エチオピアの独立を守り、「アフリカの角」におけるイタリアの優位性を大きく変える意義を持つ軍事的勝利であった。その後、前述のように、第二次エチオピア戦争の結果、１９３６年5月にエリトリア、エチオピアとイタリア領ソマリランドを併合したイタリア領東アフリカが樹立された。その後、第二次世界大戦が始まると、イギリス軍の支援を受けた皇帝ハイレ・セラシエがイタリア占領に対して反攻を進め、皇帝の軍は１９４１年5月5日に首都アジスアベバに入り、その独立を回復した。

エチオピアはその後、１９５２年9月に第二次世界大戦後イギリスの暫定統治下に置かれていたエリトリアと連邦を形成したが、１９６２年11月にエチオピアがエリトリアとの連邦を廃止し、エリトリアは帝国の一州と決定する形で、強引に合併を行った。これに対し、エリトリアの独立を目指すゲリラ活動が活発化し、特に西部のイスラーム教徒を中心に形成されたエリトリア解放戦線（ＥＬＦ）が、直接的な行動を取り始めることになった。この勢力はスーダンに基地を持つとともに、アラブ諸国からの武器援助を受けるなどして、エチオピア軍への継続的な攻撃をすることになった。エチオピアにとってのエリトリアの重要性は、紅海に面したマッサワとアッサブの二つの港湾都市であり、仮にエリトリアが独立すればエチオピアが自国内から海への出口を失うことを意味するものであった。当時はアメリカもエリトリアの中心都市アスマラ近郊にカニュー通信基地を有し、エチオピアに多額の軍事援助を提供していたことから、アメリカがこの基地を確保しておくという点からもエチオピア側からは、エリトリアを手放すことは望まれない選択肢であった。そのため、ハイレ・セラシエは１９７０年12月にエリトリアのほぼ全域に非常事態を布告し、治安強化を行ったが、治安部隊による住民に対する無差別の攻撃が行われた。こうした強権体制と、政府による干ばつへの対応の後れ（とその秘匿）に対する不満が膨らむとともに、軍の内部にも特に若手軍人の上官への不満が増幅し、１９７４年２月の「アスマラ反乱」などに代表される反乱勢力が現れる。

１９７４年６月には若手将校を中心とするデルグ（国軍調整委員会）が、実権を掌握し、９月12日にハイレ・セラシエの退位が発表される「エチオピア革命」により、エチオピアにおける帝政支配は、その終焉を迎えた。デルグを中心とした暫定軍事行政評議会（ＰＭＡＣ）は、同年12月10項目からなる「エチオピア・ティグデム」（エチオピア第一主義）を定め、社会主義に基づく統一国家を宣言した。この中には、「同化政策」の形をとったアムハラ中心主義が見られたことから、早い段階から反デルグの闘争が始まることになった。

他方、帝政の崩壊は、「大ソマリ主義」の実現を試みようとしていたソマリアのシアド・バーレにとっては、オガデン併合の好機と映ることになった。ソマリアはオガデン地方の分離独立を基本的に支持する外交姿勢をとってきた。この期をとらえ、１９７７年に、オガデン地方における分離独立を目指して戦っていた西ソマリア解放戦線（ＷＳＬＦ）を支援する形でソマリア軍が侵攻し、オガデン地方への一時的な有効支配を確立した。しかし、10月にはエチオピア側からキューバ・ソ連との共同戦線の下で反撃が開始された結果、１９７８年３月にはソマリア軍はオガデンからの撤退を余儀なくされ、オガデン戦争で敗北した。

こうした不安定な状況の中、エチオピア国内において反デルグの中核を担う勢力として登場するのが、マルクス主義者やキリスト教徒を中心としてＥＬＦとは対立する形で形成されたエリトリア人民解放戦線（以下、ＥＰＬＦ）であり、ＥＰＬＦは１９７５年に少数の大学生を中心に設立されたティグレ民族解放戦線（以下、ＴＰＬＦ）やオロモ解放戦線（以下、ＯＬＦ）などの民族勢力が反デルグの下に共闘する構図が生まれることになった。本章では、デルグ時代の統治や、この間の武装勢力間関係の詳細な再編過程の記述は省くが、こうした軍事共闘態勢の下で軍事的に１９９１年５月にデルグの独裁体制が崩壊する帰結を招く。

4 冷戦後の「アフリカの角」の重要性の変遷

◉エチオピアの不安定化への対応

反デルグの中心的組織の一つであったＴＰＬＦは、１９８０年代にはマルクス主義の前衛党組織を確立して農民の動員を図るとともに、１９８８年にはその正統性を広くエチオピアで確立する目的でエチオピア人民革命民主戦線（以下、ＥＰＲＤＦ）を設立し、その中核を担う形をとることになった。デルグ崩壊後の暫定政権が設立され、ＴＰＬＦの議長（ＥＰＲＤＦの書記局長）のメレスが大統領に就任した（その後１９９５年の憲法改正を受け首相に就任した）。ＥＰＲＤＦは当初、混乱した国内の移行・安定が主たる課題であった。また、ＴＰＬＦと共闘してきたＥＰＬＦにとっても、デルグの崩壊は新たな幕開けとなった。ＥＰＲＤＦは、エリトリアに対して独立に関する国民投票の権利を認め、１９９３年４月に行われたエリトリアの国民投票では99%を超える支持を得る形で、同年5月にアフリカで53番目の独立国となったのである。

　エリトリア独立を受け、ＥＰＲＤＦにとって、この段階でのエチオピアの「アフリカの角」を中心とした国際的課題は、エリトリア独立という新たな状況への適応であり、周辺国との確執を深めない「平和共存」であった。しかし、この姿勢が変化する一つの転換点が、アジスアベバで起きたエジプトのムバラク大統領暗殺未遂事件（１９９5年6月）であった。この事件に関与したとされたスーダンとの関係が悪化し、国内におけるイスラーム系組織の国外追放などの措置が講じられる一方で、スーダン南部で活動を続けていたスーダン人民解放軍（ＳＰＬＡ）との関係を再構築するなど、この事件を起点としてこの後のスーダン（と南スーダン）の和平交渉過程にエチオピアが深く関与する形になった。

　しかし、この時点でエチオピアにとっての安全保障上の最大の課題は、崩壊国家ソマリアに起因するものであった。崩壊国家となったソマリアについての詳細は他に譲るが、１９９１年１月にシアド・

バーレ政権が崩壊して以降、ソマリアでは様々な和平交渉が行われたにもかかわらず、その後21年にわたり国際的に承認を受けた中央政府の樹立に失敗してきた。ソマリアに対してエチオピアは、後にも触れるアル・イッティハード・アル・イスラーミ（以下、ＡＩＡＩ）の主要基地の破壊のための越境攻撃をするなど、イスラーム主義勢力掃討のための活動が１９９０年代半ば以降の時期から始まっていた。他方、エチオピアはソマリアの和平プロセスにも関与し、ソマリア国内で形成された独立を宣言したソマリランドや自治州としての位置づけを宣言したプントランドと良好な関係を維持してきた。さらに、２００６年６月から12月にかけて、イスラーム法廷連合（以下、ＵＩＣ）がソマリア中・南部を統治下においた際には、同年末にエチオピアが自衛を目的に宣戦布告をして武力介入を行った。エチオピア軍はＵＩＣ拠点に空爆を行ったほか、２００７年１月にはアメリカの支援も受ける形でソマリア暫定政府（ＴＦＧ）を支援して首都モガディシュを制圧した。こうしたエチオピアの役割は、その後「アフリカの角」における「テロとの戦い」の中で特にアメリカから重視されていくことになる。

◉エチオピア・エリトリア戦争とその余波

エチオピアにとって１９９０年代後半における最大の地域課題として、エリトリアとの戦争が１９９８年５月に勃発する。すでに触れたように反デルグではＴＰＬＦと共闘を組み独立後民主主義と正義の人民戦線（ＰＦＤＪ）に名称を変更したＥＰＬＦの指導者であるエリトリアのイサイアスの下で、エリトリア軍はエチオピアに侵攻した。イサイアスは民族的にもメレス首相と同じティグレであり、さらに最終的に７万人にもおよぶとされる大きな犠牲を両国に出す事態に発展したことは、当時衝撃を持って迎えられた。国境地帯の都市バドメに象徴される領土問題で激しい空爆を含む対立にもつながったが[12]、エチオピアが優勢となった２０００年６月の停戦協定、12月の包括的和平協定を経て、両国軍は撤退したほか、この間同年９月には国連安保理が停戦監視する国連エチオピア・エリトリア派遣団（ＵＮＭＥＥ）の派遣を決めている。

この戦争の影響は多岐に波及した。特にエチオピア軍が極めて強力と目されていたエリトリア軍に短期間に対応したことは、その軍事的な能力を周辺国に示す意味を持ち、エジプトやスーダンのほか、ケニアにも、エチオピア軍の「力」の再認識を迫ることになった。さらに、この戦争を通じて、エチオピアは経済・外交面において、ジブチとの関係強化を進めていく。海上へのアクセスは、エリトリアからジブチに転換するとともに、不安定化し、「テロとの戦い」、さらには一時的に海賊対処の主戦場の一つとなったソマリアへの対応という観点からも、両国の関係はより強化される方向に向かった。特にエチオピアのメレス首相は、ジブチの経済政策、特に「ビジョン２０３５」の策定において大きな役割を果たした。

他方、エリトリアはその後、「アフリカの角」において、国際的にも孤立の度合いを深めることになった。特にソマリアにおけるイスラーム主義勢力、特にアッシャバーブへの支援をめぐって、２００９年以降国連安保理決議に基づく武器禁輸、ならびに一部の政府関係者に対する渡航禁止や資産凍結の制裁が行われてきた（国連安保理決議１９０７）。しかも、１９９７年に憲法は採択されたものの発効しておらず、極めて強権的な体制がとられており、特に若者を中心として国外への脱出を試みる動きが絶えない状況が続いてきた。

◉「テロとの戦い」、ソマリア沖海賊問題、そして「一帯一路」へ

２００１年９月11日のアメリカ本土での同時多発テロ事件を受けて、アメリカはジブチにおいてアフリカにおける唯一の基地であるキャンプ・レモニエの運用を開始した。その目的は、「アフリカの角」地域の安定化であるが、ソマリアの中・南部に加え、イエメンに対しても無人攻撃機（ドローン）を用いて、「テロリスト」の探査と攻撃を行ってきた（アメリカは１年あたり６３００万ドルをジブチに支払っている）[13]。

日本も、２００８年から急増したソマリア海賊事案発生件数に対応する名目で、２０１１年６月に、日本国外では初めてとなる自衛隊独自の派遣航空隊のための拠点をジブチに開設し、恒常的に海賊対策を実施する体制構築を行っている。ジブチには旧宗主国のフランスのほかイタリアも基地を置いている。そして、２０１７年に中国がジブチに基地を建設したことは、ジブチが単に「アフリカの角」地域における軍事的要衝という位置づけを与えられたことを示すだけでなく、インド太平洋地域において地政学的に重要な位置にあることを示すものとなった。鉄道、港湾建設やそれにかかわるジブチへの多額の投資のほか、中国は基地関連で約２０００万ドルの支払いをしていると試算されている。こうした海外の基地建設を中核とした経済効果は極めて大きく、１９９９年に就任したゲレ大統領の就任時

に約5億ドルだったGDPは、２０１５年には17億ドルと3倍以上に増大している。

海外との貿易に関してその95％をジブチに依存しているエチオピアに対しても、中国は中国輸出入銀行の融資により、首都アジスアベバの路面電車の建設に加え、アジスアベバとジブチをつなぐ鉄道建設に関与している。アジスアベバにおける路面電車の建設は完了し運行されたが、アジスアベバとジブチをつなぐ鉄道については建設は進められたものの、現在商業的な運行の見通しは立っていない。中国はエチオピア以外にもこの地域での鉄道建設に関与し、長期的には広域にわたる鉄道網の整備も想定している。ただ、実際に鉄道建設が完了しその運用が始まっているのは、全長４８５キロに及ぶケニアの首都ナイロビと沿岸部の都市モンバサを結ぶ鉄道である（２０１７年5月31日）。アフリカは、「アフリカの角」地域を中心として今後中国の戦略上極めて重要な一角を担う地域として今後も位置づけられていくことは疑いの余地がない。

5　「アフリカの角」をめぐる今日的対立／協調図式――流動化する中東との接近

◉「アフリカの角」をめぐる図式――イランからサウジアラビアへ[14]

「アフリカの角」をめぐる中東における国際関係の一つの重要な軸が、サウジアラビアとイランの関係である。冷戦期までは、サウジアラビアが「アフリカの角」におけるソ連の影響力に主たる関心を示していた。それは一方ではこの地域におけるエチオピアのような社会主義国内におけるイスラーム教徒への関心であり、他方ではアラブ連盟加盟国であるスーダンとソマリアへの社会主義の影響への懸念であった。実際サウジアラビアは社会主義化したソマリアへの働きかけを継続したもののシアド・バーレ政権がベルベラ（Berbera）にソ連の基地を建設することを止めることはできなかった。それにもかかわらず、オガデン戦争とその後の時期には財政支援を継続していた。また、エチオピア社会主義政権と対峙していたエリトリアのイスラーム系武装勢力にも支援を行うなどの政策を実施していた。

この時期におけるサウジアラビアの「アフリカの角」への関与の一つの重要な目標は、ワッハーブ派の拡大であった。実際この時期ソマリアはシアド・バーレ政権期で、極めて世俗的な政策を採用したことへの抵抗を示した指導的立場にあるシェークを処刑したことなどから、イスラームの組織は解体され、地下での活動を余儀なくされることになり、一部の勢力は石油ブームに沸くサウジアラビアなどの湾岸諸国に居を移すなどの動きが見られていた。さらには、北部に拠点を置き中等学校の教員などを中心に支持を集めた厳格なイスラーム法の適用を求めるワッハーブ派を標榜するグループであるワーダと、１９７９年南部で設立され、ワッハーブ派の影響を受け始めていたアルジャマー・アルイスラミヤが成立し、１９８３年にはこれらの組織が統合する形で、前述のＡＩＡＩが設立されている。

１９７９年のイラン革命以降、サウジアラビアにとって、「アフリカの角」への関与においては、イランの存在は重要な考慮材料となった。アメリカとの軍事経済面における関係の強化や、イランにおけるラフサンジャニとハタミ政権期（１９８９年～２００５年）における急激な関係変化が生じない状況下においては、サウジアラビアの「アフリカの角」への関心は後退傾向を示していた。これが大きく変わる転機となったのが、イランにおけるアフマディネジャド大統領の登場であった。「アフリカの角」がインド洋に近接していることに加え、紅海の最南端に位置づけられるバーブルマンデブ海峡の通行は、ホルムズ海峡とともに、グローバルな海上輸送における重要な地政学的地位を占めるものであり、アフマディネジャド大統領はこの地域に強い関心を示した。その具体的な表れが、スーダンとの軍事協力の強化とともにエリトリアとの軍事同盟の形成であった。ここでスーダンは、イランの武器のハマスやヒズボラへの輸出の中継点として位置づけられることにもなった。また、エリトリアとの同盟形成を通じ、イラン海軍はインド洋から、紅海を航行し、スエズ運河から地中海に抜け、シリアとの海洋を経由するリンクを形成することになった。さらにアフマディネジャド大統領は２００９年にジブチを訪問した際に、経済協力条約に調印したほか、ケニアとも経済に関する協定に調印するなど、この地域への外交攻勢を強める姿勢を示した。また、２００８年にはエリトリアのイサイアス大統領がイランを訪問し、アフマディネジャド大統領、最高指導者ハメネイ師と面会し、政治・経済協力（イランのエリトリアへの投資）に関する四つの条約に調印した。

　この段階では、サウジアラビアの「アフリカの角」への関心が十分に高まることはなかった。しかし、「アラブの春」、さらにはそれに続くイエメン内戦は、自国の安全保障の観点から、「アフリカの角」の地政学的な新たな位置づけとイランへの脅威認識を改める機会を提供することになった。他方、イランにおいては、２０１３年に大統領がローハニに代わったことにより、イランの「アフリカの角」地域に対する外交攻勢は停滞、ないしは後退局面に入ったと評価されている。

サウジアラビアの懸念の最大の要因は、イエメン内戦におけるホーシー派に対するイランの軍事（武器）支援であることはよく知られている。この動きに対応する形で、サウジアラビアは、「アフリカの角」地域諸国に急速な接近を図ることになった。象徴的な出来事の一つは、イランにとってスンニ派の重要なパートナーであったスーダンとの関係である。上でも指摘したように、スーダンは、イランとの間で武器取引や、諜報部員の訓練など様々な協力関係を持つとともに、スーダンにおける武器製造なども行われるなど、緊密な関係を維持してきた。これに対して、サウジアラビアはスーダンのバシール大統領が空路でテヘランに移動する際に自国の領空を通過することを禁じたとされるほか、サウジアラビアはスーダンの銀行との金融取引を禁止するなどの行動をとった。後者の結果、スーダンは経済的に大きな痛手を受け、サウジアラビアとの関係改善を余儀なくされたと見られている。

さらに、２０１４年9月にスーダン政府が、首都ハルツームにあったイランの文化センターをシーア派の布教拠点になっているとの理由により閉鎖し、職員を国外追放したことは、こうした関係の変化を如実に示す出来事であった。スーダンは２０１５年以降、サウジアラビアが主導するホーシー派への攻撃に、数百名規模の部隊を派遣しているが、その見返りとしてスーダンの中央銀行は、サウジアラビアから10億米ドル規模の資金を得たとされる。

イランとの関係が強かったジブチも２０１６年１月にイランと断交した。それ以前の段階では、ジブチはイランからのホーシー派への武器供与の中継点との疑惑も指摘されるなど、イエメン情勢に関しても、サウジアラビアから懸念を持たれていた。ジブチにとってサウジアラビアとの関係構築は、スーダンと同様、経済的な見返りにかかわる要素が大きい。２０１５年４月、ジブチはアラブ首長国連邦（ＵＡＥ）との間で外交上の対立により、両国は断交に至り、サウジアラビアはＵＡＥともどもハラマスの施設から立ち退きを余儀なくされた。ただし、ジブチは、外交的にはサウジアラビアとの良好な関係を維持し、２０１６年１月のサウジアラビアとイランの断交に際して、サウジアラビアとの関係を維持した。さらに２０１７年４月26日にはジブチとサウジアラビアは安全保障協定を結び、軍事基地を建設することに合意したほか、同年12月には包括的な経済協力協定を締結した。

ソマリアも、サウジアラビアとの関係強化に動いた国の一つであった。イランはソマリア沖海賊対処に際してこの海域に海軍を展開させ、ソマリアとの関係強化を試みようとしたものの、極めて限定的なものにとどまった。２０１２年にモガディシュに設立されたＳＦＧは、イランからの支援を受けてはいるものの限定的であったほか、ソマリア国内のアッシャバーブへの支援についてイランを批判する姿勢を示してきた。特に湾岸諸国によるイエメン内戦への関与が始まった２０１５年３月以降に関しては、４月の早い段階でソマリア外相のアブディサラム・ハディリエが、自国内からサウジアラビアがホーシー派へ空爆することを許容する発言を行っているほか、同年10月には大統領ハッサン・シェイク・モハメドが、リヤドを訪問し、サルマン国王と面会している。これに対し、サウジ側は、ソマリアの支援の話し合いを継続的に行ったほか、ソマリアも、２０１６年１月のサウジアラビアとイランの断交に際しては、明示的にサウジ側を支持し、72時間以内にイラン外交官の国外退去を命じた。この「対価」として、ソマリアはサウジから５０００万ドルの支援のプレッジを受けている。

エリトリアも、エチオピアとの戦争を経て迎えた２０００年代には、イランとの関係強化を進める姿勢を示してきたものの、イエメン内戦を境目として、徐々にサウジアラビアとの関係を強化する方向に転じた国である。エチオピアとの戦争後、西側からの経済制裁を受けるなど孤立を深めたエリトリアは、２００７年の非同盟諸国会議において、イサイアス大統領は、イランの原子力エネルギー開発に肯定的な発言をするなど、イランを支持する姿勢を示した。２００８年には貿易投資協定を結んだほか、同年５月には、イサイアス大統領がテヘランを訪問しアフマディネジャド大統領との間で、両国の間の政治関係を強化することに合意している。この関係強化の中で、エリトリアはイランに軍事基地を提供し、領海とエリトリア最南部のアッサブ港の利用を承認した。こうした形で、イランはエリトリアにとって新しい資金提供者という位置づけを与えられた。しかし、（エリトリアは否定したものの）両者の関係は、湾岸諸国やイスラエルにとっては、エリトリアを介したホーシー派やハマスへの武器供与につながる懸念を増幅することになった。

こうした中、エリトリアはイエメン内戦への湾岸諸国の関与を契機として、急速にサウジアラビアとの関係を修復する方向に舵を切ることになった。これは、イラン核合意（ＪＣＰＯＡ）とともに、イランのシリア内戦への関与を重視する政策に重きが置かれることになった間隙を縫う形で進められたものでもあった。この背景の一つには、先に挙げた２０１５年４月にジブチがＵＡＥとの間で外交上の対立により、両国が断交に至り、サウジアラビアはＵＡＥともどもハラマスの施設から立ち退きを余儀なくされたことが契機としてある。これを機に、両国はエリトリアとの関係樹立に乗り出し、アッサブ港を両国の空海の軍事的なハブとなる港として利用することをエリトリア側に働きかけることになった。その結果、ＵＡＥは２０１５年９月アッサブ港を30年間にわたり租借し、大規模に軍港と飛行場を整備する協定に合意するとともに、サウジアラビアも２０１６年４月29日安全保障・軍事協力協定に調印するなど関係強化を進めてきた。

上記のように、サウジアラビアは、「アフリカの角」地域においてその資金力を背景として、その軸足を紅海にずらしながら、この地域への軍事・経済面での関与を強めているが、「アフリカの角」側の諸国にとっては、イエメンという「対岸の火事」を利用した、新たな「政治的マーケットプレイス」の形成と軌を一にする形で、湾岸諸国の経済資源を域内に取り込む力学が作用している現象としてとらえることができる。

◉ソマリアへのトルコ進出――連邦制への関与、大使館、軍事訓練基地建設

ソマリアに関しては、近年トルコの進出が極めて目立っている。エルドワン政権の下で、アフリカへの関与を強化する姿勢が示され、２００５年には「アフリカの年」を宣言するとともに、２００８年には初めてのトルコ・アフリカ協力サミットを開催した。[15] その後、ソマリアの暫定政府のシャリーフ・シェイク・アーメド大統領がアンカラを複数回訪問するなどの経緯を経て、エルドワンは２０１１年の

ソマリアでの飢饉に際して、初めてソマリアを訪問し、さらにソマリアへの関心を強めていくことになる。同年には、特に教育開発に関する49年にわたる協定を締結した。このトルコのソマリアへの早い段階の関与については、「人道的支援」を軸とした取り組みであるとされてきたが、オズカンが示すように、他国からのソマリア支援が限定的である中、トルコの開発援助機関（ＴＩＫＡ）や赤新月社などの機関とともに、人道支援や平和維持にかかわる領域での活動は特徴的であり、[16]首都モガディシュにおいても病院施設を含むインフラ建設に支援してきた。２０１１年11月１日には、トルコはモガディシュの大使館を再開したほか、[17]世界の大手航空会社としては、中央政府の崩壊後初めてトルコ航空が２０１２年３月に定期航空便の運航を開始したことで、ソマリアは再び航空便を通じた世界とのつながりを回復した。現状においてもトルコからソマリア（モガディシュ）への路線は採算路線となっている。

トルコのソマリア進出に関しては、その活動領域は徐々に政治的な領域におよぶ傾向を示すようになる。一方においては、２０１２年のＳＦＧの樹立や、２０１３年４月にアンカラにおいてＳＦＧのハッサン・シーク・モハメド大統領とソマリアからの独立を主張してきたソマリランドの〈シランヨ〉[18]大統領との交渉機会を仲介するなど、将来的なソマリアの国家枠組み形成に関与する姿勢を示してきた。地方、２０１５年３月には、モガディシュの約４００ヘクタールに及ぶ敷地に、５０００万米ドルを支援して軍事教練基地の建設を開始し、２０１７年９月末にその運用を始めた。この教練基地では、今後１万人の現地兵力の育成に当たるなど、特にソマリアにおける治安維持能力向上を中心とした支援が行われている。

◉港湾開発への関与と中東国際関係の波及

湾岸諸国域内における問題（２０１７年6月のカタールとのサウジアラビア、ＵＡＥ、バーレーン、エジプトなどの断交問題）は、「アフリカの角」地域の国際関係にも影を落としている。この問題に対しては、「アフリカの角」地域のほとんどの国（ソマリアを除く）は、サウジアラビア側の姿勢を支持した。これを受けて、カタールが仲介し、数百の兵力を送る形で国境問題の沈静化に取り組んでいたジブチとエリトリアの関係が、カタールの兵の撤退により悪化するといった問題が発生するなど、湾岸、中東情勢が「アフリカの角」地域の国際問題に波及するなど、両地域の関係が連動する方向で地域の再編が始まっているともとれる動きが観察されるようになっている。

ＵＡＥは２０１６年6月に「未承認国家」ソマリランドとの間で、ジブチと隣接する位置にあるベルベラ港湾開発について合意（同年9月ドバイのＤＰワールドがベルベラ港を30年間租借する契約を締結）し、経済的な開発に関与するだけでなく、港湾の軍事的な利用を求めて交渉をしている。この契約には、エチオピアも大きな関心を持つだけにとどまらず、実際に契約に関与している。[19] これに対し、２０１７年の「選挙」[20]で選出され、その「選挙」前からカタールからの資金提供を受けていたとされるＳＦＧの大統領〈ファーマジョ〉は、両者の間で締結された契約の「無効」を２０１８年3月に発表した。ＳＦＧには、この「無効」決定を履行する能力があるとは考えられないが、ＳＦＧがカタールとの断交問題では中立を保っていたＵＡＥの動きに明示的な不快感を示す形になり、緊張関係が増している。これは、ＳＦＧが、これまで関係を強化してきたトルコとのさらなる関係の緊密化に進む可能性を示すことにもなっている。これ以外にも、ドバイのP&O Portsが、ソマリア北東部のプントランド州政府との間にボサソ港の多目的利用にかかわる30年間の租借契約を締結し（２０１７年４月６日）、１億３６００万米ドルの投資を行う見込みになっているなど、湾岸諸国からの投資を目当てとした形での開発事業が実施される動きが加速化している。ＵＡＥの関与の背景には、ソマリアとの関係を強化しているトルコへの牽制とトルコのイメージの低下を狙いとしていることを指摘する議論もある。[21] この問題は、ＵＡＥがソマリランド以外のソマリアの連邦を構成する州に対する資金援助を行うなどの動きと合わせ、ソマリア国内の対抗関係の深刻と不安定化への懸念が持たれるようになっている。[22]

以下で述べるＧＥＲＤ建設をめぐるエリトリアの動きに関連して、２０１８年１月にイサイアス大統領がエジプトを訪れた際に、アル・ジャジーラはエジプトがエリトリアにあるＵＡＥの基地に向けて数百の兵力を送ったとの報道を行っている。これは、スーダンのスアキン島[23]が軍事施設として運用される可能性への対抗措置という見方も示されている。この背景は、２０１７年末にスーダンを訪問したトルコのエルドワン大統領が、アル・バシール大統領との間に数十億ドル規模に上るとも見られる経済協定に調印し、スアキンがトルコに99年間租借する契約が締結されたことがある。これにより、スーダンとエジプト、サウジアラビア、ＵＡＥの関係が緊張する局面を迎えたという解釈である。スーダンはエリトリアとの国境を封鎖するとともに、カイロの大使を召還するといった動きにつながるなど、ナイル川の水利用に関しては、エチオピアに近い立場になったとする見方も存在する。

◉「大エチオピア・ルネッサンス・ダム」建設とエジプトをめぐる動態

「アフリカの角」における「覇権国」としてのエチオピアが手がけてきた壮大なプロジェクトの一つが、「大エチオピア・ルネッサンス・ダム（以下、ＧＥＲＤ）」の建設である（位置については図表7−1を参照）。このダムはスーダン国境に近い、タナ湖を源流に持つ青ナイルに建設され、完成に近づいているとされるダムである。このダムの建設により、エチオピアだけではなく、特にスーダンと南スーダンを中心とした「アフリカの角」地域への電力供給が可能となるともされる。しかし、ナイル川の水資源は、これまでも上流域（エチオピア）と下流域（スーダン、そしてとりわけエジプト）との間の対立にもかかわる課題として考えられてきた経緯がある。

歴史的に見ると、ナイル川の水の利用権については、１９２９年にイギリスがエジプトとの間に締結した協定と、スーダンの独立後１９５９年に改訂された協定が存在しているが、改訂後の協定では、ナイル川の年間平均水量８４０億立方メートルのうち、ナセル湖で蒸発する１００億立方メートルを除いて、エジプトが５５５億立方メートル（75％）、スーダンが１８５億立方メートル（25％）を利用できることが定められ、ナイル川のほかの流域国には何の権利も与えられてこなかった。ナイル川流域の国々の間では、１９６０年以降も環境保護や開発にかかわる調査や技術協力のプロジェクトが実施されてきたが、１９９７年に始まった「共同枠組み協定」と１９９９年に設立された「ナイル・バッサン・イニシアティブ（ＮＢＩ）」は、エジプト、スーダン（２０１２年には南スーダンも加盟）と上流域の８カ国[24]から構成される流域国家間における水利用の折衝をも射程に置いた組織であった。

これに対して、エジプトの反対にもかかわらず２０１０年に、上流域のエチオピア、ケニア、ウガンダ、タンザニア、ルワンダのナイル上流域の５カ国がこれまでの協定に代わるエンテベ協定を結び、他のナイル川流域の国の水の安全保障に重大な影響を与えないかぎり、ナイル川に関するあらゆる活動を認めることを取り決め、ブルンジも翌年この協定に署名している。こうした動きを経て、２０１１年に着工されたのがＧＥＲＤである。

ＧＥＲＤ建設にかかわる詳細は本章では省くが、ＧＥＲＤは、エジプトの長期的な治水課題に大きな懸念を生じさせている。ここでエジプトが関係強化を進めようとしているのがエリトリアである。[25] イサイアス大統領は２０１８年１月９日から10日にエジプトを訪問し、シーシー大統領との会談を行った。ここでは、経済関係を中心としたとされているが、さらに「双方に重要性を持つ地域的・国際的課題」に関しても話し合いが行われており、湾岸諸国への基地の提供の対価としてエジプトとの関係強化が実現している側面もある。[26] さらには、エチオピアとの間で国境紛争を抱えるエリトリアにとっては、一つの後ろ盾を得る形になっている。エジプトにとって、エリトリアは「アフリカの角」地域におけるエチオピアへの戦略的な対抗勢力であり、歴史的にも１９５０年代から後の独立につながるエリトリア解放運動（ＥＬＭ）を支援するなどの関係を有してきたほか、エリトリアの支援の下での近接地域の反政府武装勢力であるベニシャングルグムズ人民解放運動（ＢＧＰＬＭ）によるＧＥＲＤ破壊工作の試みに関する噂も存在してきた。したがって、当面ナイル川の水利用をめぐる「ハイドロ・ポリティクス」は、この地域の政治的安定において重要な問題領域を構成することは疑いえない。

6　「アフリカの角」地域の再編と不安定化

本章では、中東の国際関係、さらにはグローバルな文脈における地政学的な位置づけの変化が明確に顕在化している地域としての「アフリカの角」についてその歴史的背景と、今日的展開を検討してきた。国際的な海上交通の要衝であるだけではなく、紅海を挟んで、対岸のアラビア半島情勢とも深くかかわる形で、「アフリカの角」地域の政治力学が胎動を始めているのである。特に「アフリカの角」における「高地の中心地域」を構成しており、ナイル川（青ナイル）の上流域に位置するエチオピアにおけるダム建設が、潜在的に存在してきた下流域に位置するエジプトとの関係の上で緊張が強まってきていることは、今後その展開が注目される。

また、典型的にはジブチに、さらにはエリトリアに見られるような、先進国や湾岸諸国の基地建設は、「アフリカの角」地域が、「政治的マーケットプレイス」の意味をより明確に持つようになっている。ジブチについては、「対テロ」あるいは「海賊対処」におけるレントの最大の受益国という評価が可能であろうし、湾岸諸国からの支援が顕著なエリトリアも「イエメン内戦」レントの最大の受益国になりつつある。[27] 中東における国際関係の変容の中で、スーダンもサウジアラビアからのレントの受益国となってきたほか、ソマリアもむしろその不安定性故に、アフリカへの関心を寄せ始めたトルコの主要な援助対象国として、平和構築にもかかるレントの受益国という姿を見せ始めている。「アフリカの角」地域は、その地政学的重要性とともに、一方で総体としては不安定な地域であることと、他方でその中の一部が相対的に安定しているという理解に基づく「政治的マーケットプレイス」としての価値を得ている状況にある。しかも、アメリカや西側先進国のほかにも、「一帯一路」構想を掲げる中国の関与など、よりグローバルな地政学的重要性の観点からも、今後もより多くのレントを受け取ることのできる地域という性格を示し始めている。

　しかし、こうした新たなレントの受益という側面だけから、「アフリカの角」地域を評価するのは一面的であろう。特に中東域内での緊張関係が、そのまま「アフリカの角」地域に飛び火し、本来構造的に不安定な「アフリカの角」をさらに揺さぶる懸念も広く共有されている。[28] その意味では、果たして「新しいレント主義」の展開する場としての「アフリカの角」における秩序が今後どのように形成され、あるいは壊されていくかについては、単にこの地域の周辺地域だけではなく、よりグローバルな文脈の中で検討する必要が出てきているということであろう。

注

（1）Clapham, C. (2017) *The Horn of Africa: State Formation and Decay*. London: Hurst.

（2）De Waal, A. (2015) *The Real Politics of the Horn of Africa: Money, War and the Business of Power*. London: Polity.

（３）Markakis, J. (2011) *Ethiopia: The Last two Frontiers.* Suffolk, U. K.: James Currey.

（４）De Waal, Ibid. at 16–34.

（５）De Waal, Ibid. at 50, Chapter 11.

（６）結果的にはアメリカ、ソ連、フランスの反対で実現しなかった。Barnes, C. (2007) "The Somali Youth League, Ethiopian Somalis and the Greater Somalia Idea, *c.*1946-48," *Journal of Eastern African Studies,* 1(2): 277–291.

（７）こうしたソマリの居住地の領有権については、１８９７年の段階でイギリスとエチオピアが締結した協定がその根拠となると一般的には理解されているが、居住しているソマリは協定の存在を１９３４年まで知らされることはない上に、この協定に根拠があるかについての論争がある点についてもルイスは指摘している。Lewis, I. M. (2002) *A Modern History of the Somali: Nation and State in the Horn of Africa,* p.131, London: James Currey.

（８）Lewis, Ibid. at 161–162.

（９）Lewis, Ibid. at 192.

（10）２０１３年9月21日ケニアの首都ナイロビのショッピング・モールであるウエストゲートにおける無差別の襲撃事件の発生以降、ナイロビでは２０１４年以降、イスリー、パンガニ、カムクンジなどでの爆弾テロが発生し、これに対して２０１４年４月にケニア政府はOperation Usalama Watchの下、一種の「がさ入れ」を実施した。その対象はナイロビのダウンタウンに相当するイスリーと南C（South C）地区で、３０００名に上る「非ケニア人」が拘束され、そのほとんどがソマリ系と見られるなど、引き続き、ケニア国内ではソマリ系住民を対象とした厳しい取り締まりが行われてきた。

（11）Tadesse, M. (2015) "Making Sense of Ethiopia's Regional Influence," in Prunier, G., E. Ficqut, eds. *Understanding Contemporary Ethiopia: Monarchy: Revolution and the Legacy of Meles Zanawi,* London: Hurst.

（12）この戦争においては、エリトリアがMiG-29、エチオピアがSu-27といった爆撃機を用い、エリトリア側はウクライナから、そしてエチオピア側はロシアからの傭兵が操縦する形での戦闘が行われた事例として知られている。

（13）現状では、ドローンによる攻撃はレモニエ基地からではなく、より内陸部のシャベリー軍用飛行場から行われている。

（14）この問題に関しては、以下を参照した。Long, D. A. (1990) “Soudi Arabia and the Horn of Africa,” in Korn D. A., Dorr. S. R. eds. *The Horn of Africa and Arabia,* Florida: Defense Academic Program Research.

Manjang, A. (2017) “Beyond the Middle East: Saudi-Iranian Rivalry in the Horn of Africa,” *International Relations and Diplomacy,* 5(1): 46–60.

Huliaras, A., Kalantzakos, S. (2017) “The Gulf States and the Horn of Africa: A New Hinterland?,” *Middle East Policy,* 24(4): 63–73.

（15）一部には、オスマン帝国期の遺産を背景とした関係構築を指摘するものもある。Antonopoulos, P., Villar, O., Cottle, D. and Ahmed, A. (2017) “Somalia: Turkey’s Pivot to Africa in the Context of Growing Inter-Imperialist Rivalries,” *Journal of Comparative Politics,* 10(2): 4–18.

（16）Özkan, M. (2014) “Turkey’s Involvement in Somalia: Assesment of a State-Building in Progress,” Ankara: SETA.

（17）トルコの大使館は１９７９年に開設されたがその後、中央政府が崩壊した１９９１年に一度閉鎖された。再開後は、アッシャバーブの攻撃対象として繰り返し車両爆弾などの攻撃を受け、２０１３年７月27日の攻撃では、１名のトルコ人が犠牲となっている。その後、トルコは２０１６年６月に世界で最大規模の大使館を建設し、開設している。

（18）〈　〉という表記は、ソマリアの文脈で本名とは異なる「ニックネーム」として差別化されたものを示す表記として用いている。

（19）４億４２００万ドルの契約で、ＤＰワールドの出資が51％、ソマリランドが30％、エチオピアが19％の比率となっている。

（20）この「選挙」は、かなり特殊な形態で実施された経緯があるが、その結果は意外なものであった。大統領に選出されたファーマジョを支持した国はなく、カタール、ＵＡＥ、トルコなどはすでに関係を構築してきた経緯のある候補者を支持していたと見られている。

（21）Özkan, Ibid. at 55–56.

（22）ICG. (2008) Somalia and the Gulf Crisis (International Crisis Group Africa Report No. 260), June 5, 2018.

（23）歴史的にはオスマン帝国時代の港湾都市の一つ。

（24）ここには、エチオピア、ブルンジ、中央アフリカ、コンゴ民主共和国、ケニア、ルワンダ、タンザニア、ウガンダが含まれる。

（25）"Rival Arab Powers take their fight to Africa," *Africa Confidential*, 59(3).

（26）２０１６年12月には、サウジアラビアの代表団がエチオピアを訪問し、その際にＧＥＲＤを訪問するなど、エチオピアにおける農業開発にも関心を示していることに関しては、エジプトは警戒感を持って情勢を見ている向きもある。

（27）２０１８年７月８日に、エチオピアのアビィ首相がアスマラを訪問し、イサイアス大統領とともに両国間の外交関係を再開することを発表し、両国間の戦争状態の終結を含む「平和および友好関係に関する共同宣言」に調印した。７月17日にはイサイアスがエチオピアを訪問している。今後の両国関係は「アフリカの角」地域全体の動向にもつながりうる重要性を含んでいる。なお、２０１９年度のノーベル平和賞はアビィ首相が受賞したが、この関係改善への貢献などが評価されたものであった。

（28）たとえば、池内恵（２０１８）「湾岸諸国の『アフリカの角』地域への進出――その可能性とリスク」『中東協力センターニュース　２０１７年１月号』

第8章

「非国家主体」の台頭と「地域大国」
——中東と地政学

池内　恵

1　地政学が作った中東

地政学に関するいかなる論集も、中東に関する章を得なければ、画竜点睛を欠くと言わざるをえない。「中東」という地域概念そのものが、近代の地政学的な思考の発展の過程で生み出されたものと言っていい。中東は近代において地政学的な競争と対立が行われる主要な場であった。第二次世界大戦後に一時は下火になった地政学が再び脚光を浴び、本書のような、古今の理論を渉猟し、歴史的変遷をたどり、多くの地域を網羅した論集が編まれるようになった現在、中東は地政学的に見てどのような状況にあるのか。中東における、そして中東をめぐる地政学的思考に基づいた競合は現在どのように展開しているのか。この課題に取り組むことは、「今なぜ地政学なのか」という、本書が取り組む大きなパズルの、最後の一つのピースとして、欠かせないものである。

◉マハンの「中東」

「中東」という地域概念は、19世紀後半以降の欧米列強の地政学的な思考や、それに基づく世界認識の成立と広まりと不可分である。グローバルに植民地獲得競争を行っていた英・仏・独・露や、遅れてそこに加わった米国や日本など、国際政治の主要なアクターは、当時の最先端の通信・運輸技術を用いながら通商や軍事において世界展開を競った。列強が世界展開を進める過程で直面した地理的な環境条件や制約要因を、包括的・体系的に把握しようとする試みが、地政学を生んだと言えよう。列強の世界戦略・外交政策の必要から生み出された地政学が主に対象としたのが中東、あるいはそれを中央アジアや南アジア・東南アジアあるいはアフリカへ延伸した「イスラーム世界」であったのは自然なことであった。

「中東」という概念の起源を論じる際には、海洋戦略論の立場からの草創期の地政学の代表的な論者であるアルフレッド・セイヤー・マハンの名が挙がる。[1] マハンは１９０２年に英国の『ナショナル・レビュー』誌に論考「ペルシア湾と国際関係」を寄せ、スエズ運河からインドの間の領域を「中東」と名指した。インド植民地を核とした大英帝国の世界支配を維持する物質的・情報的コミュニケーションの経路の確保の重要性を指摘する文脈で、「中東」という地域が析出されている。背景には黒海沿岸やコーカサス、あるいはイランに向けて南下する帝政ロシアとの競合があり、仏・独との競合もあっただろう。

マハンの名は「中東」という概念の起源に触れる論説の多くで言及されるが、マハン自身はそれほど明確・詳細に定義や議論を展開したわけではない。また、歴史学・文献学の知見によれば、必ずしもマハンが「中東」という概念をここで最初に用いたのでもなく、遡れば１８５０年代のインド政庁によるこの語の用例も見られるという。しかしマハンの名が挙げられるということ自体が、「中東」という概念が戦略論・地政学的認識の文脈で形成され、普及させられた背景を物語っている。当時の新興大国であった著名な米軍人の戦略論者が、英国で形成されつつあった「中東」という概念を取り入れて発信したという逸話自体が、中東地域の国際政治史における成り立ちを象徴的に示すストーリーである。海洋国家である英国の覇権国としての地位を確保・維持するために、戦略・外交政策上の不可欠な重要性を持つ地域として中東が注目され、そこへの支配をまず英国が確立した上で、それを米国が受け継いでいったという、中東を軸にした覇権交代・継承の筋書きが、その存在と内容自体もかなり曖昧な「論考」を引き合いに出すことで浮かび上がる。

同様に、19世紀後半から20世紀前半にかけて、帝国とロシアの間では、ユーラシア大陸の中心部、アフガニスタンを含んだ中央アジアの支配をめぐって競合・敵対関係が生じた。これは大陸国家としてのロシアと海洋国家としての英国の対決の帰趨を左右する地域として、アフガニスタンを中心とした中央アジアの地政学的な重要性を認識させるものだった。英国の作家ラドヤード・キップリングが１９０１年に刊行した小説『少年キム』でこれを「グレート・ゲーム」と呼び、この地域に関する地政学的な認識を一般に広めたのは、「中東」概念に関してマハンが引き合いに出されることと似通っている。

◉伸縮する「中東」

そもそも「中東」とは地球上のどこからどこまでを指すのか？　ごく基本的な問いに対する答えすら、厳密に言えば、それほど定かではない。中東の範囲は、大陸や山脈、海や川といった地理上の明確な物質によっては画されていない。中東とは物理的な地理条件によって作られたものではなく、国際政治の力学の中で、外交と戦略論の目的と必要性のため、「中東」という概念が考え出され、多くの主体によって共有され、この概念を用いた世界認識が広く定着したことによって、成立し維持されてきた。

「中東」にどこからどこまでを含めるかは、議論の目的によって異なるが、現在の通常の用例では、西はモロッコ、東はイランまでを含む。[2] 西はモーリタニアを含むのか、モロッコとモーリタニアの間で帰属が争われている西サハラを含むかどうかは議論になる。また、イランのさらに東、アフガニスタンは、近年に用いられる地図では、中東に含まれることが多い。しかし少し古い地図では、アフガニスタンはパキスタンなどと同様に、「南アジア」に含まれることもあり、「中東」に属するという認識は必ずしも一般的ではなかった。それではなぜアフガニスタンが中東の地図に含まれるようになったのか？それは２００１年の９・11事件により、アフガニスタンとアラブ世界の間の結びつきが、国際政治の大きな課題となり、主要大国による外交政策論や戦略論において、アフガニスタンが中東の一部であること、少なくとも中東と不可分に結びついていることが、前提とされ、それが他国の認識と対応をもたらして広がり、定着していったからである。

それでは中東の北はどこまでを含むのだろうか？　現在、多くの人々が中東の北限をトルコと認識しているだろう。現在の国際政治において、トルコが中東の一部であることを疑う者は少ない。現在の中東国際政治におけるトルコの影響力や存在感は大きい。しかしごく半世紀を遡り、20世紀半ばの地点に立って見れば、トルコはケマル主義による世俗主義と欧米化政策を推進しており、その成果が特に米国や西欧諸国など西側諸国から高く評価され、近い将来に西欧の一部となるものとすら考えられていた。

その時代に描かれた中東の地図ではしばしばトルコの位置は曖昧である。２００２年のＡＫＰ政権の誕生、翌年から現在に至るエルドアン首相・大統領の統治の間に進んだ、中東志向の対外政策の推進と、同時に進んだ西欧諸国との間の齟齬の広がりや不信感の高まりが、地理的には文字どおり「アジアとヨーロッパにまたがる」トルコを、ヨーロッパの国ではなく中東の国としてより強く認識させることになっている。

中東の南端はどこだろう。多くの場合それはスーダンである。スーダンはアラビア語を用いるアラブ人の国であり、アラブ世界に属することは確実である。しかししばしばスーダンは人種論的な観点からの「ブラック・アフリカ」、あるいは「サブサハラ・アフリカ」に属しているものと見なして議論されることもあり、中東に関する議論では、周縁的な領域として、それほど重視されないこともある。

興味深いことに、２０１１年に南スーダンがスーダンから独立したが、南スーダンが「中東」に含まれると認識されることはまずない。南スーダンの領域は、それがスーダンという国家に属している間は中東として認識されていたが、それが独立した瞬間に、中東の地図から消えたのである。これは中東という地域概念が地理的なものではなく、政治的なものであることを明瞭に示す事実である。

国際政治学の認識方法を大きく大別すれば「現実主義」と「構成主義」に分かたれるが、中東は物理的な地形といった揺るぎない現実として確固としたものとしてあるというよりは、国際政治のアクターの思考と認識によってその地理的な条件が持つ意味を「構成」されてきた。そうであれば、中東は今後も、国際政治の情勢の変化次第で再編成をくりかえし、伸縮しうる。これは中東の「構成主義」的な成り立ちを踏まえた「現実的」な認識である。中東を見るとは、中東を形成させ、今まさに伸縮させている国際政治の力学、特にそこにおいて支配的な戦略論・外交政策と、それに基づく認識の広がりや定着を見ていくということに他ならない。

戦略論・外交政策によって中東の概念の再構成が意識的に図られる場合はよくある。冷戦終結直後、中央アジアのチュルク語圏が旧ソ連から分離し独立した諸国家を形作ったとき、その多くがトルコ語と類縁性の高いチュルク語を用い、歴史的にトルコとのつながりの深い地域であったことから、トルコが中央アジアに影響力を及ぼし、統合することで、中東が拡大し「メガロ中東」を形作るという見通しもあった。また、米国ブッシュ政権はイラク戦争後に「拡大中東構想」を掲げた。

◉「中東人」「中東国」「中東政府」は存在しない

中東とは、一つの民族や、一つの国家や政府、あるいは一つの固有の政治体制といったものによる一体性を備えた実体ではない。たとえば「中東人」という民族は存在しない。その代わりに「アラブ人」や「ペルシア人」や「トルコ人」あるいは「クルド人」といった民族が並存しており、混住している地域も多い。イスラーム教のスンニ派やシーア派、あるいはアラウィー派やドルーズ派といった宗派、東方キリスト教の諸教会や諸派が集団を形作っており、アイデンティティの拠り所・核となっている。そこから中東の社会や国家はしばしば「モザイク社会」「モザイク国家」と形容され、それが「中東的」な政治文化・社会風土として認識される。

「中東語」はなく、「アラビア語」や「ペルシア語」や「トルコ語」や「クルド語」が存在する。22カ国のアラブ連盟加盟国（パレスチナを含む）やイランやトルコといった諸国家が近代に成立したが、「中東国」は過去にも存在したことはない。7世紀にアラビア半島に誕生したイスラーム教団の国家として成立した政体が正統カリフ時代からウマイヤ朝、そしてアッバース朝の初期にかけて、現在の中東地域とそれを超えた範囲を征服し統治した一時期を除いて、統一した国家や一つの体制の下にあったことはない。

中東は、自然地理学的な境界によって明確に画された地域概念ではなく、単一の民族集団によって居住された地域でもない。中東という地域はどこからどこまでなのか、川や海、山などの物理的な境界を示すことは容易ではなく、民族や言語によって明確に確定されるわけでもない。このことは海に囲まれた島国の、単一民族国家としての自意識を第二次世界大戦後の長期間にわたって抱いて過ごしてきた現在の日本人にとって、特に理解しにくいことだろう。

2　なぜ中東は地政学的に重要なのか

中東はなぜ、地政学的な認識において重視され、それに基づく戦略論・外交政策論の対象となってきたのだろうか。ここでは本書の編者が示している「相対的な位置」、「資源・エネルギー」、「歴史とアイデンティティ」の三つの方面から見ていこう。

◉相対的に重要視されてきた中東

第一に、中東の置かれた相対的な位置が持つ国際政治上の重要性は特筆される。中東はヨーロッパとアジアとアフリカの結節点に位置し、交通の要衝であることから、グローバルな大国が覇権的地位を確立・維持するために、中東を掌握することが不可欠となる場面が、歴史上、恒常的に存在してきた。これは必ずしも中東そのものに希少な価値が内在的にあることを意味せず、むしろ相対的な位置関係によって生じた重要性である。大国あるいは帝国が、ヨーロッパとアジア・アフリカを横断する広範な領域に政治的・軍事的に勢力を展開するためには、その中間に位置する中東に安定的にアクセスし、自由に通行することが不可欠であると歴史上多くの場面で認識されてきたことから、中東に政治的な影響力を行使する手段を有し、場合によっては軍事的な手段を用いて支配することの価値が存在してきた。また、グローバルな通商貿易の存立に、中東地域の安定と、そこへの自由・安定的なアクセスの確保が不可欠なことから、世界的な帝国は中東の統制の必要性を感じ、中東に進出した。

ヨーロッパ・アジア・アフリカにまたがる地域という特性そのものは、歴史を通じて変わることのない地理的な要因に多くを由来しており、近代に限らず、古代から、中東（と近代に呼ばれるようになった地域）の戦略的な重要性をもたらしてきた。たとえば、古代ギリシアの歴史家ヘロドトスが記録に残した「ペルシア戦争」は、アケメネス朝ペルシアが拡張しアナトリア半島とバルカン半島南部にかけての、現在のトルコを中心とする地域を制圧したのに対して、アテネが中心になって立ち向かったという構図である。また、共和制ローマの三頭政治の崩壊後の内戦で、カエサルはポンペイウスを追い落とし、紀元前48年、逃亡するポンペイウスを追ってエジプトのアレキサンドリアに上陸した。カエサルはプトレマイオス朝の内紛にクレオパトラ7世の側に立って介入し、翌年の「ナイルの戦い」に勝利し、共にエジプトを掌握した。カエサルはこの年に現在のシリアからトルコ黒海沿岸にかけての地域に遠征を行って勝利し、翌年に現在のチュニジアで政敵に勝利してローマに凱旋した。

エジプト・チュニジアやシリア・トルコといった現在の中東・北アフリカに戦略的な足場を築いたことで、カエサルはローマの内紛において優位に立ち、紀元前44年に終身護民官に就任し、後の帝政ローマの成立への礎を築いた。カエサル暗殺後の第二次三頭政治では、イタリア以西を支配地域としたオクタウィアヌスが、北アフリカを支配地域とするレピドゥス、そしてギリシア、トルコ、シリア北西部、リビア東部を支配地域とするアントニウスと覇を競った。オクタウィアヌスはまずレピドゥスを降伏させて北アフリカを掌握し、アントニウスと対峙した。アントニウスはクレオパトラと結婚し、プトレマイオス朝にローマの東方領土を分割しようとしていた。オクタウィアヌスはアントニウスを紀元前31年にアクティウム（現在のギリシア）の海戦で破り、ローマに凱旋して、ローマ皇帝の前身となる「プリンケプス（第一人者）」に就任した。このように、中東を掌握することが、古代ローマで最高権力者の地位を獲得する際に不可欠の要件であったと見ることができる。

ローマ帝国が衰退・不安定化し分裂傾向を抱える過程で、中東の重要性は増し、帝国の重心は中東に向けて移動していった。３２４年に皇帝となったコンスタンティヌス帝はサーサーン朝ペルシアの脅威に備えるために、３３０年にビュザンティオンを開いて遷都した。これが皇帝の死後はコンスタンティノポリスと呼ばれ、３９５年のローマ帝国東西分裂以降は東ローマ帝国（ビザンツ帝国）の首都となり、コンスタンティノープルと呼ばれた。オスマン帝国は１４５３年にコンスタンティノープルを征服して首都とし、イスタンブルと呼ぶようになった。ローマ帝国・東ローマ帝国と、それを継承したオスマン帝国が、ボスフォラス海峡に跨り、黒海と地中海の結節点を扼するビュザンティオン＝コンスタンティノポリス＝コンスタンティノープル＝イスタンブルを首都とし続けたことは、この地点を掌握することの地政学的な重要性が、継続して認識されてきたことを意味するだろう。地中海世界から西アジアにかけての領域を支配する帝国にとって、中東に直接あるいは間接的なプレゼンスを持つことは政治・外交・安全保障政策上、極めて重要であり、不可欠であった。

近代における帝国主義の時代に、西洋「列強」がグローバルに勢力を伸長させ、世界各地で植民地獲得競争を行った時、やはり中東は争われる対象となった。これは英仏の東地中海からインドへの展開、ロシアの南下政策、ドイツの遅れた台頭が、衰退・崩壊過程のオスマン帝国の領域で摩擦を繰り広げた「東方問題」として現れた。

中東の特性は、近代の地政学、特に海洋権力論に依拠した議論においては「チョークポイント」の議論によって論じられた。軍事や国際政治経済における「チョークポイント」の多くが中東に位置する。マハンは１８９０年の『海上権力史論』において七つのチョークポイントを指摘した。[3] チョークポイントは、それを設定する主体や目的や政治的・軍事的環境条件の変化によって様々に定義されうるが、冷戦後のグローバル・エコノミーにおける資源や食糧の輸送経路の保全という観点からは、代表的なチョークポイントは次のものである。[4]

ボスフォラス海峡＊
ドーバー海峡
ジブラルタル海峡＊
マラッカ海峡

ホルムズ海峡＊
バーブルマンデブ海峡＊
パナマ運河
スエズ運河＊

このうち＊を付した五つが広い意味での中東に含まれる（さらにマラッカ海峡は「イスラーム圏」に含まれる）。

海洋国家としての英国の発展と覇権の維持に不可欠なチョークポイントを多く抱える場所として、近代における中東の地政学的な重要性は定義された。英国から米国に覇権が遷移した際にも、中東の地政学的な重要性への認識は受け継がれ、現在に至る。英国と米国によって推進されたグローバルな通商貿易体制に裨益する日本なども、この中東の地政学的重要性への認識を共有するようになった。

同時に、中東は大陸権力（ランド・パワー）を重視するドイツを発信源とする地政学においても重要である。それは中東の拡大・延伸領域と認識される「イスラーム世界」を重要な対象とする地政学と言える。この大陸型地政学の観点から、トルコやイランと歴史・文化的に連続性が強い中央アジアが、英・露を中心とした西欧列強の間で争われる「グレート・ゲーム」の対象となった。

◉豊富な資源による重要性

第二に、この相対的な地理的条件において重要な中東に偏在して石油・天然ガスが産出されるという点が、近現代において中東の地政学的な重要性を飛躍的に高めている。現代の国際政治において、中東に関する地政学的な関心の原因となる要素の筆頭が、資源エネルギーであることは言を俟たない。中東に遍在する石油・天然ガスの支配や管理は、それを消費国まで運ぶシーレーンやパイプラインの維持を含めて、中東をめぐる国際政治の焦点となっている。特に第二次世界大戦以後においてこれは顕著である。中東の原油を消費国に運ぶシーレーンの途中に、ホルムズ海峡やスエズ運河、バーブルマンデブ海峡といった「チョークポイント」が点在していることにより、中東の安全保障はグローバルな課題となる。

また、ペルシア湾の原油・天然ガスへの依存度が特に高いのは日本、中国、韓国などアジア諸国である。米国は技術開発によりシェールガス・シェールオイルの採掘が進み石油の純輸出国化すると共に、再生可能エネルギーの開発も進み、中東へのエネルギー依存度は低下している。ロシアは従来から産油国であり石油輸出国である。西欧諸国は、ロシアやアフリカやノルウェー等から分散して原油を輸入しているドイツをはじめとして、中東への依存は限定的である。これらに比して、アジアの中東依存度は高く、その中でも日本は中東原油への依存度が9割に及び、韓国(75%)、インド(64%)、中国(44%)と比べても著しく高い。この中東依存度が近い将来において低下する見通しはない。資源エネルギーの安定供給をめぐって、中東の安全と安定は遠いアジア諸国にとっても死活的な利益となっている。中東における軍事的・政治的な覇権は、経済成長の中心であるアジア諸国の命運を握ることにもつながる。

◉宗教的価値観が与える影響

第三に、宗教的な要因がある。中東はユダヤ教・キリスト教・イスラーム教という三つの一神教の全てを生んでいる。それらの宗教は「普遍的」なものとして自らを標榜し、中東の外部にもその普遍性を信奉する多くの信者を擁している。それらの普遍的とされる一神教の故地や聖地の掌握・管理は、国内・国際政治の重要な課題となる。中東の地政学上の重要性の由来は、相対的な地理的条件という政治な側面、資源とエネルギーの偏在という経済的な側面、基本的には物質的な条件に限定されるものではなく、非合理的な側面を含む精神的な要素が政治に強く影響を与えていることが、問題をより複雑に、根の深いものにしている。

そしてこの精神的要因は物質的要因と截然と分かたれるものではない。国際政治における主要なアクターが、中東の地理的条件を政治的・経済的に意味づけ、戦略論・外交政策を展開していく際に、動機づけや方向づけを与えるのが、往々にして宗教を中心とした価値や規範や信念に関わる精神的な要素である。

中東は普遍宗教・一神教とその様々な宗派を生み出し、宗教・宗派をアイデンティティの中核にした民族意識を共有する人間集団を多く抱えている。それらの人間集団は近代における中東の諸国家の内部で時に少数派の立場で存在するとともに、諸国家を横断して居住している。それらの集団は、歴史上に繰り返し世界各地に移民として流出し、各地でその宗教・宗派・民族意識を紐帯にして相互に結びつきつつ、中東の精神的な故地との関係を維持してきた。それにより、中東はグローバルな宗教的ネットワークの結節点として、外部と常に結びついている。

キリスト教やイスラーム教のような普遍主義を基調とする一神教は、東西のヨーロッパ、アメリカ合衆国や、中南米のカソリック諸国など、中東から地理的には遠く離れた地域においてすら信奉されている。ユダヤ教は血縁を重視する民族宗教であるが、世界に離散したユダヤ人がアイデンティティを維持してネットワーク的に結合し、米国や英国やロシアなどの大国で政治・経済的・文化的な影響力を持っていることから、ある種の世界宗教と化している。ユダヤ教の思想伝統と不可分のギリシア哲学やキリスト教思想を土台にした近代社会の支配的な諸原理が「ユダヤ＝キリスト教遺産」と呼ばれるように、近代世界の理念的礎を提供してもいる。

それらの世界宗教の故地であり聖地を抱えた中東は、遠隔地の信仰者から宗教的な希求の対象として特別な関心を向けられてきており、それらの信仰者が属する共同体や国家にとっての政治的な重要性を帯びている。西洋中世の十字軍が現在の中東地域を侵攻し、エルサレムを中心としたパレスチナやシリア、あるいはエジプトなどを支配下に置いたことは、その顕著な現れだった。近代の民族主義・国民主義を取り入れたユダヤ人が「ナショナル・ホーム」を求めイスラエルを建国し国際社会に認めさせたことも、中東に由来するアイデンティティを、ある種の非合理的な強固な動因として、近代の国際政治が展開した事例である。

中東に端を発する宗教的アイデンティティがグローバルな運動を喚起し、グローバルな政治問題として浮上した最も近年の、かつ最大の事例は、20世紀後半から21世紀初頭にかけてのイスラーム主義の勃興だろう。イスラーム教は前近代においてすでに、全世界のイスラーム教徒の帰属の対象となる共同体「ウンマ」の概念を発達させていた。この「ウンマ」概念は、近代に西洋列強の植民地支配に対抗する政治的な概念として再構成された。西洋諸国からはイスラーム教徒が多数派を占める中東を中心とした地域は「イスラーム世界」として認識されるようになった[5]。地政学的な存在としての「イスラーム世界」の構成は、イスラーム教徒による、イスラーム教の教義や自文化・自民族の意識と、欧米人などの他者からの視線とが交錯する中で立ち上がり、相互に支えあいながら強化されていく。欧米からの中東を地政学的に捉える視点をいわば逆手にとって、トルコの戦略思想に転じたのは、トルコの外相・首相をつとめたアフメト・ダウトオールである。ダウトオールはその著作『戦略的縦深性[6]』で、イスラーム主義的な共同体概念を地政学的に再構成し体系化した。

3　中東地政学の変容

近年に中東政治、中東をめぐる国際政治をめぐって「新たな」地政学、あるいは地政学の「回帰」について言及されることが増えている。[7] これは一般的にも、定義や対象はしばしば不明ながら「地政学的リスク」への関心が高まるのと軌を一にしている。

地政学が地理と政治の関係であるならば、言うまでもなく絶対的な、物理的な意味での中東の地理は近年に変化してはいない。しかし中東の、あるいは中東をめぐる政治的な環境の変化により、相対的な地理的な関係が変化しつつあり、そこから中東の政治的重要性が一層高まっているということだろう。

◉中東を二分した「アラブの春」

中東の地政学的な位置づけの変動の出発点は、２０１１年に顕在化した、中東諸国の国家の揺らぎ、すなわち「アラブの春」と呼ばれる現象である。「アラブの春」は、中東各国の権威主義体制に対する社会からの異議申し立ての顕在化と、それを受けた各国の政権の揺らぎとして始まった。それらの揺らぎは当初、揺らいだ体制が崩壊するか否か、崩壊あるいは弱体化した体制が民主的体制に移行するか、あるいは権威主義体制を再強化するかのいずれかに帰着するものと観測された。しかし実際には「アラブの春」は異なる形で、中東の諸国家を二分し、分極化させている。

一方で、多様な内戦・国家崩壊の帰結が、いくつもの国々に生じている。リビア、シリア、イエメン等の移行期の政治は内戦と国家分裂につながり、長期的に中央政府の機能不全・不在をもたらす結果となり、現在も収拾の目処は立っていない。シリア内戦の混乱はイラクに波及して国内の亀裂を深めた。このような混乱状態にある国々の一部地域に、しばしば隣国とまたがる領域に「統治されない空間」が生じた。これは２０１４年６月以降にイラクとシリアで「イスラーム国」の台頭をもたらすとともに、これに対抗する米国を主導とする軍事行動の中でシリア北東部にクルド民族主義勢力ＹＰＧの台頭を招いた。これらは、性質や根拠を異にすれども、非国家主体の台頭という共通現象と見ることができる。

◉各国の台頭と大国の思惑

他方で、イラン、トルコ、イスラエル・サウジアラビア等の、国民国家の一体性と領域支配・国内治安に一定以上の安定性を維持した国々は、地域大国あるいは有力国として台頭している。イランはイラクからシリア、そしてレバノンに至る、ペルシア湾岸から地中海に到達する一体において代理勢力を支援し、各地の内戦や紛争を有利に戦っている。それにより、ホルムズ海峡からペルシア湾にかけてのイランの影響力は高まっている。トルコはボスフォラス海峡を扼すイスタンブールという、古代からの地政学的な要地を押さえる強みを生かし、ロシアやNATO諸国に対する交渉力を強めている。

従来ならアラブ世界を代表する地域大国であったエジプトが、「アラブの春」後のムスリム同胞団による選挙勝利・政権掌握と、軍によるクーデタといった政変により存在感・影響力を大幅に低下させていることも、重要な変化である。それに代わって、サウジアラビアが、イランやトルコやイスラエルと並び立つアラブの地域大国としての役割を担おうとしている。これは紅海のバーブルマンデブ海峡からスエズ運河に至る、チョークポイントを複数含んだ地政学的な重要地域における主導権が、人口大国のエジプトから石油大国のサウジアラビアに移行したと言ってもいい。

しかしサウジアラビアは人口規模や陸軍力を基礎とした軍事力がイランやトルコに対して大きく見劣りし、乏しい水資源といった環境制約も大きい。労働力の多くを外国人労働者に依存した脆弱な社会経済構造を持つサウジアラビアには、大国としての基礎的な要素が十分に備わっていない。イスラエルのように、人口規模の小ささや、国土の狭隘さと戦略的縦深性の乏しさを補完する、高度な技術力や情報力に支えられた軍事力や、強固な人的・政治的関係による米国との同盟関係といった要素を持っていないサウジアラビアは、もっぱら豊富な石油資源によってこれらの不足を備おうとしている。その点で十全な地域大国としての能力を有しているかどうか定かでないサウジアラビアで、30代半ばのムハンマド・ビン・サルマーン皇太子への権力集中が進み、その周辺の若年の王族やテクノクラートに権限が移行する、急激な世代交代の時期を迎えている。

このように、ボスフォラス海峡を扼すトルコや、ホルムズ海峡・ペルシア湾への影響力を強めたイラン、豊富な石油資源を政治力・軍事力に転嫁しようとするサウジアラビアが台頭し、従来はアラブ諸国やイランから排除されてきたイスラエルが技術力や情報力に支えられた外交・政治力によって主導的地位を確保しているのが、中東の地政学的な変化である。

このような現地における変化に影響を及ぼし、また現地の変化に対応しているのが、外部の大国・超大国の中東関与の変化であり、それらの大国間の相互関係の変動である。冷戦終結後に中東に単独支配を及ぼしてきた米国の影響力には翳りが見られる。現実かどうかはともかく、米国のプレゼンスが低下しつつあるという認識は、中東諸国に広まっている。ここに巧みに戦術的に付け入って存在感を高めているのがロシアである。また、中国の経済的な進出は著しく、シリアやイランといった米国と敵対している国々の市場に深く関与するだけでなく、エジプトやサウジアラビアなど親米諸国の大規模開発やインフラ整備などを担っている。

地政学的な重要性を背景にした地域大国の台頭と、脆弱な地理的・環境条件を原因とした国家の崩壊、それらの遠因となる米国の関与の低下や、競合する大国の介入により、中東をめぐる地政学は複雑さを増している。

注

（1）Lewis, B. (1964). *The Middle East and the West*; Koppes, C. R. (1976) "Captain Mahan, General Gordon, and the Origins of the Term 'Middle East'", *Middle Eastern Studies*, 12(1): pp. 95–98; Adelson, R. (1995) *London and the Invention of the Middle East: Money, Power, and War, 1902–1922*, New Haven, CT: Yale University Press.

（2）ただしこの場合の「中東」は正確には「中東・北アフリカ（The Middle East and North Africa)」であり、英語で学術的・専門的な議論の際は頭文字をとってＭＥＮＡと呼ばれることもあるが、一般に多くの場合はこの専門的な用語における「中東・北アフリカ」を「中東（The Middle East)」と呼ぶ。

（3）Dolman, E. C. (2002) *Astropolitik: Classical Geopolitics in the Space Age*, London: Frank Cass.

（4）Rodrigue, J. P., Comtois, C. and Slack, B. *The Geography of Transport Systems*, 3rd ed., p. 31, London: Routledge, 2013.

（5）Aydin, C. (2017) *The Idea of the Muslim World: A Global Intellectual History*, Cambridge, MA: Harvard University Press.

（6）Davutoğlu, A. (2001) *Stratejik Derinlik: Türkiye'nin Uluslararası Konumu*, Istanbul: Küre; Erşen, E. (2014) "Geopolitical Codes in Davutoğlu's Views Toward the Middle East," *Insight Turkey*, 16(1): pp. 85–101; 今井宏平（２０１６）「トルコにおける地政学の展開——国家論と批判の狭間で」『境界研究』第６号：pp. 113–135.

（7）Amirahmadi, H. (2015) "Dark Geopolitics of the Middle East," *The Cairo Review of Global Affairs*, No. 18: pp. 86–94; Feltman, J., Gross, S., Indyk, M., Kirişci, K., Maloney, S., Riedel, B., Sachs, N., Sloat, A., Stent, A., Wittes, T. C. and Jones, B. (2019) *The New Geopolitics of the Middle East: America's Role in a Changing Region*, Washington D. C.: Brookings Institution,; Aly, A. M. S. (2019) "The Return of Geopolitics," *The Cairo Review of Global Affairs*, No.33: pp. 71–81.

中曽根康弘の地政学——１９５０年の世界一周旅行[1]

北岡 伸一

戦後日本で、明確な地政学的思考を持っていた政治家を探せば、昨年一〇一才で亡くなった中曽根康弘[2]を、まず挙げるべきであろう。中曽根は、日本の自立を主張し、アメリカとの同盟を強化し、中国、韓国との関係の強化を進めた。一見矛盾するように見えるこれらの政策を総合的に展開するのが戦略というものであり、その根底にあるのが地政学的思考だった。首相時代（１９８２～87年）における日本が不沈空母であるという発言や、シーレーンに関する積極的発言、ＩＮＦ（中距離核戦力）のヨーロッパからアジアへの移駐に対する反対などは、いずれも優れた戦略的思考の例であり、その背景には地政学的洞察があったと言ってよい。

このような中曽根の外交政策の原型を形作ったのが、１９５０年の世界一周旅行だったと、私は考える。中曽根32歳、政治家となって3年目、まだ日本はアメリカの支配下にあって、めったに海外旅行などできなかった。そして、この後の数回の海外旅行や、国内でのいくつかの行動、そして憲法改正論の分析を通じて、われわれは中曽根の地政学的思考の確立を知ることができる。

　このような観点から、若き日の中曽根の地政学を再構成してみることが、本稿の課題である。

　まず中曽根の経歴から始めたい。

1　政治家になるまで

◉生い立ちと教育

　中曽根は１９１８年（大正7年）５月、群馬県高崎市の材木商の家に生まれ、高崎北尋常小学校を卒業し、１９３１年、高崎中学校に入学した。そして同中学校を通常より1年早い４年修了で卒業し、１９３５年、静岡高等学校に入った。もう1年在学して第一高等学校を受験することも可能だったが、そうはしなかった。旧制静岡高等学校では文科丙類（フランス語）であった。その後、１９３８年、東京帝国大学法学部に入学し、高等文官試験に8番で合格し、１９４１年、東京帝国大学を卒業して、内務省に入った。

　当時の典型的な官僚コースは、第一高等学校で文乙（ドイツ語）に行くことであったから、中曽根のコースはややリベラルであった。生家は材木商で、官僚色は薄かった。４年で高等学校に進んだことも、また進取の気性の現れのように思われる。

ちなみに同じ高崎の福田赳夫の場合、１９０５年の早生まれで、中曽根より13歳年長、第一高等学校と東京帝国大学法学部を卒業し、大蔵省に入った。父は地元の名士であり、小学校時代は神童と言われ、高等文官試験は1番だった。入省後まもなくロンドンの日本大使館に勤務し、津島寿一財務官の補佐官を務めた。戦争中は陸軍の予算を担当したり、汪精衛の国民政府の財政顧問を務めたりしている。

福田は１９２０年代の国際協調と相対的安定の時期を知っていた。また戦争中には、陸軍の予算を担当し、強い影響力を持っていた。要するに財政の専門家としていかなる状況でも必要とされる、典型的なエリート官僚だった。

さて、中曽根が大学で傾倒したのは矢部貞治の政治学だった。矢部はイギリス留学から１９３７年5月、帰国している。中曽根が聞いたのは、おそらくその翌年のことだった。「新進の教授として、颯爽として政治学を講じられた」と中曽根は回想している[3]。全体主義と共産主義を排し、英米流の自由主義とも異なり、日本型の政治と近代政治学を融合させた矢部の政治学に、強い魅力を感じた。日本はゲゼルシャフトではなく、ゲマインシャフトの性格が強いと、中曽根は後年に至るまで繰り返し主張しているが、これは矢部政治学の基礎にある考えであった。

なお矢部は、近衛文麿からアプローチを受け、特に１９４０年頃から近衛のブレインとして活躍したが、最初から近衛の中国政策に近かったわけではない。留学から帰った新進の学者として、中国の視察に誘われた矢部は、政府のやり方に強い違和感を覚え、１９３７年12月、北支の視察に行ったときには、「民族としての支那を否定し、文化道徳を弱めて、如何にして支那人の魂を掴み得ようぞ。魂を掴まずして如何にして東亜永久の平和が可能であろうぞ」と記し、中国のナショナリズムを尊重しない自民族中心主義を厳しく批判している。

しかし、旅行中に石原莞爾と会い、石原が北支事変、南京攻略を痛罵するのを聞き、「異常な感銘」を受けたと述べている。この石原との出会いを契機として、矢部は自ら政治に接近して問題解決に乗り出そうとすることになったのである。[4]

矢部のほかには、中曽根は神川彦松の外交史や岡義武のヨーロッパ政治史に惹かれた。国家の興亡、民族の興亡に関心を持ったらしい。他方で、安井郁の国際法に反感を持ち、これと近い「東亜共同体論」に対しては、日本が侵略をしているのに共同体とは何だ、という感じを持っていたという。[5]

◉内務省と海軍

すでに述べたとおり、中曽根は１９４０年、高等文官試験に合格し、１９４１年３月、大学を卒業し、４月、内務省に入った。しかし中曽根は、１９４０年12月、海軍経理学校の試験を受けて合格していた。当時、４カ月の訓練によってただちに海軍中尉に任官する短期現役士官制度があり、当時の官僚には、これを希望する者が少なくなかった。そして中曽根も、１９４１年４月、内務省に入ってすぐ、海軍経理学校に入り、８月、卒業して海軍中尉に任ぜられた。そして連合艦隊第一艦隊第六戦隊で巡洋艦の青葉に配属された。

１９４１年11月、中曽根は呉の鎮守府に呼び出され、第二設営班主計長に任ぜられた。その任務は飛行場の整備であった。行き先は極秘とされたが、行き先が不明では準備できないと言い張って、強いて聞き出したところ、フィリピンとインドネシアであった。いよいよ戦争だと中曽根は覚悟をした。出発までの仕事は言語を絶する激務で、終わったときは、涙が流れて仕方がなかった。これほど泣いたのは、母が死んだときとこの時だけだったと、中曽根は回想している(6)。

１９４１年11月29日、中曽根は大量の軍票（現在の50億円程度）と２０００人の工員を引き連れて、出発した。開戦はパラオで聞いた。そして12月20日、フィリピンのダバオに行った。アメリカが破壊して逃げた飛行場から地雷を除去し、使用可能とするのが仕事だった。その間、米軍のＢ17の空爆にもさらされた。１９４２年１月７日には、１２００メートルの滑走路が完成し、そこから海軍の中型攻撃機、一式陸攻が出撃し、見送る工員たちから歓声が起こった。

それが終わると、石油を求めて１９４２年１月10日、ボルネオ島のタラカン、ついで24日、バリクパパンに進撃した。バリクパパンではオランダの駆逐艦の砲撃を受け、少なくとも23名の信頼する部下をなくした。１月27日、中曽根は戦友23名を荼毘にふして、次の句を詠んでいる。

戦友《とも》を焼く　鉄板かつぐ　夏の浜(7)

中曽根は歴代の首相の中でも、実戦を経験した数少ない人物である。その経験から、戦争の過酷さ、悲惨さをよく知っていたと言ってよいだろう。中曽根の任務は戦闘ではなく、ロジスティクスであった。日本の政治家の中で、戦前の軍人を含めても、兵站業務の経験を持った者はまれである。また彼の活動はパラオ、ミンダナオ、ボルネオというラインであり、のちには台湾であった。この経験は、後世のシーレーンや集団的自衛権などへの地政学的関心に引き継がれたのではないだろうか。

なお中曽根は、出征のときには、シューベルトの「冬の旅」のＳＰレコード（おそらく当時人気の高かったゲルハルト・ヒュッシュのものだろう）と聖書、それに茶の本（『茶味』）を持って行った。こうした和洋折衷の教養主義は、当時のエリートにとって典型的なものであったが、中曽根の場合、母の影響も大きかった。母は信徒ではなかったが、ミッション系の女学校を出て、中曽根が幼い頃、子どもたちによく賛美歌を歌って聴かせた。聖書と賛美歌は、大学在学中に亡くなった母の記憶と結びついていた。[8]

◉敗戦から政治家へ

１９４２年３月、中曽根は台湾の高雄に行き、敵を迎え撃つための大規模な軍港の建設にあたった。労働力不足のため、台北に行き、台北第一高等女学校、第二高等女学校で挺身隊を募集した。応募者は殺到し、中曽根は彼女たちを率いて寮に住まわせ、その文化の香りを維持し、軍規、規律を維持することに努めた。歌の好きな女学生のために、彼女たちの寮（静和寮）の歌まで作詞作曲した。のちに中曽根は「憲法改正の歌」を作詞しているが、作詞や作曲への関心は、この頃には芽生えていた。なお女学生たちには、軍歌などを歌うのは禁じた。彼女たちは、「からたちの花」「われは海の子」「赤い靴」「椰子の実」などを好んで歌ったという[9]。

１９４４年11月、中曽根は横須賀鎮守府付きとなり、海軍省兵備局第三課勤務の海軍大尉となった。すでに戦局は挽回困難であった。１９４５年２月には友人の妹と結婚したが、同じ頃、弟が戦死している。

１９４５年８月６日、広島に原爆が投下されたとき、中曽根は高松にいた。かすかに広島からのぼる煙を見たという。そして敗戦の報も高松で知った。

のちに中曽根は、原爆は作ってはならない、使ってはならないと断言することになるが、それはこの経験と無関係ではないだろう[10]。

１９４５年10月、中曽根は内務省に戻った。官房調査部で軍事物資の処分のことでＧＨＱと接触し、何人ものアメリカの軍人と接触した。そして、アメリカには視野の広い立派な軍人がいると感銘を受けた。

１９４６年２月、中曽根は香川県警務課長となった。内務省同期の早川崇は選挙に出馬し、中曽根も選挙運動に加わり（当時は公務員の選挙運動は禁止されていなかった）、そのうちに自らも政治家となる覚悟を固めていった。

翌１９４７年４月、中曽根は衆議院議員総選挙に出馬し、当選した。その頃、中曽根は警視庁勤務となっていた。父の強い反対を押し切っての出馬であった。群馬県は戦前の政友会と民政党の地盤がまだ生きており、どちらかから出るのが自然であった。たまたま選挙区には空白があり、左翼の活動だけが目立っていた。中曽根家は、どちらかと言えば民政党系であり、中曽根自身、自由放任的な政友会よりも、修正資本主義的な志向を持つ民政党に親近感を持っていた。若い頃、濱口雄幸の書物を読んで感銘を受けたこともあった。それゆえ、民政党系の民主党からの出馬となった。白い自転車を乗り回して青年運動を起こして選挙運動を戦ったことは、よく知られている。(11)

◉他の内務省官僚との比較

中曽根の政治家への道を、同じく内務省官僚であった人々と比較してみよう。

奥野誠亮は1913年7月生まれ、第一高等学校卒業、1938年3月、東京帝国大学法学部卒業、4月に内務省に入っている。生年で5年先輩、内務省入省で3年先輩となる。のち自治次官となり、衆議院議員となり、数回の閣僚経験を持つ大物政治家だった。

奥野の場合、先輩の官僚が追放されたこともあり、若くして占領下の自治行政の担い手となり、戦後自治行政の形成者となった。しかし、占領下の米軍との折衝には苦い思い出も多く、かつて国会でそのことを聞かれて悔しさに落涙したことがあった。また、戦前にすでに内務行政の担い手であったため、朝鮮人問題については厳しい認識を持ち、創氏改名などは朝鮮人が望んだからやったので、日本が押しつけたものではないという立場であった。(12)

後藤田正晴は1914年生まれ、旧制水戸高等学校卒業、東京帝国大学法学部卒業、1939年、

内務省に入り、戦後は警察行政の担い手となった。

　後藤田の場合、顕著なのは、軍隊に対する警戒感である。中曽根内閣当時におけるイラン・イラク戦争に関するペルシャ湾への掃海艇派遣に反対し、その他、自衛隊の海外派遣に対し、厳しい態度をつらぬいた[13]。

　その背景にあったのは、陸軍に対する苦い記憶であったように思われる。後藤田が内務省に入るより数年前、１９３３年には大阪におけるいわゆるゴーストップ事件において、統帥権の独立ゆえに演習中は交通法規等に従う義務はなく、それは演習終了後に部隊に戻るまで同様であるという解釈を行ったのに対し、警察側は当然演習終了後には一般法規に従う義務があると主張した。最後は警察が譲歩を迫られた。また１９３６年の二・二六事件においては、警視庁が襲撃された。陸軍に対する激しい敵対感情は、当時、内務省に顕著であった。

　奥野、後藤田と比べ、中曽根は内務省官僚としての経験は戦後のごくわずかの期間であった。それゆえアメリカに対する反感は、奥野ほど強くはなかった。そして、むしろ独立国家としてアメリカに要求すべきは要求するという立場をとり、それゆえに政治家を志望したのである。また朝鮮民族に対する蔑視もなかった。そして後藤田のような陸軍への警戒感はなく、海軍に対する理解を持ち、シビリアン・コントロールの下における軍は当然のことしたのであった。

◉蘇峰との出会い

１９４８年秋、中曽根は徳富蘇峰を訪ねている。蘇峰はすでに85歳であったが、明治の半ばに『新日本の青年』を著して世に出た人物だった。青年の役割という点で、二人は共感するところがあったのだろう。二人の交流は52年頃まで続いたという。中曽根は、蘇峰の地政学的観察に強い印象を受けた。特に、中国は決してソ連の言うままにはならず、チトー以上となる可能性があるという点は印象的だった。もう一つは、人物評であって、蘇峰ほどの人物から見れば、多くの政治家は小粒であった。その厳しい評価から、中曽根は当時の大物政治家を相対化し、臆せず立ち向かう視点を、学んだのであろう[14]。

ただし、中曽根が必ずしも蘇峰の戦争観に共鳴したわけではない。蘇峰と比べ、中曽根は戦争に対する厳しい批判で一貫している。

たとえば１９４９年11月19日の予算委員会において中曽根は、「われわれが東亜諸民俗に与えた惨害その他の大きな障害というものは、はかり知れざるものであ(る)」と述べ、また、「日本が過去において東亜各地でやった罪業というものは、ぬぐうべからざるものであり、……そういう大きな罪の自覚に立って外交というものは行われなければならない」と述べている。

なお、のちに首相時代には、１９８３年2月18日、衆議院予算委員会で、日中戦争について、「国際的にも侵略行為であると判定がつけられている。われわれはそれを受容する」と答弁している。これは歴代首相として国会で侵略戦争を認めた最初のものである。

●1950年の世界

政治家となってからの中曽根は、当時にあって、おそらく最も多く外国を観察した人物である。すでに述べたとおり、アメリカと議論するとき、官僚ではダメだ、政治家になって国民の支持を背景にしなければ対等の議論はできないと痛感していた。

のちの中曽根の多くの外国での経験を見ると、その判断は正しかった。日本の衆議院議員ということで、かなりのハイレベルの人と会って議論することができているし、中曽根もその機会を生かすべく精進していた。

最初の海外視察の機会は、議員になって3年目、1950年にやってきた。6月から8月まで、MRA（Moral Re-Armament：道徳再武装）世界大会出席のため渡欧し、各国を視察する機会を得たのである。[15]

MRAとは、スイス系アメリカ人の牧師、フランク・ブックマンが1921年頃から主導し、平和、和解、相互理解、反共などのため、道徳の再復興を訴えた運動である。広く非政府の個人、団体を網羅して、戦争直後に特に大きな影響力を持った。その本部は、スイスのコー市にあった。

日本からは、1年前に片山前首相がMRAに参加していた。1950年の一行は、北村徳太郎を団長に、福田篤泰、中曽根ら、地方首長から赤間文三大阪府知事、岸田幸雄兵庫県知事、広島、神戸、長崎の市長、実業界からは石坂泰三東芝社長、大原総一郎倉敷レーヨン社長など、錚々《そうそう》たる顔ぶれがそろっていた。

一行が出発したのは6月13日午前零時であったが、その前日、6月12日、吉田茂が一行のために午餐会を開いてくれた。そこで吉田は、「明治維新の発展は岩倉卿以下の欧米視察に始まった。今度も成功を希望する」と激励した。あらためて言うまでもなく、岩倉使節団の副使の一人は大久保利通であり、大久保はその次男でまだ9歳の牧野伸顕をともなっていた。牧野の娘がすなわち吉田の夫人であり、吉田にとって牧野は岳父、大久保は義理の祖父にあたる。そして岩倉使節団の中で、最も強い影響を受けたのが大久保であった。西洋との落差に衝撃を受けた大久保は、強兵よりも富国、内治優先を打ち出し、１８７３年から１８７８年にかけての危機的な状況を乗り切り、明治国家の礎を築いたのである。吉田にとって岩倉使節団は決して遠い過去の出来事ではなかった。[16]

これに対して中曽根も、日本の復興を担う覚悟であった。中曽根は吉田に対して反対派であり、しかも弱冠32歳の若手代議士だったが、吉田はこのような餞《はなむけ》の言葉を与えたのである。

一行は、その夜、一万田日銀総裁、石川経団連会長らによる送別宴ののち、バスで羽田に向かい、午前零時すぎ、フィリピン航空の50人乗りの特別機で羽田を発った。中曽根は民間飛行機を羨ましく思い、またリクライニング・シートなどの便利さに感心した。飛行機の高度はさほどではなく、朝7時頃には外が見え、日米が激闘を繰り広げたところを飛び、コレヒドール島を見て、中曽根は深い感慨を覚える。山下兵団と米軍とは、わずか5年前までは死闘を繰り広げていた。マニラ湾にはまだ日本の船が22隻以上沈んだままとなっていた。

同日、一行はマニラを発って、カルカッタ経由でパキスタンのカラチに向かった。小憩ののち、中東に向かう。途中で見えたパイプラインに中曽根は注目している。「見るとエンエンたる黒一線が砂漠の上に…北西から南東に伸びている。見渡す限りの地の果ての一線である。地中海から紅海に伸びているのである。有名なアラビヤを貫く石油の輸送管であった[17]」。中曽根の注目の背景には、かつてパレンバンなどで石油確保の作戦に従事した経験があったと思われる。

ローマに着いたのは日本を出てから46時間後だった。小憩ののち、ジュネーブに飛び、そこからバス3台に分乗して、コーに向かった。コーのホテルの玄関には、意外にも日章旗が掲げられ、各国の人々が日本語で歓迎の歌を歌ってくれたのに、涙が滲んだ。その頃、日の丸の掲揚は禁止されていたのである。

MRA総会は16日に始まった。随所に、日本、ドイツ、有色人種に対する配慮が感じられた。中曽根は17日にインタヴューを受け、「われわれの理想はスイスだが、現実はドイツだ」と述べ、それが18日の新聞の見出しとなっていた。

「われわれの理想はスイスだ」という考えは、中曽根が出発する前、彼の周辺が（おそらく中曽根自身も関与して）作った「壮行歌」にも横溢している。

見よあけそむる東の
わが日本が理想とし
うたふ平和の西の国

世界のほまれ名はスイス

君えらばれて道徳の
復興会議に使する
その任重く赴くは
平和の殿堂かのスイス

君さきく行けわれらまた
積む青雲の志
君帰り来て中道の
徳のぶる日を望みつつ。(18)

ここには、スイスを理想とする当時の国民意識が反映されている。中曽根もおそらくそうした認識を多少は持っていたのだろう。しかし、そうした認識は、やがて冷戦の厳しい現実を見て、変化し始める。

6月19日には、朝8時から10時まで全員が皿洗いをしている。労働者から倉敷レーヨンの大原社長まで一緒だった。

あるリーダーは、「ＭＲＡは共産主義に対抗するものではない、資本主義、社会主義、共産主義すべての制度の根源にある人間そのものにメスを入れる」と語っていた。国際協力、絶対奉仕の精神に、日本の代表たちも相当に影響され始めた。また、ブックマンは、「人生で大切なことは、案外些細なことだ、妻や、家族や、隣人から出発するのが第一歩だ」と述べていた。ＭＲＡの当時の理想主義的性格が窺われる。

6月21日、中曽根は49カ国、９００人の世界代表の前で演説した。中曽根は言う。自分は、かなりの懼《おそ》れを持って来た。戦争中、日本の兵士はみなさんに大きな迷惑をかけた、しかもわれわれは黄色人種である。ところがそのような非難も差別もまったくなく、心から感激した。また中曽根は個人の友情の意義に触れて、シューマン外相とアデナウアー首相の友情が、シューマン計画の基礎となっていると述べる。

最後に、特にシベリアの抑留者の話になり、彼らを待ちわびる人々のことに触れたときには、同じ境遇にあるドイツの婦人の多くはハンカチで眼を拭いていたという。この点でも、中曽根の友愛は、ソ連を対象として含んでいなかったようである。ともあれ、この演説は予想以上に強い感動を聴衆に与えたという。

6月26日、理髪店に行っているとき、友人が朝鮮戦争の勃発を知らせてくれた。すでにソウルは陥落して、北朝鮮の南進は進んでいた。中曽根は日本には大きな衝撃が起こっているだろうと想像しつつ、「南鮮がやられたら日本は前大戦のダンケルクのときの英国になるだろう」と記者会見で語っている

（30日）。イギリスがナチス・ドイツの侵略に対する抵抗の拠点となったように、日本は共産主義の膨張に対する拠点となると考えたのである。

6月27日からはスイス国内旅行に出かける。28日、ジュネーブで国際赤十字を訪ね、「引揚促進」を依頼している。また旧国際連盟に行き、松岡洋右が演説した部屋に入って「感無量」と記している。

7月1日から4日まではコー市に滞在した中曽根一行は、6日にはドイツに入り、まずアデナウアー首相と会っている。アデナウアーは「ドイツは必ず統一する。日本国民の運命も苦しいが、共に平和に向かって再建しよう」と述べた。そして中曽根の年齢を聞き、32歳と知ると、胸の「日の丸バッチ」を凝視して固く握手して、「日本とドイツの再建は青年の力にかかります。お互いにしっかりやりましょう」と言って、去ったという。

アデナウアーとの出会いは短かったが、強烈な印象を残したようだ。吉田とは異なったリーダーを、中曽根はそこに見出していた。

アデナウアーはときに吉田茂と比較される[19]。ともに敗戦国を復興に導いたリーダーだったが、アデナウアーははるかに厳しい状況で、ドイツ分断を受け入れ、そのかわりに西側と結ぶという選択をとった。正式の憲法は統一後に譲るとして、基本法を制定した。1949年5月、中曽根が会うわずか1年ほど前のことだった。その際、自由主義、民主主義を破壊する政党は認めないとして、ナチスと共産党をともに排撃した。また小党乱立を防ぐため、著しく得票の少ない政党からの当選を認めないという阻止条項（たとえば得票率5％以下。何度か変化しており、選挙法に定められることが多い）、次の政権についての合意がある場合のみ、内閣不信任案を提出できるという建設的不信任という制度を導入して、政治の安定に意を用いていた。

中曽根がドイツの敗戦の厳しさを実感したのは、その後のことだった。翌日、エッセン近郊のゲルゼンキルヒェンの炭鉱を訪ねた中曽根は、採炭現場に行ってみた。そして、年産1億トンの4分の1は事実上の賠償として安値で輸出することを義務づけられていることを知った。その結果、石炭は不足していた。8日からはアウトバーンを通って、ハンブルクとブレーメンを訪れた。9日、リューベックを過ぎて、国境地帯を訪れた中曽根は、厳しい警戒体制を目撃した。

ドイツは東西に分断され、西ベルリンは東ドイツの中に孤立していた。中曽根はヨーロッパにおける厳しい東西対立を目の当たりにした。外国の人々とも、アジア情勢について語りあうことも少なくなかっただろう。自主防衛の必要を痛感するようになったのは、この旅行の見聞が大きいという[20]。

7月12日、中曽根はボンでアメリカの高等弁務官、ジョン・マックロイに会っている。いわばドイツのマッカーサーだと中曽根は述べている。大きな違いは、日本占領が事実上アメリカの単独占領だったのに対し、ドイツ占領は米英仏ソの4カ国によるものだったこと、そしてマックロイは尊大なマッカーサーと違って、気さくな人柄だったことである。マックロイは、陸軍次官として、反対を押し切って日本人二世部隊を作ったと述べ、この442部隊こそ、アメリカで最も功労ある部隊だと賞賛された、同じ血の流れる日本の青年に期待していると述べた[21]。

13日、中曽根はパリに行った。解放以来13回も内閣が替わっていて、政局の不安定が中曽根の関心の的だった。一行は外務省を訪れ、シューマン外相に会っている。シューマンはルクセンブルクに生まれ、ナチに迫害され、のちフランス政界に入って、すでに首相を務めた人物で、独仏和解を代表する人物であった。ジャン・モネの提唱に答えて、５月９日、西ドイツとフランスの鉄鋼と石炭を共同の管理の下に置こうというシューマン宣言を打ち出し、これが発展してヨーロッパ石炭鉄鋼共同体となった。中曽根の見聞にはシューマンについての言及が多く、道徳再武装の影響についても書かれている。後年の中曽根の外交は、首脳との信頼関係を深め、それを外交の基軸にすることが、しばしば見られた。レーガンもサッチャーもそうであるが、特に胡耀邦、全斗煥など、近隣のリーダーとの提携があって、世界政策があると考えていた節がある。その起源は、あるいはこのアデナウアーやシューマンに対する関心であったかもしれない。

16日、一行はロンドンに渡り、クレーギー元駐日大使に会っている。中曽根は労働党政権が５年におよぶ安定政権で着実な政策を行っていることに感銘を受け、日本の社会党と対比している。

７月22日、一行はアメリカに渡った。アメリカはすべてにおいて圧倒的だった。アイドルワイルド空港（現在のジョン・F・ケネディ国際空港）は羽田の20倍の広さであった。当時、一人あたりＧＤＰは、アメリカが１４５３ドル、イギリスが７７３ドル、日本は１００ドルという有様だった。当時、ＭＲＡの勢力は大きく、一行は16台の車を連ねてマンハッタンに入った。一行は25日、国連を訪問している。中曽根も「今日は歴史的な日である」と記しており、国連訪問の重要性を記している。その頃、朝鮮戦争勃発から、１カ月あまりが経過していた。この間、安全保障理事会は、北の行動を侵略と断定し、国連軍の組織を決定した。空前絶後の決定であった。そしてアメリカにその指揮を委ね、トルーマン大統領はマッカーサーをその指揮官に任命した。この25日に、東京に司令部が完成していた。この日、一行は安保理の傍聴を許されたが、そこではマッカーサーからの報告が、アメリカのオースチン大使によって朗読された。なお、この頃ソ連は安保理の欠席を続けており、それが国連軍の結成を可能としたことは、よく知られている。

またニューヨークでは湯川秀樹夫妻と会っている。湯川のノーベル賞受賞（１９４９年10月）は、敗戦後の日本の大きな希望だったが、湯川は１９４８年からプリンストン高等研究所、１９４９年からコロンビア大学に所属していて、まだ日本には帰国していなかった。ともあれ、中曽根は大いに誇りをかき立てられた。

27日、一行はワシントンに向かった。ワシントンには、その少し前、尾崎行雄が91歳の高齢をおして訪問していた。長年、民主主義のために戦って来た功績をたたえて、元駐日大使のジョセフ・グルーらが招いたものだった。また娘の相馬雪香《ゆきか》は、ＭＲＡの日本における有力な一員だった。

ワシントンでは、中曽根はロバート・タフト、トマス・コナリーなどの大物に会い、またロバート・フィアリーの家に泊めてもらった。フィアリーは、かつてグルー駐日大使の秘書であり、戦後には軍司令部に勤務し、ジョージ・アチソン特使の補佐官を務めたこともあって、その頃中曽根は知り合っていた。フィアリーなどを通じて中曽根は、日本に対してマッカーサーとは異なる視点があることを知ることができたのであろう。(22)

その後、一行は西海岸に行き、ハワイ、ウェーキ島を経て、日本に戻った。ごく要点だけを述べれば、中曽根は世界の中の善意と、日本に対する一定の評価と、同時に国際政治の厳しさを間近に見ることができた。仏英の疲弊に比べ、アメリカの圧倒的な力は印象的だった。世界は善意で結びついているが、しかし厳しい国際政治の現実もあることを痛感させられた。そして、マッカーサーと違う外国人、アメリカ人と会うことによって、マッカーサーを相対化する視点を得たことが大きかった。いろいろな意味で、50年の世界旅行は中曽根の思想に決定的な影響を及ぼした。

2 講和から吉田退陣まで

◉講和問題とマッカーサー

中曽根は帰国後の1950年10月、芦田均のために演説に行っている。それが、防衛問題を主張し始めた最初だという。[23] やはりこの長期旅行は、彼の世界認識に大きな影響を及ぼしたということであろう。

その頃、朝鮮戦争のさなか、日本の独立の気運は高まっていた。1951年1月、マッカーサーは年頭の演説で、集団安全保障と講和について述べ、再軍備の必要性を示唆した。1月25日には、ダレス国務長官が来日し、吉田茂と独立に向けての協議を開始した。

中曽根はその機会をとらえて、1月、マッカーサーに対して建白書を提出している。[24] これは、中曽根自身、最も記憶に残る文章だと述べているように、生硬であるが情熱のこもった文章であった。その目的は、マッカーサーに対して早期独立を訴えたものであるため、憲法改正論を全面的に展開してはいないが、のちの主張につながる多くの点が見られて興味深い。

まず中曽根は、マッカーサーのリーダーシップに感謝し、占領は「世界史に記録さるべき」成功であるという。しかし、いかなる「聖将」の統治といえども5年は長すぎるとして、それが日本人の自立心を損なっていると述べる。朝鮮戦争のさなか、米ソの対立の中でどっちつかずの態度をとり、あるいは無関心に陥っているのはそのためであり、占領下の日本の政治に、「日本人の責任と創意が、つまり自由がないからだ」としている。

日本の外交の方針として注目すべきは、親米、反ソは当然ながら、それ以上にアジアとの関係を強調していることである。「贖罪の反省を以て、先づアジア諸国との善隣友好を結び、アジア諸国に対する奉仕によって、アジア国際社会への参加を許され、ひいてはアジアの復興と世界の平和に寄与したいというのが日本の青年の感情であります」。それゆえ、日本の青年が最も期待しているのは、「印度のヒューマニスト」ネルー首相であるという。

将来の再軍備については、アメリカと日本との対等な関係、アメリカからの「多少の財政援助」、そして「兵力は国会の統制下に運用すること、そして原則として国外に於て兵力は使用せぬこと」を挙げている。

また、将来は国連に参加し、誠実にその義務を履行すると述べ、不幸にして他国の拒否権で国連参加が拒まれるときは、国連憲章51条の集団的安全保障態勢を東南アジアにわたって確立し、日本を守ることを強く希望すると述べていた(25)。

さて、朝鮮戦争勃発以来、講和条約の協議は進み、独立後の安全保障態勢も緊急の課題となった。旧日米安全保障条約における最大のポイントは、アメリカに基地を提供することであった。

吉田は後年強弁しているが、この安保条約については必ずしも万全のものとは考えていなかったと思われる。それゆえ、講和条約は全員が調印したにもかかわらず、安保条約については吉田一人が署名した。

◉安保条約への反対

中曽根は、１９５１年9月に調印された日米安全保障条約に賛成しなかった。中曽根の批判は、とくにその不平等性に向けられていた。なかでも、日本国内で外国勢力の使嗾《しそう》による内乱があった場合、また、日本政府から要請があった場合、米軍はその鎮圧にあたることができるという内乱条項は、日本を植民地扱いしたものであった。もう一つ、条約に期限がないことを中曽根は不満とした。期限があれば、そこで不平等な関係は是正することができる。あるいは、その時点で、徹底して再検討をすることができる。しかし、期限がないことは、不平等な関係を無期限に続けることに等しいと、厳しく批判したのであった。(26) 現在、日米安全保障条約は自動延長となって、ほとんど期限なく続いている。NATOもまた、長く続いている。戦前の条約の締結、破棄、修正の歴史に比べると、戦後の同盟は長い安定を示している。しかし、それは当時においては常識ではなく、それゆえに中曽根は条約に期限を付することが決定的なポイントであるかのように論じている。

これに比べ、中曽根は基地の使用方法に関し、日本側に発言権がないことについては、それほど批判していない。それは、推測であるが、アメリカが基地を持っているかぎり、その使用方法を制限しようとしても十分な統制は困難であると思っていたからではないだろうか。

サンフランシスコ講和会議を前に、中曽根は国民民主党の党首、苫米地《とまべち》義三の参加に反対したが、吉田は苫米地を説得して、同行させ、中曽根はそれ以上反対できなかった。しかし、国会においては、サンフランシスコ講和条約については賛成、日米同盟には棄権をしている。本来は反対したかったのが、与党として反対するのは問題があるとして、欠席したのである。(27) それでも、これは重大な決断であった。

◉防衛問題と天皇退位問題

中曽根は1952年1月31日の衆議院予算委員会において、吉田首相に対し、極めて興味深い質疑を行っている。

その一つは防衛問題であって、警察予備隊が保安隊に改組され、さらに自衛隊が成立しようとしていた。そのときにあたり、憲法改正なしにそのようなことは可能かをただしたのである。たとえば、警察予備隊は高射砲中隊を持っており、高射砲は侵入した飛行機を撃墜するものである、それは警察の仕事ではなく軍隊の仕事ではないか、そんなことは憲法改正なしに可能なのかという批判であった。より興味深いのは、天皇退位の可能性について尋ねたことである。これに対して吉田はかなり感情的に反発し、そういうことを希望するのは「非国民だ」と述べている。

天皇退位については、天皇自身、敗戦前後に退位を考えたこともあったし、木戸内大臣も敗戦および講和のときに、退位を考えたことがあった。南原繁も退位を主張したことがあった。中曽根は、天皇退位を望んでいたわけではないが、人間天皇になられたのだから、もし退位を希望されればこれを認めるべきだという趣旨の質問をしたのである。「天皇が自らご退位あそばされることは、遺家族その他の戦争犠牲者達に多大の感銘を与え、天皇制の道徳的基礎を確立し、天皇制を若返らせるとともに、確固不抜のものに護持するゆえんのものであると説く者もありますが、政府の見解はいかなるものでありましょうか」と述べたのである。講和条約発効を前に、この問題を曖昧にしておくべきではないという考えから取り上げたという。

明示的ではないが、中曽根は天皇退位論者であったように思われる。ただ、天皇に実質的な責任があるとはまったく思っていなかったと述べている。

すなわち、中曽根は日本が共同体であることを常々主張しており、その中心は天皇であると述べている。それゆえに、天皇は道徳的存在でなければならず、悲惨な戦争を開始した責任をとって退位することが、天皇制の道徳的基礎をより強固とすると考えたのである。(28)

◉南原繁の天皇退位論

ちなみに、道義的な観点から天皇退位を主張したことで知られるのは南原繁である。南原は１９４５年３月頃から、法学部七教授の一員として終戦工作に関係していた。そのとき、天皇制の維持が唯一の条件だと考えていた。そして、そのためにも、適当な時期に天皇は退位すべきだと考えていた。南原は、東大総長として、１９４６年２月11日の紀元節に日の丸を掲げ、式典を行った。アメリカにもソ連にも媚びない民族の気概を忘れてはならないという主張からであった。

そして、４月29日、天皇誕生日に、天皇の退位を主張した。天皇の行動は立憲的であり、政治的、法的に何の責任もない、しかし南原にとって、天皇は日本民族の道義的象徴であるがゆえに、いったん退位することが、天皇制の維持のために望ましいと考えたのである。これは間もなく始まる東京裁判に備えて法的に天皇に責任がないことを明らかにするための主張であったが、同時に、道徳は権力に従属しないことを、明らかにする目的であった。

なお、注目すべきは、南原が、天皇退位を具体的に考えていたことである。すなわち、天皇退位の場合、摂政を置く必要があるが、その候補は病気の伏見宮ではなく、高松宮であると考えていた。そして、高松宮別当の石田馨（元警視総監）を通じて、高松宮のために講義をしていた。講義はギリシャ哲学から始まって、南原の専門である政治哲学で、正義の何であるかを、摂政のために講じたのである[29]。

◉米ソ中を見る

１９５３年の夏には、中曽根はハーバード大学の夏期セミナーに参加している。２カ月間のことであった。参加者は政治家では中曽根一人だった。選抜試験のため、相当の準備が必要だった。中曽根は会話には自信がなかったが、なんとか試験を通過することができたという。

このセミナーを取り仕切っていたのが、当時まだ若手助教授だったキッシンジャーであった。

なお、そこで中曽根は自身の考えをまとめて、「日本の民主主義の諸問題」（７月30日）[30]として発表している。

そこで中曽根は二つのことを論じている。一つは首相公選制、もう一つは外交・安全保障関係の諸提案である。

首相公選制は、日本の政治が政党の離合集散で安定せず、また官僚の力が大きいことを理由としている。その後の首相公選論の嚆矢《こうし》である。中曽根は国民の支持を受けた政治家こそ、外交で渡り合えるという点では一貫していた。ただ、のちの首相公選論ほど具体的ではなく、強い主張でもなかった。

外交・安全保障では、自主独立がポイントだった。最近世界一周した自分は、アジアへの愛着を深めた、アジアに見られる中立主義は、実はそれぞれのナショナリズムの表現であると述べた。これはもちろん中曽根自身にもあてはまる言葉であった。その立場から、日本については、基地の廃止や沖縄・小笠原の返還を含む対等関係の構築を訴えた。

１９５３年にアメリカで一夏を過ごした中曽根は、翌１９５４年、ソ連を訪問した。

このとき、改進党総裁だった重光葵は、中曽根の将来に傷がつくからとして、そのソ連訪問を厳しく止めようとした。重光の日記にも、「彼は新聞に目立つことは何でもやり度《た》き男なり。修養せば大成せん」とあり、中曽根の将来に期待を持ちつつも、目立ちたがり屋である点を批判していたことがわかる。[31]

これに対し中曽根は、重光が旧時代の人間であると述べている。社会党系の政治家や学者がソ連、中国を訪問し、あたかも楽園であるかのように賛美しているが、これに反論するため、現場を見ておくことが必要だと考えたのである。

行ってみると、ソ連の日常生活の貧しさには驚かされた。自由がないのは言うまでもない。社会全体が監獄のようで、なんて嫌な国なんだろうと思った。日ソ関係について、相手は頑なであったが、中曽根は臆せず、抑留者の返還を求め、北方領土の返還を求めた。ソ連側の返答は、犯罪者はいるが、抑留者はいない、領土問題は存在しない、というものであった。

特筆すべきは、中曽根がモスクワの東北東３００キロのイワノヴォに抑留されていた元関東軍総司令官、山田乙三らと会っていることである。山田元司令官と会った日本人は、最初が赤十字、二番目が中曽根らであった。

中国に行くと、より穏やかな感じを受けた。それは東洋人同士ということもあった。新中国建設の意欲が感じられた。中国とソ連は一体ではないという蘇峰の教えが思い出された。[32]

なお、中曽根よりあと、山田元司令官らを訪ねた人物に南原繁がいる。１９５５年5月から6月にかけて、南原はソ連中国訪問団に参加し、強く望んで他の一行と別れて同地を訪れた。悪路を８時間かけて行ったものである。南原もまた民族主義者であった。南原は書いている。

「彼等はすべて元軍人であり、いかなる罪に問われているか知らぬが、それはこれらの人ばかりの負うべきものでなく、われわれも同胞として、国民として、ともに責任を担わなければならない。たまたま、その職と、その位置にあったがために、このような運命になった人々に対して、心からの同情を禁じ得ないのだった[33]」。

南原は、１９５１年の講和条約をめぐって、全面講和論を唱えて吉田と対立し、吉田は曲学阿世と呼んで批判した。しかし、南原は１９４６年東大総長として紀元節に日の丸を掲揚した人物でもある。敗戦の結果、国家があることを忘れるものがあってはならないというのが、その意図であった。日本を民族共同体と見る点で、南原は中曽根と似たところがあったのである。天皇退位を考えたことについては、すでに述べたとおりである。道徳的共同体の中心たる天皇は道義の象徴でもなければならず、戦争の責任を負って退位することは不自然ではなかった。これらの点で、二人はよく似ていた。大きな違いは、中曽根には明確な地政学的思考があり、南原にはなかったということだった。

◉鳩山内閣の外交

１９５４年12月、鳩山内閣が成立した。反吉田勢力にとって待望の政権だった。この内閣において、吉田の「向米一辺倒」は修正されようとした。54年度末にかけて、防衛分担金の削減が図られた。これはアメリカとの関係で、極度の緊張をもたらした。中曽根は、自主防衛の観点から、分担金の削減を肯定している。アメリカに対する防衛協力を強化することにより、資金や基地提供の面では削減を求める、つまり、日本の自発性のもとに対米協力を進めるというのが、中曽根の方針であって、それは今日まで一貫しているように思われる。

55年8月、重光外務大臣は訪米してダレス国務長官と会談し、6年以内のアメリカ陸軍の日本本土からの撤退と、12年以内の全米軍の撤退を提唱した。安保条約の対等化の提唱であった。これに対してダレスは、アメリカのグアムの基地が攻撃されたら日本は助けに来てくれるかと尋ね、重光がこれを肯定すると、ダレスはあなたの憲法解釈は理解できないとして、会談を厳しく打ち切ったと言われている。

しかし、重光は、短期の会談としては大成功だったと述べている。重光は日本が西太平洋における相互防衛義務を引き受ければアメリカが安保条約を改定してもよいということが明らかになったという意味で、この会談は成功だと考えた(34)。

中曽根はこれについて、重光が本心を率直に打ち明けたことを評価している。のみならず、グアム防衛について、中曽根は次のように考える。グアムは日本防衛のかなめでもあって、特別の位置にある。したがって、日本防衛のためにグアムの防衛に協力することは必要であり、可能である(35)。

中曽根は、のちにしばしば述べて、集団的自衛権の部分的行使は可能と言っている。かつて中曽根は台湾に勤務し、ボルネオでの作戦に従事した。この海域の重要性は熟知していた。のちに中曽根がシーレーン防衛にコミットしたことも、こうした認識と無関係ではない。中曽根のモデルは日英同盟であったと述べている。日英同盟は、甚だしく実力の違った国同士の同盟であった。しかし、東アジアに領域をしぼって、対等の義務を負ったものであった。このような形の対等性を中曽根は念頭に置いていたのかもしれない。

ここで、憲法９条２項の解釈の変遷について、振り返っておきたい。憲法制定当時、吉田茂首相は、一切の自衛力も戦力も持てないという解釈であった。しかし、その後警察予備隊の設立（１９５０年８月）、保安隊の設立（１９５２年10月）、自衛隊の設立（１９５４年７月）によって、こうした解釈は変更されることとなった。

保安隊設立後、吉田首相は、戦力とは近代戦遂行能力を持つ部隊を言い、保安隊はそのような能力は持たないので、９条２項が禁止する戦力ではないとした。

そして自衛隊設立後、１９５４年12月、大村防衛庁長官は、自国に対して武力攻撃が加えられた場合に国土を防衛する手段として武力を行使することは、憲法に違反しないと述べ、自衛のための必要最少限度の実力は、憲法が禁止する戦力ではないとした。

この当時、集団的自衛権と個別的自衛権の差異は論じられていなかった。集団的自衛権は憲法上行使できないと述べたのは１９７２年、田中内閣であって、それまでは集団的自衛権は行使できないというのは、確立された解釈ではなかった。１９５４年12月の大村防衛庁長官答弁から１年も経たない55年夏、重光が必要最小限度の中に集団的自衛権の行使も含まれる、集団的自衛権の行使は可能だと考えたとしても、不思議ではなかった。

3　中曽根憲法改正論の展開

さて、このような背景のもとに、中曽根が彼の憲法制定論を最初にまとめた『自主憲法の基本的性格――憲法擁護論の誤りを衝く』（憲法調査会、1955年9月10日）が刊行された。全体は4章からなり、第一章「憲法擁護論の誤りを衝く」、第二章「社会党政策の偽瞞」、第三章「自主憲法の基本的性格」、第四章「憲法研究会を作ろう」となっている。

中曽根が力を入れて論じている第一点は、憲法は押し付けだという主張である。第二は、安全保障における欠陥である。さらに天皇についても相当に力を入れて論じている。本論の趣旨にやや関係の薄い第一の点をのぞいて、第二点と第三点について触れたい。

まず安全保障について中曽根は次のように、再軍備に対する多くの批判を挙げて、これらをすべて論破する。すなわち、再軍備は徴兵制導入のためだとか、アメリカ主導で原水爆保有につながるとか、平和共存の時代に軍備はいらないとか、再軍備は生活を圧迫するとか、原爆の時代に「チャチな軍備」を持っても無駄だとか、海外出兵や東南アジア軍事同盟参加の伏線だとか、アメリカと組むと戦争に巻き込まれるとか、ソ連中国東南アジアとの関係が悪化するとか、賠償をもっととられるとか、再び軍人が威張るようになるとか、右翼・ファッショの台頭で昔の弾圧政治が再現されるとか、実にいろいろな批判を挙げ、すべて論破している。これらのいくつかは、いくら論破されても、まだ残っている。

中曽根はまず、紛争解決のために戦争を禁止するという9条1項は厳守すると述べる（「国際紛争を戦争で解決することや侵略戦争は新憲法に於ても絶対禁止し、我々は、唯、日本の国土を守るためにのみ武装を認めるという様に書きたいと思う」）。しかし国土防衛のためには軍備が必要であり、また国連参加のためにも軍備を持つ義務があるということを主張する。

原爆時代に小さな軍備では意味がないという批判に対しては、現在、原爆が持てるのは米ソ英くらいであり、その他の国もみな軍備を持っている、飛行機があれば自動車やバイクはいらないというようなものだと反論する。50年以来ヨーロッパで見た現実は、どの国も軍備を備えていたし、朝鮮半島で戦争が勃発して、韓国が追い詰められたのは、つい最近のことであった。

また中曽根は、鳩山内閣の実績にふれ、むしろ自主防衛によって、軍事費を減らすことができ、どうしても軍事費がかかるなら、それは外国の軍隊ではなく、日本のために使うべきだと述べる。

徴兵制度については、民主主義と不可分の関係にあるもので、英米仏など、みな認めており、ソ連や中国ももちろんである。日本の場合は、将来、国土防衛のためにかぎって、国民が支持したら、徴兵制度を採用しうるようにしておきたいと述べている。

さらに中曽根は、憲法改正が対米従属で危険であるという批判に反論する。

中曽根は、アメリカから改正の要求は一度もないと述べ、むしろ不平等条約改正のために防衛力漸増が必要だと述べる。また、原水爆については、日本は作れないし、将来も作るべきではないと断言している。鳩山首相も、アメリカに対し、日本政府の承認なしに原水爆を日本に置かないように申し入れていると述べている。

また、所詮外国の軍隊は、最後まで日本を守ってくれる保障はない。国共内戦のとき、アメリカは徹底して国民政府を支持しなかったと指摘する。

以上の保障として、中曽根は厳格なシビリアン・コントロールを当然のこととしている。これも、この頃突然思いついたものではない。

中曽根は１９５０年3月頃、旧海軍軍人との再軍備に関する会合に参加していた。そのトップは野村吉三郎であり、保科善四郎（中曽根が軍務局にいた頃の局長、のち政治家）が中心であった。おそらく朝鮮戦争勃発前のことであった。

海軍出身の中曽根は、旧軍のあり方に批判的であり、ましてや陸軍に対してはもっと批判的であった。また、特に大井篤と親しかった。大井は、今日、仏印進駐に関する著作と、海上輸送に関する著作でなお知られている軍人である[36]。前者は、陸軍の独断専行が国益を危殆《きたい》に瀕しせしめたこと、後者は、補給に対する日本海軍の無関心が日本の命取りとなったことを鋭く論じた著作である。中曽根自身、１９４１年から42年にかけての数ヵ月、兵站関係の仕事に携わったことと、大井らの経験とは符合するところがあったのであろう。

その後、中曽根は国会議員の間に独立自衛研究会を組織した。１９５１年2月7日に準備を開始し、3月1日に第一回会合を開いている。その頃、辻政信が軍令を内局の下に置くことに強く抗議してきたことがあったという。辻の経歴、思想からして、ありそうなことである。しかし中曽根は厳格なシビリアン・コントロールは不可欠だと考え、辻の批判に取り合わなかったという。中曽根が自覚的にシビリアン・コントロールを重視していたことがわかる。

◉三度、南原繁と中曽根康弘

ところで、以上の憲法制定における非自主性と、軍備の放棄という二つの点で憲法を鋭く批判していたのは、南原繁であった。南原は、貴族院議員として、帝国議会において憲法に反対したごく少数の一人であった。

南原はまず憲法の制定に関与し、「日本政府が憲法改正に最後まで自主自律的に自らの責任をもって決行できなかったことを極めて遺憾に感じ、国民の不幸、国民の恥辱とさえ感じている」と述べている。そして南原は非武装の空想性を厳しく批判した。「およそ戦力なき国家は国家ではない」「平和は血と汗で守るものだ」と考えていた。

南原は9条1項については賛成である。戦争放棄については、「新たに更生しました民主日本が、今次の不法なる戦争に対する贖罪としてでばかりでなく、進んで世界の恒久平和への日本民族の新たな理想的努力を捧げるその決意を表明するものとして、我々の賛同惜しまざる点でございます」と述べている。

しかし、「遺憾ながら人類種族が絶えない限り戦争があると云ふのは歴史の現実であります、従って私共は此の歴史の現実を直視して、少くとも国家としての自衛権と、それに必要なる最小限度の兵備を考へると云ふことは、是は当然のことでございます」と述べる。吉田首相が、これまで自衛権という名の下に多くの侵略戦争が行われて来たので、これを放棄するほうがよいと述べたが、もし、客観的にその正当性が認められた場合でも、放棄するというのか、国際連合はその憲章の中に、国家の自衛権を認めているではないか、と批判する。さらに、国際連合における兵力の組織については、加盟国がそれぞれの兵力を提供する義務を帯びているのであって、その意味でも将来日本が国際連合に加入を許される場合に、兵力保持の義務と矛盾することになると批判した。

「日本は、永久に唯他国の好意と信義に委ねて生き延びむとする」のか、「寧ろ進んで人類の自由と正義を擁護するが為に、互に血と汗の犠牲を払ふことに依つて、相共に携へて世界恒久平和を確立すると云ふ積極的理想」に進むべきではないかと批判した。これは、中曽根の言葉としても構わないくらい、両者の認識は似ているのである。

◉国民主権と天皇の地位

もう一つの主要論点として、天皇について述べておきたい。

中曽根は天皇について、主権は絶対に国民にあり、天皇にはないと断言する。明治憲法のように実権を持った天皇は、むしろ日本では例外であって、伝統から逸脱していたと考えていた[37]。天皇は政治上の実権を保有せず、現行憲法以上に、形式的、儀礼的な地位にあり、精神的な国民統合の象徴として存在する。ただ、外国との関係で元首がないのは不都合であるので、元首とするというのが、中曽根の案である。

中曽根はのちの多くの憲法改正草案において、日本らしさを強く打ち出そうとする。日本は海に囲まれた国であって、同質性が強く、利益共同体よりも民族共同体の性格が強い。その中心は天皇であって、天皇は権威を体現し、権力を持たない。この点から、中曽根は「象徴という立場は、天皇の位置づけとして割合にうまい考え方だな」と当初から思ったという[38]。

すでに述べたとおり、中曽根は民族の道義的象徴としての天皇という観点から、天皇退位の可能性を示唆していた。これも南原繁と同様であった。さらに中曽根は、この『自主憲法の基本的性格』のなかで、「皇室法の改正により女子の天皇を認めるものとしその場合、その配偶者は一代限り皇族待遇とする。但し、摂政になりえない」と述べている。現代の一部の日本人よりも、中曽根は意外に進歩的だった。

4 岸内閣から池田内閣へ

◉岸内閣の成立

鳩山一郎が首相を退いたあと、1956年12月、自民党総裁選挙が行われた。石橋湛山が石井光次郎との2、3位連合によって、第一回投票で一位であった岸信介を逆転して総裁となった有名な総裁選挙である。

このとき、中曽根は河野派の大部分の同志と袂をわかって石橋湛山に投票した。岸は東条内閣閣僚であって、戦争に対する責任があるというのが、中曽根の考えであった。これに対して、戦時中、軍国主義批判を曲げなかった石橋は立派だと考えていた。派閥の中で、これは相当に大胆な行動だった。

しかし、翌年、岸内閣が始まってみると、中曽根の岸に対する見方は変化したように思われる。

1957年5月、岸信介首相がインド、パキスタンを訪問したとき、中曽根は同行している。インドではネルー首相が日本をたたえ、日本がアジアの独立の方向に刺激を与えたことを感謝したことに感銘を受けている。

岸首相の訪問を、日本ではアジアの盟主論の再来と批判する声があったが、中曽根はそのようなことはまったくなかったと断言する。むしろ、アジアの結束は重要であり、それぞれのナショナリズムを尊重し、かつアジア諸国への贖罪の念が中曽根にはあった。[39]

中曽根は岸と別れ、エジプトに行っている。そこでナセル大統領をナショナリストとして理解し、そのリーダーシップに敬意を評し、アスワン・ハイ・ダムへの協力の姿勢を打ち出した。エジプトと英仏が対立していた当時、英仏とアメリカは同盟国であったので、やや微妙な問題であった。中曽根はその微妙さを理解して、事前に駐日大使のダグラス・マッカーサー・ジュニアと会談して、理解を得ていたという。

その後、中曽根はヨーロッパに行き、ハンガリーに行った。その前年、１９５６年には、ハンガリー事件が起こっていた。当時、日本ではまだ社会主義の影響力が強く、親ソ知識人が多かった。論壇の大御所とでもいうべき大内兵衛は、ハンガリーは「百姓国家」で民度は低い、日本より低いと述べている。社会主義の連帯を名目とするソ連の対応を肯定していたのである。

中曽根は、ぜひハンガリーに行きたいと考え、オーストリアからユーゴスラヴィアに行き、ユーゴスラヴィアから陸路ハンガリーに入った。農村はのどかだったが、首都に入ると景色は一変した。街路のここかしこに残る大小無数の弾痕、破壊された建物、押し倒されたスターリン像の台座など、中曽根はスターリン時代の暴政とこれに対する民衆のエネルギーに目をみはった。

中曽根はチトーに対しては評価しており、ハンガリー外相に対し、「チトー元帥が米ソの圧力を排して独立の道を進んでいることは立派だと思う」と述べている。外相は答えをはぐらかしたが、中曽根は悪い印象は持たなかった。

帰国後、中曽根は中央公論に文章を寄せ、「第二次大戦の後始末のついていない火山帯は、ついに東欧に噴き出した。朝鮮や仏印は休火山となったが、いつ鳴動するかわからない。日本も火山帯の一環として、クナシリ、エトロフや沖縄、小笠原の問題を抱え、安保条約のギブスが体に食い込んでいる」と述べた。[40]

◉安保改定と中曽根

１９６０年、日米安全保障条約の審議が行われたとき、中曽根は科学技術庁長官として閣内にいた。中曽根は安保改定には賛成であった。ただ、十分だとは思わなかった。対米従属はまだ続くように思われた。しかし、当面、これを支持した。

しかし、反対運動が少しも衰えないことに危惧を感じた中曽根は、6月に予定されていたアイゼンハワー大統領の訪日延期を提唱した。5月25日の閣議で、「重大な発言を行うにつき、発言はなかったものとして聞かれたい」と前置きし、大統領の訪日を延期するよう提案した。岸も佐藤も緊張して聞いていたが、翌々日、訪日は予定通りと発表された。[41]招請を予定どおり進めることを強く主張したのは佐藤栄作であって、その背景に中曽根は吉田の影を見ていた。

その後、勢いを増すデモ隊の鎮圧に自衛隊を使うことが一時提案され、赤城防衛庁長官は強く反対した。これは、民族主義者中曽根の認められないところであった。アメリカ大統領の来日のために自衛隊を使うのは、中曽根が従来反対していた内乱鎮圧のための米軍出動を思い出させるものであり、自衛隊がアメリカの傭兵となることであった。それは認められなかった。なかなか総理の意向に閣議で真っ向から反対できるものではないと、赤城を賞賛している。中曽根が大統領訪日延期や自衛隊使用不可を主張したのは、一つにはそれが元首の安全に触れる恐れがあるからだった。天皇を巻き込むようなことは、絶対に反対だった。それは中曽根の国家論の根源に触れる事態だった。

◉安保改定ののち

安保改定後、岸は辞任し、池田が後継の総裁、首相となった。そして経済中心の柔軟路線を打ち出し、国民の支持を取り戻したことは、よく知られている。

ところで、時間があると世界を見て歩くのが中曽根の習慣であった。

中曽根は１９６１年１月、ケネディ大統領の就任式出席のため訪米している。その前に、中南米各地を訪問し、カストロに会った。革命から2年、カストロは34歳であった。アメリカに対する備えについて聞いたところ、十分な準備があるということであった。

アメリカではロバート・ケネディに会っている。ロバート・ケネディは机の上に足を投げ出した姿で中曽根を迎えた。中曽根は驚いたが、これに対抗するため、自身も机の上に足を投げ出す姿で話を進めた。このような無作法は感心しなかったが、しかしそれなりの対応をしなければ、アメリカに屈服することになる、そのような感想を持ったのではないだろうか[42]。

その場で中曽根はキューバでカストロに会ったことを話して、キューバの準備を過小評価しないように戒めた。ロバート・ケネディは、傾聴している様子であった。トップ・リーダーに会い、その新鮮な情報を提供して相手の興味を引くのは、中曽根の特技であった。ケネディ政権が、キューバ亡命者のカストロ政権打倒運動を装って、上陸作戦を決行した（ピッグス・ベイ事件）のは、その翌年であった。果たしてアメリカは撃退され、政権の大きな痛手となった。

中曽根はこのとき、ロバート・ケネディを日本に招待している。ケネディは快諾し、中曽根は財界人を中心にすえて準備を進めた。ケネディは62年来日し、そのスタイルで大きな影響をおよぼした。すなわち、彼は国民と直接接触することを好み、飲み屋に入り込み、労働者から組合指導者まで接触し、また早稲田大学で学生運動指導者を含む学生と対話して大いに話題となった。そのとき、彼は誰とも握手した。日本で政治家が握手をするようになったのは、それがきっかけであるという[43]。大衆政治家としてのあり方に、中曽根はさらに確信を持ったに違いない。

池田、佐藤の両内閣は、自民党の黄金時代であった。佐藤内閣において、中曽根は1970年、防衛庁長官となり、日本の安全保障政策に相当の影響をおよぼすことができた。待望のポストの一つではあったが、憲法改正には程遠かった。

その後、1982年には首相となったが、憲法改正論は封印せざるを得なかった。まことに遺憾であったと、中曽根は述べている[44]。

5 おわりに——湾岸戦争から世界平和憲法草案へ

しかし、総理を辞めたあと、中曽根はもう一度憲法改正に力を入れることになる。そのきっかけは、１９９０～91年の湾岸戦争であった。当時、日本は１３０億ドルという巨額の財政負担をしたが、評価されなかった。やはり自ら危険を負うような貢献でなければならないと、中曽根は確信を深めた。その頃から、中曽根は、集団的自衛権は行使可能という議論を盛んにするようになる。集団的自衛権の行使は憲法上許されないとする内閣法制局の議論は誤りであり、日本の近くで、日本の防衛のために行動している米軍を支援するのは当然だという考えであった。ただ、よりきちんと位置づけるために、９条改正はやはり望ましいと考えた[45]。

中曽根の憲法改正案は彼が会長を務める世界平和研究所の２００５年憲法試案にまとめられている。そこには、彼の持論である9条関係の案やその他多くの項目が含まれている。

全体の性格は前文の中に明確にあらわれている。

前文は全部で八つの文章からなっている。冒頭には、「我ら日本国民はアジアの東、太平洋の波洗う美しい北東アジアの島々に歴代相承け、天皇を国民統合の象徴として戴き、独自の文化と固有の民族生活を形成し発展してきた」とある。これには驚く人も多いだろう。

そして第二文は、「我らは今や、長い歴史の経験のうえに、新しい国家の体制を整え、自主独立を維持し、人類共生の理想を実現する」と続く。自主独立と共生がキーワードである。

第三文以後は、むしろ現行憲法と近い。第三文は、「我が日本国は、国民が主権を有する民主主義国家であり、国政は国民の信頼に基づき国民の代表者が担当し、その成果は国民が享受する」である。内容的に現行憲法と変わらない。第四文、「我らは自由・民主・人権・平和の尊重を基本に、国の体制を堅持する」、第五文「我らは国際社会において、正義と秩序を基調とする国際平和を誠実に希求し、その実現に貢献する」。第六文は、「我らは自由かつ公正で活力ある日本社会の発展と国民福祉の増進に努め、教育を重視するとともに、自然との共生を図り、地球環境の保全に力を尽くす」。自由かつ公正で活力ある日本社会の発展とか、自然との共生とか、地球環境の保全などは、新しいが、特に違和感のないものである。

第七文、「また世界に調和と連帯をもたらす文化の重要性を認識し、自国の文化とともに世界文化の創成に積極的に寄与する」とあるのは、中曽根らしい文化への注目である。

そして締めくくりには、「我ら日本国民は、大日本帝国憲法及び日本国憲法の果たした歴史的意義を想起しつつ、ここに新時代の日本国の根本規範として、我ら国民の名において、この憲法を制定する」。大日本帝国憲法と日本国憲法の果たした役割を肯定的に評価して、その上に新憲法を作るという宣言が、国民の名においてなされている。

若宮啓文は、前に挙げた中曽根・宮澤対談のあとがきで、「ナショナリストの中曽根氏が、一方で敏感な国際感覚も兼ね備えていたことをうかがわせる」と書いているが、むしろすぐれたナショナリストこそ、相手のナショナリズムを理解し、敬意を払うのであって、当然に他国の反応に敏感なのである。[46]

中曽根が憲法改正によって実現しようとしたのは、自由、民主主義、基本的人権、平和、国際協調などの普遍的な原則を堅持し、それらだけには還元されない日本民族の伝統の維持発展とを両立させることだった。言い換えれば、国際協調のなかのアイデンティティの模索であったように思われる。そのためには一定の軍事的自立が必要であり、首相の強いリーダーシップが必要であり、かつまたアメリカとの密接な関係が必要であった。

中曽根は近代的諸価値に対する保守反動ではなかったし、排他的ナショナリストであったこともない。日本のアイデンティティを掘り下げようとする志向が、そのように見えたことがあったかもしれない。また、中曽根が憲法改正のために運動を展開し、様々な他の論者とも連携するとき、中曽根の憲法論について、ある種の誤解が生まれたのかもしれない。

以上のように見てくると、中曽根の憲法改正論は、戦争への反省に立脚しながら、アジアとの友好を基軸とし、国際協調のなかでいかに日本の自立を達成するかという観点から、憲法というものの本質的あり方を論じたものであった。すなわちそれは、中曽根が見た地政学の現実のなかで、日本をいかに位置付け、発展させるかという観点と連動していた。

中曽根は、自由、民主主義を原則とし、地政学的現実を踏まえ、中国および韓国との友好関係を強化し、中東の資源には強い関心を持ち、世界のナショナリズムに同情を持っていた。そしてそのなかに占める日本の位置は、歴史的な発展に根ざした象徴的な天皇制であり、天皇はことに道義の中心でなければならなかった。

自由民主主義を中心とするゆえに、安易にアジア主義にはならなかったし、ソ連との協調には冷ややかだった。米ソ対立における日本の役割という点もあっただろう。

また、地政学的現実を踏まえるがゆえに、極端な反共路線にはならなかった。また南原繁のような極端な中立主義にはならなかった。

２０２０年の現在、１９５０年代と比べ、日本の周囲には大きな変化が起こっている。中国の力は急速に増大し、経済力で日本の２・５倍となって、さらにその差を広げようとしている。アメリカの地位は若干低下したが、近年、中国の追い上げに対して激しい対決姿勢を示し始めた。ソ連は崩壊し、ロシアとなったが、今やそこから復活して、新たな軍事大国化への道を歩んでいる。韓国は経済的に著しい発展を遂げ、民主化したが、なお日本との関係は難しい。北朝鮮は経済的には韓国よりはるかに劣るようになったが、核開発に力を入れ、生き残りを図っている。台湾は民主化して、発展したが、中国の著しい発展の前に、難しい位置にある。もう一つ、大きな変化は、東南アジア諸国の発展である。さらに、全体として、世界のグローバル化が進展し、ＩＴの進展により、世界の結びつき方は大きな変化を遂げている。

そのような巨大な変化を考えれば、中曽根の地政学と憲法論は驚くべき一貫性を持っているというべきではないだろうか。現代のわれわれが直面する地政学上の課題も、中曽根康弘が１９５０年代に確立した地政学を基本として考えるしかないように思われる。

注

（1）筆者は、このテーマについて、最初に「中曽根康弘憲法改正論の確立」（世界平和研究所編『国民憲法制定への道——中曽根康弘憲法論の軌跡』文藝春秋企画出版部、２０１７年、所収）を書いた。その直後、中曽根の海外旅行に関する資料を入手したので、これを中心とする短編、「１９５０年の『世界』と『日本』——中曽根康弘の欧米旅行」（『Foresight』ｗｅｂ版、２０１７年11月8日）を書いた。そして、この短編を織り込んで最初の論文を全面改訂した、「若き日の中曽根康弘——憲法改正論の構造」（『アステイオン』88号〈２０１８年5月〉所収）を書いた。そういうわけで、本論文は、類似したテーマに関する四つ目の文章であって、中曽根の地政学的視点に焦点を置いたものである。憲法論については、第三論文を参照されたい。

（2）中曽根に関する主な伝記的事実については、以下の文献を参照されたい。中曽根康弘『政治と人生——中曽根康弘回顧録』講談社、１９９２年／中曽根康弘『天地有情——五十年の戦後政治を語る』伊藤隆および佐藤誠三郎によるインタビュー、文藝春秋、１９９６年／中曽根康弘『中曽根康弘が語る戦後日本外交』中島琢磨、服部龍二、昇亜美子、若月秀和、道下徳成、楠綾子、瀬川高央編、新潮社、２０１２年／服部龍二『中曽根康弘——「大統領的首相」の軌跡』中央公論新社、２０１５年。

（3）中曽根康弘「はじめに」矢部貞治『矢部貞治日記——銀杏の巻』読売新聞社、１９７４年。なお、些細なことであるが、矢部が教授となったのは１９３９年8月のことなので、中曽根が講義を聞いたときは助教授だったと思われる。

（4）井上寿一『増補　アジア主義を問いなおす』筑摩書房、２０１６年、１６６頁、矢部、前掲書『矢部貞治日記／銀杏の巻』71、72頁。
（5）前掲書、『政治と人生』36頁。
（6）前掲書、『中曽根康弘が語る戦後日本外交』50頁。
（7）前掲書、『政治と人生』52-54、57-59頁。
（8）前掲書、『中曽根康弘が語る戦後日本外交』30、50頁。
（9）前掲書、『政治と人生』68-70頁。
（10）前掲書、『中曽根康弘が語る戦後日本外交』56頁。
（11）前掲書、『天地有情』95-96、100～104頁。
（12）「評伝奥野誠亮」刊行委員会編『評伝奥野誠亮』「評伝奥野誠亮」刊行委員会、2001年。奥野誠亮『派に頼らず、義を忘れず――奥野誠亮回顧録』PHP研究所、2002年。
（13）後藤田は多くのところでこのことについて述べている。たとえば、後藤田正晴『政と官』講談社、1994年、184-188頁。
（14）前掲書、『政治と人生』112-115頁。
（15）中曽根の1950年の外遊に関する主な資料は、中曽根康弘「欧米たより」第一信～第三信（『上毛新聞』1950年6月25-27日、7月14-16日、18-20日、23日、8月2-3日、6-7日、9日、11日、13日、15日）、太田勝巧・千恵子編『中曽根康弘代議士資料集 その22 卓越した外交手腕の源泉（第Ⅰ巻）――第1回～第5回にわたる外遊の軌跡』（1987年5月27日、国立国会図書館所蔵）、および志野靖史『1950年の世界一周――知られざる日本人使節団派遣の大プロジェクト 1950・6・12～1950・8・15』（ネコ・パブリッシング、2004年）である。
（16）また吉田は、1942年、日米戦争のさなか、清沢洌から『外政家としての大久保利通』（中央公論社、1942年）を贈られたとき、ただちに返事をしたため、「公（大久保）に常に推服致し候は、困難に処して挺身国家の重きを以而自ら任せらるる事に有之」と述べたことがあった。戦後の困難な時代に、吉田はときに大久保と自らを重ね合わせることがあったのかもしれない。北岡伸一『清沢洌――外交評論の運命 増補版』中央公論新社、2004年、186頁。

(17) 前掲記事、「欧米たより」『上毛新聞』1950年6月26日。

(18) 前掲書、『中曽根康弘代議士資料集 その22』。

(19) 吉田とアデナウアーを対比したものとして、大嶽秀夫『アデナウアーと吉田茂』中央公論社、1986年があり、日独の戦後の対比として、大嶽秀夫『二つの戦後・ドイツと日本』日本放送出版協会、1992年がある。また、アデナウアーの思想や役割については、板橋拓己『アデナウアー――現代ドイツを創った政治家』中央公論新社、2014年。

(20) 中曽根康弘・宮澤喜一『対論　改憲・護憲』朝日新聞社、1997年、36頁。また前掲書、『中曽根康弘が語る戦後日本外交』70頁では、1948年6月のソ連によるベルリン封鎖が大きかったと述べているので、外遊前にすでにそういう意識は強かったと思われる。

(21) ただ、日系人を強制収容所に入れる決断をしたのも、マックロイである。

(22) 前掲書、『中曽根康弘が語る戦後日本外交』58頁、『政治と人生』133頁。

(23) 前掲書、『天地有情』139頁。

(24) 「マッカーサー元帥に建白す」前掲書、『政治と人生』所収。

(25) この国連憲章51条というところは、もしかすると安全保障の地域的取り決めを定めた52条との混同ないし誤植の可能性がある。

(26) 前掲書、『中曽根康弘が語る戦後日本外交』119頁。

(27) 前掲書、『政治と人生』135-137頁。

(28) 前掲書、『政治と人生』146-153頁。

(29) 南原の天皇退位論については、丸山真男・福田歓一編『聞き書　南原繁回顧録』東京大学出版会、1989年、313-318頁。高松宮との接触については、石田雄『安保と原発――命を脅かす二つの聖域を問う』唯学書房、2012年が、石田の父である石田馨の日記を引用して、高松宮邸における南原の講義について触れている。それによれば、南原は1945年10月から1946年6月まで、少なくとも23回高松宮邸を訪問し、少なくともそのうち、

20回はご進講であった。天皇退位、高松宮摂政にかけた南原の意欲は並々ならぬものであった。

(30) 前掲書、『中曽根康弘が語る戦後日本外交』所収。

(31) 「重光葵日記」（１９５４年5月18日）伊藤隆・渡邊行男編『続 重光葵手記』所収、中央公論社、１９８８年、６４４頁。

(32) 前掲書、『政治と人生』１５７‐１５９頁。

(33) 南原繁『ソ連と中国』中央公論社、１９５５年、98‐１１１頁。

(34) 坂元一哉『日米同盟の絆——安保条約と相互性の模索』有斐閣、２０００年。

(35) 前掲書、『中曽根康弘が語る戦後日本外交』１２７頁。

(36) 大井篤『統帥乱れて——北部仏印進駐事件の回想』毎日新聞社、１９８４年。大井篤『海上護衛戦』角川書店、２０１４年。

(37) 中曽根が高崎中学校時代、天皇陛下誤導事件があった。天皇陛下の行幸の先導をしていたオートバイの警官が道を誤り、責任を感じて自殺未遂をした事件であった。中曽根はこの事件に「異常なショックを受けた」（前掲書、『政治と人生』３３９頁）と書いている。そこまでする必要があるのかという疑問があったに違いない。天皇を絶対視することへの疑問が生じたと言ってもいいだろう。もっとも昭和天皇個人に対しては、中曽根は深い尊敬の念を抱き、それは近く接するたびに深まったという（同書、３４０‐３４２頁）。

(38) 前掲書、『中曽根康弘が語る戦後日本外交』68頁。

(39) 前掲書、『中曽根康弘が語る戦後日本外交』１３０‐１３２頁。

(40) 小島亮『ハンガリー事件と日本——一九五六年・思想史的考察』１９８７年原刊、現代思潮新社、２００３年、１０９‐１１３頁。

(41) 前掲書、『政治と人生』２２４‐２２５頁。

(42) 前掲書、『中曽根康弘が語る戦後日本外交』１４４‐１４５頁。

(43) 同、１４６頁。

(44) 中曽根は、「池田首相が『憲法改正の議論はいたしません』といってしまった。それ以来、総理大臣はそういわざるをえなくなった、私まで『憲法改正は政治日程にのせません』といったんですから」と述べている（前掲書、『天地有情』160頁）。

(45) 前掲書、『対論　改憲・護憲』111-113頁。

(46) 中曽根は後年のインタビューで、1983年1月の日韓関係の打開について「私は民族主義者だから、韓国の民族主義も理解していた。日本があれだけのことをやった以上、一度は謝らなければならない。総理大臣が『過ち』と述べて謝る。それが礼儀だという意識をもち、自分で考えたのです」と述べている（『朝日新聞』2010年1月27日）。

あとがき

近年、地政学が流行している。

一九九〇年代には、毎年数冊程度しか、「地政学」という言葉をタイトルに含んだ書籍は刊行されていなかった。ところが、最近ではそれが急増して、二〇一七年の一年間だけでも、なんと三四冊もの書籍が刊行された。[1] それゆえ、新聞や雑誌などのメディアでも、地政学が頻繁に言及され、特集が組まれている。これはどういうことか。

そもそも、戦後長らく日本において、「地政学」は避けて遠ざけられてきた。それについて、日本における地政学の古典となる『地政学入門』を著した曽村保信は、次のように述べている。

「とくに地政学と称する関係の地図の評判が良くないのは、明らかにカール・ハウスホーファーあたりの影響です。ハウスホーファーというのは第二次世界大戦前のドイツの地政学の理論家で、そのいっていることがすべてまちがっていたわけではない。が、ともかく彼の研究所で出した政治的な地図の類がヒトラーが率いるナチスの手によって、さまざまな宣伝に悪用されました。それ以来のことです。うっかり勢力範囲の地図などというものを公表すると、それがそのままそっくり侵略の予定表みたいにみられてしまう。もともと侵略や併合と勢力範囲の設定とは、おおいに意味がちがうはずですがね[2]。」

冷戦が終結に向かい、平和が定着するかに見えた一九八〇年代から九〇年代には、「地政学」という言葉を聞くと多くの人が否定的な感情を抱いたことであろう。

それが、過去十年ほどで大きく状況が変わったのだ。新興国が台頭し、急速にグローバルなパワー・バランスが変化して、世界情勢がよりいっそう不透明になっている。そのようななかで、人々は不変のもの、予測が可能なものに、これまで以上に依存せざるをえないようになっているのではないか。それは日本のみならず、世界的な趨勢でもある。そのようななかで、地政学という学問が日本でも注目されるようになったのである。

同時に、第一次安倍晋三政権の下で二〇〇六年一一月に公表された「自由と繁栄の弧」や、第二次安倍政権で現在提唱されている「自由で開かれたインド太平洋」構想などは、二国間関係や、近隣諸国の関係を超えた、ユーラシア大陸の外縁部全体を視野に入れた地政学的な戦略構想といえる。すなわち、地政学への関心が学問の世界にとどまるのではなく、象牙の塔を出て実際の政府の政策として進められているのだ。だとすれば、単なる学問的な知的関心を超えて、よりいっそうこの地政学という言葉が重要な意味を持つようになったというべきであろう。

とはいえ、従来の地政学と、現在の地政学はまったく同じというわけではない。サイバー空間や宇宙空間が加わったことで、地政学の対象となる空間はより多面的および複合的となった。また、軍事力が相対化されて、経済力や科学技術力など国家のパワーがより総合的に試されている。そのような、グローバル化時代の地政学を、ここでは「新しい地政学」と呼ぶことにしたい。

さて、本書は、二〇一五年五月から二〇一八年五月までの約三年間の、サントリー文化財団の調査研究を基礎としている。この間、この「新しい地政学における国際秩序を考える」研究会のリーダーである北岡伸一氏を中心に、篠田英朗、池内恵、熊谷奈緒子、詫摩佳代の諸氏、そして私がメンバーとなって、この研究プロジェクトを進めてきた。二〇一六年七月には「コモンズ」研究会と合同合宿を神奈川県の観音崎で行い、さらには二〇一七年九月にはロシアのウラジオストクを訪問して、ロシア科学アカデミー極東支部歴史考古学研究所においてセミナーを行った。また、執筆者打ち合わせ会合もかねて、二〇一八年五月には新潟県の国際大学でセミナーを開催した。この間、多くの方々のご協力とご支援を頂いた。

この研究会にゲストスピーカーとして参加し、優れたご研究を報告していただいた廣瀬陽子慶應義塾大学教授、田中浩一郎慶應義塾大学教授（当時、日本エネルギー経済研究所中東研究センター）、遠藤貢東京大学教授、宮城大蔵上智大学教授、遠藤乾北海道大学教授、李承赫トロント大学講師（当時はヘブライ大学トルーマン平和研究所研究員）の諸氏にも、深く感謝したい。このうち、廣瀬氏と遠藤氏には、執筆者として加わって頂き、ご貢献をして頂いた。さらには、サントリー文化財団理事として研究会につねにご参加いただいていた田所昌幸慶應義塾大学教授には、事実上のメンバーとして議論の活性化のために多大なご貢献をして頂いた。記して感謝申し上げたい。

私にとって、サントリー文化財団の研究プロジェクトに参加させて頂くことは、つねに楽しく、有意義である。というのも、何にもまして、財団の優秀な皆さんのサポートとご協力があるからである。財団の尾﨑勝吉専務理事、前専務理事の今井渉氏、そして前波美由紀さん、山内典子さん、工藤高さんには、あらためて心から御礼申し上げたい。美味しいお酒と美味しいお料理、そして素晴らしい研究会のメンバーと、知的にスリリングな会話があれば、これほど人生が楽しいことはない。

世界が大きく動き、時代が慌ただしく変わる中でも、人生には知的な刺激と、文化的な潤いが必要なことは変わらない。そのような文化的な魅力が溢れていることで、われわれの社会はより強靭となり、政治や外交もより成熟するのではないか。そのうえで、本書をお読みになった方々が、世界のこれからの動きをより深く、またより的確に理解する上での何かしらのヒントを得て頂けたとすれば、望外の悦びである。

二〇二〇年一月

編者を代表して　細谷雄一

注

（1）『読売新聞』二〇一九年一一月四日付朝刊。
（2）曽村保信『地政学入門』（中公新書、一九八四年）一二―一三頁。

新しい地政学における国際秩序を考える研究会

（報告者所属は当時のもの）

	開催日	場所	報告者	報告者所属	報告テーマ
第0回	2015.7.17	慶應義塾大学　萬來舎			今後の方針の打合せ
第1回	2015.10.5	フクラシア東京ステーション	池内　恵氏	東京大学准教授	「アラブの春」による地域・国際秩序変動と超国家主体
第2回	2015.12.7	フクラシア東京ステーション	廣瀬　陽子氏	慶應義塾大学准教授	コーカサスから考える「狭間の地政学」アゼルバイジャンを中心に
第3回	2016.2.23	フクラシア東京ステーション	田中　浩一郎氏	日本エネルギー経済研究所常務理事兼中東研究センター長	イラン核合意と制裁解除に続く、『次の課題』
第4回	2016.6.6	フクラシア東京ステーション	遠藤　貢氏	東京大学教授	ソマリア情勢とケニアへの影響
合宿	2016.7.22–23	観音崎京急ホテル	宮城　大蔵氏	上智大学総合グローバル学部教授	地政学と戦後日本のアジア外交*
			篠田　英朗氏	東京外国語大学大学院総合国際学研究院教授	地政学から見たパートナーシップPKOの現状と紛争対応の地域格差
			遠藤　乾氏	北海道大学大学院法学研究科・公共政策大学院教授	グローバル・コモンズ――あるいは国際政治におけるnaïveté再考
第5回	2016.12.14	フクラシア東京ステーション	李　承赫氏	ヘブライ大学トルーマン平和研究所ポスドク・リサーチ・フェロー	日韓関係の現在と将来における市民社会の歴史観の影響と北朝鮮というファクター
第6回	2017.3.13	フクラシア東京ステーション	詫摩　佳代氏	首都大学東京准教授	国連システムの構築とトランスナショナルネットワークの役割――FAOとWHO設立プロセスからの考察――
第7回	2017.6.6	フクラシア東京ステーション	熊谷　奈緒子氏	国際大学准教授	日韓慰安婦問題論争におけるナショナリズム・民族主義、人権、地政学的情勢の相互作用と相対的影響

合宿	2017.9.1–3	ウラジオストク	北岡　伸一氏	JICA理事長	初期中曽根康弘の国際政治観と憲法改正論――1950年代の地政学
			細谷　雄一氏	慶應義塾大学教授	再編される世界秩序――地政学の胎動と国際政治の変容
			篠田　英朗氏 ヴィクトル・ラーリン氏	東京外国語大学教授 ロシア科学アカデミー極東支部歴史考古学研究所所長	新しい地政学の時代における日露関係
合宿	2018.5.26–27	国際大学（新潟）			研究会の総括と成果出版へ向けての打合せ

＊コモンズ研究会との共同発表

熊谷奈緒子（くまがい なおこ）：第4章

国際大学大学院国際関係学研究科准教授
1971年生まれ。国際基督教大学大学院修士課程修了。ニューヨーク市立大学大学院で政治学博士号を取得。著書に『慰安婦問題』（ちくま新書）など。

詫摩佳代（たくま かよ）：第5章

首都大学東京（2020年4月より東京都立大学に改称）法学部准教授
1981年生まれ。東京大学法学部卒業。同大学大学院総合文化研究科国際社会科学専攻国際関係論博士課程単位取得退学。博士（学術）。東京大学東洋文化研究所助教などを経て現職。著書に『国際政治のなかの国際保健事業』（ミネルヴァ書房）など。

廣瀬陽子（ひろせ ようこ）：第6章

慶應義塾大学総合政策学部教授
1972年生まれ。慶應義塾大学総合政策学部卒業。東京大学大学院法学政治学研究科修士課程修了・同博士課程単位取得退学。政策・メディア博士（慶應義塾大学）。著書に『コーカサス 国際関係の十字路』（集英社新書、アジア・太平洋賞特別賞受賞）、『未承認国家と覇権なき世界』（NHKブックス）、『ロシアと中国 反米の戦略』（ちくま新書）など。

遠藤　貢（えんどう みつぎ）：第7章

東京大学大学院総合文化研究科教授
1962年生まれ。東京大学教養学部国際関係論分科卒業。同大学大学院総合文化研究科国際関係論コース修士課程修了。英ヨーク大学大学院南部アフリカ研究センター博士課程修了。DPhil.（南部アフリカ研究）取得。東京大学教養学部助手、同大学大学院総合文化研究科助手・助教授を経て現職。著書に『崩壊国家と国際安全保障』（有斐閣、猪木正道賞（正賞）受賞）など。

池内　恵（いけうち さとし）：第8章

東京大学先端科学技術研究センター教授
1973年生まれ。東京大学文学部イスラム学科卒業。同大学大学院総合文化研究科博士課程単位取得退学。国際日本文化研究センター准教授、アレクサンドリア大学（エジプト）客員教授、東京大学先端科学技術研究センター准教授などを経て現職。著書に『現代アラブの社会思想』（講談社現代新書、大佛次郎論壇賞受賞）、『イスラーム世界の論じ方』（中央公論新社、サントリー学芸賞受賞）、『イスラーム国の衝撃』（文春新書、毎日出版文化賞特別賞受賞）など。

編者・執筆者紹介と執筆担当章（※は編者）

北岡伸一（きたおか しんいち）※：序章、終章

国際協力機構（JICA）理事長、東京大学名誉教授、立教大学名誉教授
1948年生まれ。東京大学法学部卒業。同大学大学院法学政治学研究科博士課程修了（法学博士）。専門は日本政治外交史。立教大学教授、東京大学教授、国連大使、政策研究大学院大学教授、国際大学学長などを経て、現職。2011年、紫綬褒章。著書に『清沢洌』（中公新書、サントリー学芸賞受賞）、『日米関係のリアリズム』（中公叢書、読売論壇賞受賞）、『自民党』（読売新聞社、吉野作造賞受賞）など。

細谷雄一（ほそや ゆういち）※：第1章

慶應義塾大学法学部教授
1971年生まれ。慶應義塾大学大学院法学研究科博士課程修了。博士（法学）。専門は国際政治学・外交史。北海道大学法学部専任講師、敬愛大学国際学部専任講師を経て現職。著書に『戦後国際秩序とイギリス外交』（創文社、サントリー学芸賞受賞）、『倫理的な戦争』（慶應義塾大学出版会、読売・吉野作造賞受賞）、『戦後史の解放（I・II）』（新潮社）など。

田所昌幸（たどころ まさゆき）：第2章

慶應義塾大学法学部教授
1956年生まれ。京都大学法学部卒業。ロンドン・スクール・オブ・エコノミクス留学。京都大学大学院法学研究科博士課程中退。姫路獨協大学法学部助教授・教授、防衛大学校教授などを経て、現職。博士（法学）。著書に『「アメリカ」を超えたドル――金融グローバリゼーションと通貨外交』（中公叢書、サントリー学芸賞受賞）、『国際政治経済学』（名古屋大学出版会）、『越境の国際政治』（有斐閣）など。

篠田英朗（しのだ ひであき）：第3章

東京外国語大学大学院総合国際学研究院教授
1968年生まれ。早稲田大学大学院政治学研究科修士課程修了。ロンドン大学（LSE）博士課程修了。ロンドン大学（LSE）Ph.D.（国際関係学）。広島大学平和科学研究センター准教授などを経て現職。専門は国際関係論。著書に『平和構築と法の支配』（創文社、大佛次郎論壇賞受賞）、『「国家主権」という思想』（勁草書房、サントリー学芸賞受賞）、『集団的自衛権の思想史』（風行社、読売・吉野作造賞受賞）など。

新しい地政学

2020年3月12日　第1刷発行
2022年7月15日　第6刷発行

編　者――北岡伸一／細谷雄一
発行者――駒橋憲一
発行所――東洋経済新報社
〒103-8345　東京都中央区日本橋本石町 1-2-1
電話＝東洋経済コールセンター　03(6386)1040
https://toyokeizai.net/

装　丁…………秦　浩司
D T P…………アイランドコレクション
印刷・製本……丸井工文社
編集協力………パプリカ商店
Printed in Japan　ISBN 978-4-492-44456-6